吉林财经大学资助出版项目

共同富裕新引擎

减税政策效应评估与路径优化

曹阳◎著

中国科学技术出版社
·北　京·

图书在版编目（CIP）数据

共同富裕新引擎：减税政策效应评估与路径优化 / 曹阳著 . -- 北京：中国科学技术出版社，2025. 9.

ISBN 978-7-5236-1507-2

Ⅰ . F124.7

中国国家版本馆 CIP 数据核字第 2025RT2095 号

策划编辑	李清云
责任编辑	方　理
版式设计	愚人码字
封面设计	创研设
责任校对	张晓莉
责任印制	李晓霖

出　　版	中国科学技术出版社
发　　行	中国科学技术出版社有限公司
地　　址	北京市海淀区中关村南大街 16 号
邮　　编	100081
发行电话	010-62173865
传　　真	010-62173081
网　　址	http://www.cspbooks.com.cn

开　　本	880mm × 1230mm　1/32
字　　数	208 千字
印　　张	9.625
版　　次	2025 年 9 月第 1 版
印　　次	2025 年 9 月第 1 次印刷
印　　刷	大厂回族自治县彩虹印刷有限公司
书　　号	ISBN 978-7-5236-1507-2
定　　价	69.00 元

支持团队

邢树东　张　松　王向东　范　阳　任希和　谢佳明
刘　旭　于子斌　王　旭　王　雪　边思羽　王晓琪
郝瑞然　李园园　王予含　周雯雯　王敏迪　陈一格
刘禹孜　王堰赜

基金项目：

吉林省科技厅项目“文本挖掘技术在吉林省制造业财税优惠政策精准推送中的应用”（YDZJ202501ZYTS663）。

吉林省吉财绩效管理研究中心招标项目（2025）“深化预算绩效评价结果应用研究”。

推荐序

在新时代的征程中，中国特色社会主义进入了新的发展阶段，共同富裕作为社会主义的本质要求，被赋予了新的时代内涵。税收政策作为国家宏观经济调控的重要工具，对于实现共同富裕具有不可或缺的作用。本书正是在这样的背景下应运而生的，为我们提供了深入探讨减税政策与共同富裕关系的宝贵视角。

曹阳老师及其团队通过系统的实证研究，全面评估了减税政策在促进经济增长、改善收入分配、激发市场活力方面的效应。本书不仅基于宏观经济学的理论与方法，深入分析了减税政策的多维度影响，还从中国特色社会主义税收理论出发，探讨了税收政策在促进社会公平与经济可持续发展中的重要作用。

作为本书的重要理论基石，我于 2009 年提出的中国特色社会主义税收体系，强调税收不仅是国家财政收入的来源，更是调节社会分配、促进经济发展的重要杠杆。曹阳老师的研究成果，为我们理解和运用这一理论体系提供了生动的实践案例和深刻的学术洞见。

书中对于减税政策效应的系统评估，不仅丰富了税收政策效应研究的学术视野，还为政策制定者提供了科学的决策参考。特别是在当前国内外经济形势复杂多变的背景下，如何通过税收政策优化资源配置、激发市场主体活力、推动经济高质量发展，是我们必须面对的重大课题。

我欣喜地看到，本书在理论与实践的结合上做出了创新性的贡献。通过深入的案例分析和严谨的模型推导，作者提出了一系列切实可行的政策建议，对于促进我国税收政策的完善与发展具有重要的指导意义。

税收政策的研究是一项长期而艰巨的任务，需要我们不断地探索和实践。本书的出版，为我们提供了新的研究视角和思考路径。我期待本书能够激发更多的学术讨论，为我国税收政策的优化和共同富裕目标的实现贡献智慧和力量。在此，我也祝愿曹阳老师在税收领域的研究和实践中不断取得新的突破，为我国的税收事业贡献更多的智慧和力量。

邓力平

厦门大学教授，厦门国家会计学院中国特色社会主义财税研究中心主任、教授

自　　序

《中国式现代化是强国建设、民族复兴的康庄大道》指出，中国式现代化是人口规模巨大的现代化，是全体人民共同富裕的现代化。“减税降费”作为近年来财税改革的重头戏，在2016年被正式提出，标志着一场全面的、有力的财税改革拉开了序幕。

减税在带来一系列社会效益和经济效益，如降低了企业和居民负担、改善了市场主体现金流、促进了科技创新等的同时，也加大了政府的财政负担。一些地方政府认为减税降费是万能的，这导致减税降费变得泛化。

本书试图从减税传导机制和减税为企业带来的异质性影响出发，开展相关研究。在宏观层面，本书运用动态随机一般均衡（DSGE）模型，从理论上得出了劳动税、资本税和消费税对产出、投资和消费的影响；运用向量自回归（VAR）模型，分析了全面营改增以来宏观税负下降对国内生产总值（GDP）、就业和固定资产投资指标的长短期影响。在区域层面，本书通过纵向比较，观察了减税对东北地区、西北地区和广东地区上市公司带来的区域异质性影响。在行业层面，本书用案例和不同实证方法，研究了减税对三大产业的新兴及典型行业的影响，并依据扎根理论，提炼出了减税梳子理论。章节安排简述如下：

第一章明确了本书研究的背景与意义，强调了在共同富裕目标下，减税降费政策对于促进经济增长、改善社会财富分配的重要性。它不仅有助于减轻企业负担，还能激发市场活力，推动经济结构优化。

第二章回顾了共生理论、拉弗曲线理论、税收负担理论等经典经济学原理。我国的税制改革蹄疾步稳，更适用新时代中国特色社会主义税收理论。本章介绍了后面实证部分采用的研究方法，包括面板向量自回归（PVAR）模型、结构向量自回归（SVAR）模型和计量效应 DID 模型等。

第三章深入探讨了减税政策对宏观经济层面的影响。本章首先运用 DSGE 模型，模拟了劳动税、资本税和消费税变动对产出、投资和消费的动态效应，揭示了税收政策在经济中的传导机制。随后，通过构建 VAR 模型，分析了宏观税负下降对 GDP、就业和固定资产投资等关键经济指标的短期和长期影响。研究表明，减税政策在短期内能显著促进经济增长，但长期效应会逐渐减弱。此外，本章还通过脉冲响应分析和方差分解，进一步量化了减税对经济指标的贡献度。

第四章通过 PVAR 模型，深入探讨了减税政策对于东北、西北和广东三个地区上市公司的影响，揭示了其区域异质性效应。结果表明，减税政策对不同地区上市公司的影响各异。综合来看，东北地区需要适应期，西北地区趋向稳健财务，而广东地区则会面临短期挑战，但也会迎来发展机遇。

第五至第七章深入分析了减税政策对三大产业部分行业的影响。第五章聚焦于税收政策对乡村振兴的五大战略影响，通过实证研究和案例分析，揭示了减税政策对农业产出、农民收入、农村投资等指标的直接影响有限，但对企业财务状况如赢利能力、偿债能力、发展能力和营运能力具有显著的积极影响。同时，提出了优化税收政策设计、扩大可抵扣进项税额范围、增强增值税促进技术提升力度、加大个人所得税减税力度及加强对公司重组合并扶持等建议，旨在推动第一产业的现代化和可持续发展。第六章针对第二产业，分析了减税对医疗器械、食品饮料、绿色能源、汽车零部件、技能环保设备、新医药制造等行业的效应，展示了减税如何激发行业发展、提升企业竞争力，并推动产业结构升级。第七章研究了减税政策对第三产业中的文化旅游业、金融服务业和房地产行业的积极影响，通过实证研究，揭示了减税如何有效减轻企业税负，激发市场活力，促进相关行业的发展。

第八章回顾了减税政策在实现共同富裕目标中的核心作用，强调了从系统性角度研究减税政策效应的重要性。展望未来，本书建议加强税收政策与国家宏观战略的深度融合，通过精准调控税收机制，激发市场活力，促进经济结构的转型升级；结合结构化和非结构化数据，实现税收大数据泛化分析；考虑反映民声的网络舆情，将民众的“税感”与财税政策计量结果进行比较。

本书旨在通过对减税政策的多层次、多维度分析，为政策制定者提供科学的决策参考，帮助政策在普遍性与特殊性之间取得平衡，最大化其经济效益和社会效益。同时，本书还特别关注了减税政策的精准定位、动态调整机制的构建，以及长期效应的监测与评估，这些都是确保政策长期有效性的关键因素。

在共同富裕的宏伟蓝图中，减税降费政策被赋予了社会进步催化剂的角色。期待本书能激发更多学术讨论，为税收政策的不断优化和完善提供新视角和新思路。

CONTENTS 目录

1

第一章

绪论

“实现全体人民共同富裕”是我国特色社会主义事业的重要目标之一。它的提出，源于对社会公平与可持续发展的追求。我国经济在快速发展的同时，也面临着贫富差距不断扩大、城乡差距加大等问题。共同富裕旨在通过改革和发展，使全体人民都能够分享经济增长的成果，实现社会财富的公平分配和人民生活水平的提高。这就要求经济发展不仅要追求高速增长和高质量发展，还要注重人民群众的获得感和幸福指数的提升。为此，政府采取包括减税政策在内的一系列政策措施，以促进财富和资源的公平分配，改善人民的生活水平，并推动社会的可持续发展。

第一节 研究的背景与意义

一、研究背景

2016 年,“减税降费”作为近年来财税改革的重头戏正式被提出，旨在减轻企业和个人的税收负担，促进经济增长，鼓励投资和消费，并改善社会财富分配的公平性。“一揽子”减税政策带来的成果斐然。2017 年政府工作报告显示全年减税降费约 5500 亿元；2018 年全年减税降费 1.3 万亿元；2019 年全年减税降费 2.36 万亿元；2020 年全年新增减税降费超过 2.5 万亿元；2021 年全年新增减税降费超过 1 万亿元；2022 年全国新增减税降费及退税缓税缓费超 4.2 万亿元。

2016 年实施营改增以后，我国的减税政策主要从促进经济增长、改革税制结构、改善营商环境、促进就业创业和推动经济转型升级等方面考虑，为经济的稳定和可持续发展提供了关键支撑。随着宏观经济环境的变化，我们面临着地方财政矛盾加剧、债务风险上升等一系列挑战。在这样的背景下，简单降低税负并不能解决所有问题。我们需要科学的理论和方法支持，以确保政策的有效性和可持续性。

二、研究意义

本书的研究具有以下四个方面的意义。

首先，通过纵向比较减税政策在区域和行业的异质性，助力实现共同富裕这一社会主义本质要求，促进社会公平和可持续发展。

其次，系统评估减税政策对宏观经济社会、特定区域和三大产业相关典型行业的影响，为政策调整提供量化依据。

再次，探讨如何根据社会经济发展的阶段和需求变化，为政府合理制定减税政策提供助益。

最后，构建的完整的减税政策研究框架，对相关领域的学术研究可起到补充与丰富拓展作用。

第二节　学术史梳理与研究动态

营改增产生了明显的分工效应、价格效应和行业效应。在一定情况下，减税会降低价格（Nowotny Ewald，1980）。营改增后，由于服务业在中间的扣除，有效推动了跨地区的分工（陈钊和王旸，2016；范子英和彭飞，2017）。通过测算模拟（倪红福等，2016）和投入产出法（Strauss & Wittenberg，1987；樊勇和姜辛，2020），可以得出结论，营改增从整体上降低了行业价格（成本），减轻了企业负担。营改增初期税负不降反增（潘文轩，2013），部分学者对营改增对房地产业（彭晓洁等，2015）、建筑业、运输业（王玉兰和李亚坤，2014；王等，2014）、服务业（孙正和陈旭东，2018）以及带动制造业转型升级（李永友和严岑，2018）的行业效应进行了评估。孙晓华等（2020）运用 PSM-DID 方法，实证检验了营改增试点对制造业与服务业融合的作用，为相关研究提供了参考。关于增值税降税率的微观效应，现有文献主要针对上市公司，运用双重差分（DID）类方法（曹越和李晶，2016；董根泰，2016）或回归类模型（童锦治等，2015），得出结论，营改增对公司流转税税负并无显著影响。

减税降费的宏观效应明显，微观层面对企业盈利、创新研发等方面存在正向影响。宏观上，减税可促进经济增长（Ferede & Dahlby，2012；杨广莉和孙慧卿，2020；马海涛等，2023），并降低包含实体经济在内的多数行业的税负（Zhang H.，2022；冯俊城，2022）。微观层面，研究者主要运用双重差分（DID）类或回归类方法，得出结论，减税对企业赢利能力（Zenovia & Mariana，2014；刘建民等，2017）、创新研发（Russell & Paul，2010；邓力平等，2020；陈明艺等，2021）、固定资产投资（吕久琴和曹晟琪，2020）、企业准入（Gordon & Sarada，2018；何振和王小龙，2019）等方面具有正相关作用，并且存在一定的行业异质性和地区异质性。

减税降费也会产生负的财政效应。多位研究者从宏观层面考察了减税对政府财政收入（J A. Pagan 等，2001；刘建民等，2022）、地方债务风险（崔慧玉等，2023）的影响，以及减税降费与财政的可持续性（郭庆旺，2019；叶青等，2019；Lieberknecht P 等，2018），即在严峻的财政收支压力与大规模减税降费让利于民之间寻求二者的平衡，进而对我国中长期税制优化的问题进行探讨。也有学者基于供给和需求关系的 CGE 模型方法，分行业围绕增值税减税，从税收负担、经济增长、收入分配等方面测算政策效应（万莹和陈恒，2020）。也有研究者从多个现实角度，运用 DSGE 模型，给出目标最优减税策略（张衔和徐强，2020；尹振东和吕冰洋，2022；竹志奇等，2022；张翠翠和宁云才，2022）。

可见，无论是营改增，还是近年来的减税降费，学者们就其对产业升级、社会分工等方面的积极作用进行了广泛探讨，但关于减税针对不同行业的异质性测度，以及政策的传导机制、长短期动态目标，目前尚缺少深入研究。

第三节　研究对象与研究内容

一、研究对象

（1）减税政策的实施效果：减税政策对不同区域不同行业企业的影响，以及这些政策对国家税收、经济增长、社会公平和共同富裕目标的贡献。

（2）动态目标的设计：包括税收收入的稳定增长、财政可持续性、微观企业发展趋势判别，共同富裕的长、短期目标实现。

（3）减税政策的优化方案：包括税收政策、税制结构、税收优惠等方面的调整，以实现更好的减税效果和共同富裕目标的实现。

二、研究内容

（1）宏观层面：分析全面营改增以来宏观税负下降对 GDP、就业和固定资产投资指标的长、短期影响；建立 SVAR 模型，通过脉冲响应，分析判断宏观税负对其他经济指标的长、短期影响；通过方差分解，判断税负对其他指标的贡献。

（2）区域角度：依据东北地区和广东地区上市公司的企业赢利能力、成长能力等四大财务指标和综合税负指标的季度数据，建立 PVAR 模型，并通过对模型系数进行估计，得出减税对上述区域企业财务指标产生的长、短期影响；通过纵向比较，观察减税带来的区域异质性。

（3）对三大产业进行分析：通过选取我国部分重要行业以及在未来有望弯道超车的绿色能源行业，采取实证与案例分析相结合的方式，探讨减税政策对行业以及行业内个体案例的影响效果。在实证方法上采取多元方式，综合选取 2019 年增值税降税率的时间节点，建立剂量交错 DID 模型，进一步检验政策带来的影响结果，并综合分析产生异质性效应的原因，给出具体对策建议。

（4）深入剖析政策落实传导机制，从财税政策、税制改革和税务管理等方面，指出未来服务共同富裕的财税政策发展方向，并提出有针对性的可行建议。

第四节　研究目标、观点及整体假设

一、研究目标

通过统计和计量方法，从宏观、微观两方面入手，研究减税政策传导机制；基于多个视角，对减税政策异质性效应进行测度，并对政策进行长短期评价，以期在减税与地方财政紧张之间的矛盾中寻求解决路径，最大化税收经济稳定器作用。具体主要有以下 3 个目标。

（1）探寻宏观税负下降对 GDP、新增就业、固定资产投资等宏观指标的长、短期影响。

（2）针对上市公司和中小企业，以及绿色能源、电商、高端制造业等不同行业、企业，纵向比对减税降费带来的异质性影响，给出政策异质性产生的原因，以及对不同行业给出精准施策建议。

（3）通过研究减税对不同地区上市公司整体发展的长、短期影响，为税收施策提供参考和建议。

二、主要观点

（1）减税政策是共同富裕的催化剂。减税政策通过减轻企业和居民的税负，不仅提升了可支配收入，还刺激了投资和消费，从而为经济增长注入了活力。减税措施通过优化收入分配，缩小贫富差距，促进社会公平，为实现共同富裕奠定了坚实的经济基础和社会基础。

（2）减税效应具有区域和行业异质性。减税政策的实施效果受到地区经济发展水平、产业结构、市场成熟度等因素的影响，表现出显著的区域差异性。行业特性决定了不同行业对减税政策的敏感度和反应机制不同，因此需要对各行业实施差异化的减税策略。减税政策应考虑到不同区域和行业的发展需求，通过精准施策，促进资源的有效配置和产业的优化升级。

（3）税收政策应与国家发展战略融合。税收政策应与国家的宏观发展战略同步，通过税收激励和调节作用，支持关键领域和战略性新兴产业的发展。税收结构和税制改革应不断推进，以适应经济发展的新要求，如促进创新驱动发展、绿色发展等。税收优惠政策应灵活调整，以适应国际经济环境的变化，增强国家在全球经济中的竞争力。

（4）减税政策的长期视角与动态调整。减税政策的设计和实施是一项系统工程，不仅关乎当前经济的活力，更影响着国家长远的财政健康和社会福祉。因此，减税政策要关注短期效应，更要考虑长期影响，确保政策的可持续性。应建立动态监测和评估机制，定期评估减税政策的效果，并根据经济形势和社会发展需求进行调整。

三、整体研究假设

（1）在内生经济增长的前提下，一定时期内制定的税收优惠政策使得宏观税负下降，并会在短期对经济增长、就业和投资产生正向影响，但长期影响逐渐趋于零。

（2）减税效应具有不同地区的异质性。对发达地区，降税给企业带来的活力更强。对欠发达地区，企业的反应时间要更长。

（3）减税效应具有不同行业的异质性，不同行业受益的敏感度不同。

第五节　研究总体框架

本书依托拉弗曲线和减税理论，结合宏观、微观两种情形，坚持以问题为导向，从实际出发，探讨当前我国“减税降费”政策效应，建立由税收指标主导的企业经营走向预警指标体系，并就下一步政策的制定和落实，提出具有针对性和可行性的建议。总体框架见图 1–1。

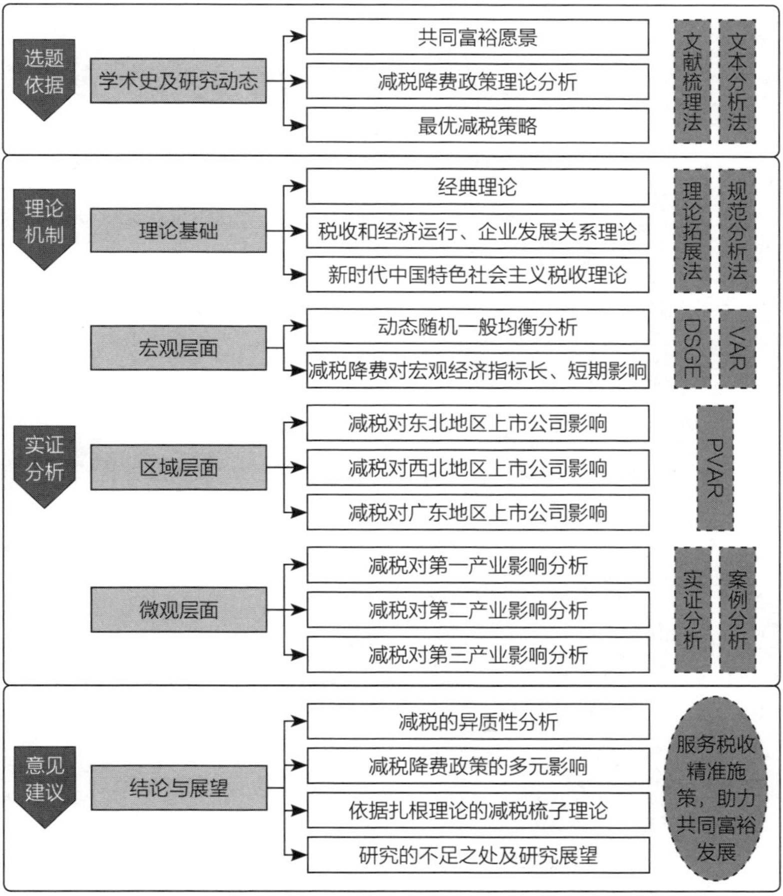
选题依据
学术史及研究动态
共同富裕愿景
减税降费政策理论分析
最优减税策略
文献梳理法
文本分析法
理论机制
理论基础
经典理论
税收和经济运行、企业发展关系理论
新时代中国特色社会主义税收理论
理论拓展法
规范分析法
宏观层面
动态随机一般均衡分析
减税降费对宏观经济指标长、短期影响
DSGE
VAR
实证分析
区域层面
减税对东北地区上市公司影响
减税对西北地区上市公司影响
减税对广东地区上市公司影响
PVAR
微观层面
减税对第一产业影响分析
减税对第二产业影响分析
减税对第三产业影响分析
实证分析
案例分析
意见建议
结论与展望
减税的异质性分析
减税降费政策的多元影响
依据扎根理论的减税梳子理论
研究的不足之处及研究展望
服务税收精准施策，助力共同富裕发展

图 1-1　总体框架

2

第二章

理论基础及研究方法

当前，具有中国特色的社会主义减税政策，通过降低企业所得税、增值税并档降率，扩大小微企业优惠税率等，在稳预期、稳增长、稳就业和保民生、保工资、保运行方面，发挥了巨大的积极作用。

第一节　理论基础

一、经典理论

1. 共生理论

共生理论最早源于生物学界，于 1879 年被提出，是一种描述不同生物体、经济体、社会体之间互相依存和互利关系的科学理论。它强调在一个生态系统、经济体、社会体中，各种体系之间存在着一种相互依赖的关系，通过互惠互利的方式共同生存和繁衍。

在我国，推行共同富裕目标的理论基础是共生理论。共同富裕作为中国社会主义的根本目的，其宗旨在于推动经济的持续增长与社会的公正发展，进而达成全民共享繁荣的愿景。这一目标的核心在于确保所有公民都能平等地分享到经济增长带来的益处，实现资源与机遇的公正分配。基于共生共荣的理念，我国政府通过制定和实施宏观经济政策，推动区域发展战略等方式手段，促进这一宏伟目标的实现，具体包括教育优先、医疗保障、就业创业、社会保障、税收调节等方面的政策和措施。共同富裕的实现是一个长期而复杂的过程，需要政府、企业和社会各方面的共同努力。

2. 拉弗曲线理论

拉弗曲线理论于1974年由美国经济学家阿瑟·拉弗提出，是对税收与经济增长之间关系的形象描述。该理论指出，在不同的税率下，税收收入与经济增长之间并非是完全的负相关性，即税收收入并非一味随着税率的提高而增加，而是存在一个最优税率点，超过该点，税率的增加反而会导致税收收入下降。这也导致拉弗曲线呈倒U型，即税收收入随着税率的升高呈现先增长后减少的趋势。此外，拉弗主张“减税能够促进经济增长”，原因在于减税可以提高个人和企业的可支配收入，进而推动消费和投资，从而刺激经济增长。此外，减税还能减轻企业负担，增强企业竞争力，推动经济结构的优化和升级。

然而，拉弗曲线理论也存在一定的争议。一些批评者认为，该理论只适用于特定的经济环境，并不具有普遍性。此外，拉弗曲线只考虑了税收收入和经济增长之间的关系，而忽略了税收对社会公平和收入分配的影响。尽管如此，拉弗曲线理论仍然是税收政策制定中的一个重要参考。

3. 税收负担理论

税收负担简称“税负”，是指因政府征收税费而对纳税人或其他经济主体造成的经济利益上的损失或转移。它是衡量国家通过税收手段集中社会资源的尺度，反映了税款的不同分布所引起的税负水平安排。

税负可以从不同角度进行分类。从与国民经济的整体关系来看，可以分为宏观税负和微观税负；从税收负担的真实程度来看，可以区分为名义税负和实际税负；从税负是否可以转移的角度来看，可以分为直接税负和间接税负。这些分类有助于深入理解税收对经济主体的影响及其在经济中的分配情况，对制定有效的税收政策、优化资源配置以及促进社会稳定等方面具有重要意义。不同的分类方式揭示了税收负担的不同维度。

税负理论的核心在于研究税收对经济主体的影响，以及税收负担的分配。在税收政策下，纳税人需要支付税款，这将直接影响其经济活动和资源配置决策。税负理论主要包括以下几个方面。

税收负担的分析：税收负担指纳税人因向政府缴纳税款而承担的货币损失或经济福利的牺牲。税收负担的大小受到多种税收政策的影响，如税率、税基以及纳税人自身的经济实力等。

税收压力的分析：税收压力是指税收对纳税人经济活动的限制程度。税收政策下，纳税人必须履行纳税义务，这种税收压力会直接干预其经济活动和资源分配的决策，进而对整个经济体系的发展产生影响。

税收政策的评价：税收政策的核心目标在于调节经济运行和促进社会公平。税负理论探讨税收政策的合理性与实际效果，评估税收政策对经济发展的深远影响。

税收制度的改革：税收制度的改革是为了更好地适应市场经济的发展，促进经济发展和社会公平。税负理论研究税收制度的改革方向和效果，揭示税收负担的规模和分配。

综上所述，税负理论是税收政策研究的重要内容，为政府制定税收政策和税收制度改革提供了重要的参考。

4. 供给学派减税理论

供给学派产生于20世纪70年代，当时由于凯恩斯主义流行，西方出现了物价持续上涨、生产停止、失业的“滞胀”局面。供给学派认为，缺乏市场的供给会造成经济发展不足，劳动力和资本等生产要素的供给和有效利用决定生产的增长。减税不会影响政府的税收收入水平，反而可以将国民收入积蓄在企业和居民个人手中，企业与个人还能加大投资力度，增加供给，推动经济发展。课税基数的大小和税率的高低能够决定税收额的额度，过高的税率会抑制企业和个人的经济活动，影响课税基数，从而对政府税收收入的增加起到反作用。边际税率对经济参与者的行为具有显著的影响力。边际税率的适度降低有助于激发工作动力，提高劳动报酬，进而促进消费需求，增加企业对劳动力的需求和投资意愿，为经济增长提供动力。税收减免措施被认为是对抗经济停滞和通货膨胀的有效手段，能够增强经济的生产能力，优化经济发展环境。

供给学派主张的税收减免策略主要关注三点：一是企业税负的减轻。通过调降企业所得税的税率，降低企业运营成本，增加其赢利能力，从而激发其更多的投资行为和对就业机会的创造。二是个人所得税的减免。通过降低税率来降低劳动者的经济压力，提高其可支配收入水平，激发其工作积极性，同时增加其储蓄，为社会供给的增加提供支持。三是社会保险费用的降低。通过减少雇佣劳动力的成本，激励企业增加用工，保障就业市场的稳定，同时降低失业率。这些措施共同构成了一套旨在通过税收激励、促进经济活力和增长的政策框架。

二、税收和经济运行关系理论

1. 全要素生产率理论

全要素生产率（Total Factor Productivity，TFP）是指在使用全部生产要素（包括劳动、资本和自然资源）的情况下，单位生产要素所创造的经济价值。它反映了资源配置状况、生产手段的技术水平、生产对象的变化、生产的组织管理水平、劳动者对生产经营活动的积极性，以及经济制度与各种社会因素对生产活动的影响程度，是衡量一个经济体在生产过程中效率和创新能力的重要指标。全要素生产率理论是一种经济学理论，旨在解释全要素生产率的变化对生产力和经济增长的影响。

全要素生产率理论指出，可以通过技术革新、优化管理以及创新等途径，提升全要素生产率。这种提升意味着在不增加劳动、资本和自然资源投入的情况下，能够生产出更多的商品或服务，进而推动经济增长。全要素生产率的增长有助于企业增加盈利，提升社会福利水平，但同时也会对资源的利用和环境保护等方面带来挑战。

从经济政策的角度看，全要素生产率理论强调了技术创新和管理创新的关键作用。为了提升全要素生产率并推动经济增长，政府需要实施创新驱动的政策和产业发展战略，激励企业在技术和管理层面进行创新。并且，全要素生产率的估算有助于政府进行经济增长源泉分析，识别经济是投入型增长还是效率型增长，从而制定长期可持续增长政策。同时，政府必须加强对环境和资源保护的监管，以确保全要素生产率的提升不会影响环境和资源的可持续性发展。

在税收政策方面，政府的决策同样对全要素生产率具有深远的影响。例如，通过减轻税负，可以降低企业的运营成本，增强其生产效率，进而促进全要素生产率的提升。

2. 税收与劳动力理论

税收与劳动力理论深入探讨了税收政策如何塑造个体的劳动供给行为及其对企业雇佣决策的影响。20 世纪 70 年代，罗伯特·卢卡斯对该理论做出了重要贡献，其观点深刻影响了现代宏观经济政策的制定。

在个体层面，卢卡斯供给曲线强调了劳动供给对税率变化的敏感性。个体会根据税率的高低调整劳动供给，以最大化个人效用。税率上升导致劳动的净收益降低，可能促使个体减少工作时间，选择更多的闲暇时间，从而减少劳动供给。边际革命理论进一步阐释了个体如何在劳动与闲暇之间做出选择，基于劳动的边际效用和边际成本来调整劳动供给。

在企业层面，税收政策通过影响企业的成本结构和赢利能力，间接影响企业的雇佣决策。例如，降低企业税负可以增加企业的利润空间，激励企业增加投资和雇佣，提高整体劳动需求。税收优惠、抵扣和减免等政策工具，可以激励企业进行资本投资和技术创新，这不仅可以增加对高技能劳动力的需求，也可能通过提高生产效率来增加对低技能劳动力的需求。

3. 税收与资本理论

税收与资本理论探讨税收政策如何影响资本供给和投资决策。该理论指出，税收政策通过调整投资的边际成本和收益，影响个人和企业的投资行为，进而对经济增长和资源配置产生深远影响。

托宾的 q 理论为企业投资行为提供了一个分析框架，其中 q 值是企业市场价值与其资产重置成本的比率。税收政策通过降低企业税负、增加企业利润，可能提高 q 值，激励企业扩大投资和资本积累。例如，降低企业所得税可以增加企业的税后利润和市场价值，从而提高 q 值。当 q 值大于 1 时，企业更倾向于投资新资产，增加投资支出。

资本积累理论进一步强调税收政策对储蓄和投资激励的影响，以及这些激励如何影响资本积累的速度和规模。税收优惠政策，如退休账户的税收减免，可以鼓励个人储蓄，为资本积累提供更多资金。对企业而言，降低企业所得税或提供投资税收抵免可以激励企业进行更多资本投资，促进生产能力扩张和生产效率提高。

4. 税收与消费关系的理论

税收效应理论：该理论从微观经济角度分析税收对消费者行为的影响。这一理论认为，税收政策通过调整消费者的可支配收入和商品相对价格，直接影响消费模式。在实践中，税率的任何变化都会对消费者的购买力产生立竿见影的影响。例如，个人所得税的减免可以让消费者有更多的资金用于消费或储蓄，而税率的提高则可能会迫使消费者紧缩开支。这种效应在不同收入群体中表现不同，对于低收入家庭来说，税率的变化可能直接影响到他们的基本生活需求满足；对于高收入家庭来说，税率的变动可能更多地影响到他们的储蓄和投资决策。

此外，税收政策通过影响商品和服务的价格，产生替代效应和互补效应。例如，对某些被认为是奢侈品或不健康的商品征收更高的消费税，可以提高这些商品的价格，从而促使消费者寻找更经济或更健康的替代品。这种政策在烟草和酒精产品上的应用广泛，旨在通过提高成本来减少消费，改善公共健康。同时，对互补商品征税可能会降低整体的消费需求，因为商品组合的成本效益发生了变化，这在汽车和汽油、家用电器和电费等商品对中尤为明显。

税收效应理论揭示了税收如何通过调整消费者的可支配收入和商品相对价格，直接影响消费模式。政府可以通过这一理论来预测税率变化对消费者购买力的影响，以及不同收入群体的消费反应，从而平衡税收负担，鼓励消费，促进经济增长。

税收激励理论：该理论进一步阐释了税收政策如何激励或抑制特定的消费行为。税收优惠，如对教育和培训支出的税收减免，可以激励个人投资于自身发展，提高长期生产力。这种政策不仅有助于个人职业技能的提升，也有助于整体社会的人力资本水平的提升。环保税和补贴政策则鼓励消费者选择绿色产品和服务，推动可持续发展。这种政策通过提高污染性商品的成本，降低了对环境有害的行为，同时通过补贴鼓励采用清洁能源和公共交通等环保选择。

税收激励还体现在对储蓄和投资的税收政策上。例如，对储蓄账户提供税收优惠可以促进财富积累，而对投资收益征税可能会影响消费者的投资意愿和消费模式。

税收激励理论为政府提供了通过税收政策激励或抑制特定

消费行为的工具。通过实施税收优惠和环保税等政策，政府不仅能够促进个人发展和提高社会人力资本，还能推动可持续发展。这些政策有助于政府在促进科技创新和企业研发投入方面发挥作用，进而预测和引导经济走势。

税收职能理论：该理论从更宏观的角度分析税收政策的作用。税收不仅是政府筹集财政收入的手段，也是实现社会公平和经济稳定的重要工具。在收入分配方面，累进税制有助于缩小贫富差距，通过高收入者缴纳更多税收来补贴低收入者，从而影响消费能力和消费结构。在经济稳定方面，税收政策可以作为逆周期调节工具，通过调整税率和税基来平滑经济波动，影响消费和投资。在资源配置方面，税收政策通过影响不同商品和服务的相对价格，引导资源流向更有效率或更符合社会目标的领域。

税收职能理论还涉及税收政策在调节经济周期中的作用。在经济衰退期间，政府可以通过降低税率或提供税收减免来刺激消费和投资，从而促进经济复苏。在经济过热期间，政府可以通过提高税率或减少税收优惠来抑制过度消费和投资，防止通货膨胀。这种逆周期的税收政策有助于平滑经济波动，维护经济稳定。

税收职能理论还强调了税收政策在国际竞争中的作用。通过提供税收优惠，政府可以吸引外国投资，促进国内产业发展。同时，税收政策也可以作为国际贸易政策的一部分，通过调整关税和出口退税来保护国内产业，促进出口。

税收职能理论强调了税收政策在实现社会公平、经济稳定和资源有效配置中的多重作用。政府可以利用这一理论来设计累进税制，将其作为逆周期调节工具，以及通过税收政策引导资源流向，以实现经济的长期稳定和增长。这有助于政府在制定税收政策时考虑到其对经济走势的广泛影响。

三、税收和企业发展关系理论

1. 税收与利润再投资理论

该理论认为税收与企业再投资之间的关系是复杂而微妙的。

首先，税收会直接影响企业的利润率。企业通常会将部分利润用于扩大公司的生产经营，进而达到企业经营的目的。然而，较高的税率可能会侵蚀企业利润，降低企业的投资意愿，这不仅可能削弱企业的赢利能力，还可能抑制企业的创新活力，不利于企业的转型升级。与此相反，较低的税率利于企业提高赢利能力、进行资本积累，可以激励企业进行再投资，提升企业的创新活力，进而促进企业的长久发展。

其次，在经济发展的不同时期，税收对企业的投资会产生不同的影响。例如，在经济衰退时期，政府可以通过减免税等扩张性的财政政策发挥税收的导向作用，刺激企业投资，促进经济增长。反之，在经济繁荣时期，政府可以通过增加税收等紧缩性的财政政策抑制企业的过度投资，从而促进经济的稳步发展。

再次，税收可以鼓励特定行业和地区的再投资。政府可以通过税收政策引导企业投资特定行业和地区，进而促进经济结构调整以及地区间的协调发展。对于高科技产业、节能环保产业和创新型企业，政府可以给予税收减免和优惠政策，鼓励企业增加投资，提高产品的创新能力和国际竞争力。

最后，税收对企业的投资回报率也会产生影响，进而影响企业的再投资。例如税收优惠政策会增加企业的现金流，提高企业的投资回报率，利于激励企业再投资；增税政策则相反，不利于企业进行再投资。

综上，税收政策在企业再投资能力方面扮演着重要的角色。政府征税可能会侵蚀企业的利润，导致企业缺少自由的现金流；政府的财政政策、特定优惠政策以及投资回报率则会降低企业的税负，增加企业可支配的现金流，从而有利于鼓励企业将利润进行再投资。因此政府应该审慎出台相应的税收政策，鼓励企业将利润用于再投资，从而维持经济的稳定发展。

2. 税收与企业创新理论

彼得·埃文斯（Peter Evans）是创新经济学和发展经济学领域的学者。他在 1987 年提出了“国家创新体系”的概念，强调税收政策在构建国家创新能力和促进企业创新中的作用。企业的创新活动可以创造新的岗位，提供就业机会，有利于增加产品的附加值，从而提高在国际上的竞争力，促进国民经济的发展。而国家的税收政策在直接影响企业利润的同时，对企业的创新也会产生重要的影响。

政府的相关税收优惠政策会促进企业进行创新，促进新质生产力的发展。党的十八大以来，我国持续优化支持科技创新的税收政策，有效减轻了企业的税收负担，增加了企业可支配资金，促进了企业的创新发展。例如，在投资环节中，对于符合条件的为科技创新企业提供场地空间的孵化园、科技园等，其运营收入可以免征增值税、房产税、城镇土地使用税等。在研发生产环节，对于企业开展研发活动中实际发生的研发费用，实行研发费用加计扣除的政策，通过减少企业所得税的税基，降低了企业的研发成本，从而激励企业增加研发投入，直接为企业提供了经济扶持，提高了企业的创新动力和竞争力。在成果转化环节，针对国家重点扶持的高新技术企业，按 15% 的税率征收企业所得税，有利于促进高新技术企业的发展。

不过，现行的税收政策对激励企业创新的精准性不足，例如，科技创新企业的认定门槛较高。通过设置数量性指标进行创新企业的认定，会忽略对于创新质量的认定，导致企业为获得税收优惠而进行迎合式创新。

因此，税收政策应充分考虑实际情况及创新质量的水平，以实现税收收入与企业创新动力之间的平衡，增强企业竞争力，进而推动经济的持续健康发展和社会的全面进步。

3. 税收与企业定位理论

经济学家詹姆斯·N. 德图佐斯（James N. Dertouzos）在 1970 年提出了税负与市场区位理论，认为企业的税收负担会影响其在市场上的竞争地位和定位策略。经济学家韦尔纳·伯恩特（Werner Bönte）专注于创新与企业行为研究，于 2009 年发表了一项研究，探讨了税收对企业创新活动和定位决策的影响。

税收与企业定位理论关注税收对企业在市场中的定位和竞争策略的影响。高税收率可能导致企业在国内市场竞争困难，尤其是对于小型企业而言。一些企业可能会选择迁移或转向其他国家，以寻求更低的税收和更有利的经营环境。因此，税收政策的合理性和稳定性对于企业的发展和定位非常重要。

4. 税收与国有企业发展之间的理论

激励与竞争理论：亚当·斯密（Adam Smith）在《国富论》中提出了“看不见的手”概念，强调竞争市场中的自发秩序和资源配置。该理论认为，税收政策应该鼓励国有企业参与市场竞争，提高其效率和创新能力。通过减税、优惠政策或公平竞争环境的建立，国有企业可以更好地适应市场需求，并改善其经营表现。

公共利益与社会责任理论：这一理论强调国有企业的公共利益和社会责任。税收政策可以通过提供税收优惠或奖励，鼓励国有企业履行社会责任，投资于环境保护、就业创造、公共服务等方面，促进社会可持续发展。

5. 税收与私营企业发展之间的理论

刺激创业与投资理论：该理论认为较低的税收率可以提供更多的资金用于私营企业的创业和投资活动，鼓励私营企业的发展和扩大规模。减税措施可以增加私营企业的盈余和现金流，促进创新和市场竞争力。

激励效率与生产力理论：这一理论强调税收政策对私营企业的效率和生产力的影响。高税收率可能会削弱私营企业的赢利能力，限制投资、招聘和技术创新活动。相反，较低的税收水平可以提供更多的资源和激励，促使私营企业提高效率和生产力。

就业与经济增长理论：该理论认为税收政策可以对就业和

经济增长产生重要影响。高税收率可能对私营企业的用工成本产生压力，限制企业扩大规模和新增就业机会。较低的税收率可以鼓励私营企业的就业创造，推动经济增长和社会发展。

四、扎根理论

扎根理论是一种定性研究方法，它的核心目标是通过对数据的深入分析来构建理论。这种方法由美国社会学家巴尼·G. 格拉泽（Barney G. Glaser）和安瑟姆·施特劳斯（Anselm Strauss）于 1967 年提出。他们在著作《扎根理论的发现》中对其进行了详细阐述。扎根理论强调从经验数据中归纳出理论，而不是从现有的理论出发去验证假设。该理论核心思想是基于实地研究和数据收集，通过深入的访谈、观察和文献分析等方法，获得对研究对象的全面了解。这种研究方法注重从被研究者的角度去理解问题，并将研究结果与实际情况相结合，以获得更准确和可靠的研究结论。

扎根理论的研究过程通常包括以下几个步骤。

数据收集：研究者通过深度访谈、观察、文献分析等手段，收集与研究主题相关的各种数据。

数据编码：将数据进行初步编码，以识别和标记主题和概念。编码是扎根理论中重要的步骤之一，研究者需要不断地比较和归纳数据，以发现其中的模式和关系，并生成新的概念。

概念发展：通过比较和相关性分析，整理出编码之间的相关关系。这些关系可以通过绘制思维导图或概念图的方式进行可视化。在数据分析过程中，研究者需要保持疏离的状态，不受先入之见的影响，边分析边归纳，从数据本身提取出概念和理论。

理论整合：通过逐步归纳和整合，将不同的概念联系起来，形成一个有逻辑和解释性的理论框架。理论的构建需要与实际数据进行反复比对和验证。

五、新时代中国特色社会主义税收理论

宏观财政政策是指国家政府通过调整财政收支，以达到调节经济运行、促进经济增长和保持经济稳定的目的。西方宏观财政政策在面对我国实际国情时，往往存在许多现实困境。国内积极的财政政策通过调整税收政策和财政支出，基于新的逻辑对宏观经济进行调控，可促进经济发展。例如，减税可以增加企业流动资金，具有拉动投资和消费的正向激励作用，从而促进经济增长；适度增加财政支出可以刺激消费和投资，促进就业和增长。邢丽和陈龙（2023）指出，中国积极财政政策贯彻以人民为中心的发展思想，不同于传统的西方宏观财政政策逻辑，带有鲜明的中国特色，是中国式现代化进程中一项重大的宏观经济治理政策创新。

邓力平教授在2023年出版的《迈上新征程的中国特色社会主义财税》专著中，论述了财税制度在社会主义国家中的重要作用和特点。他分析了税制对资源配置、产业结构和经济增长的作用，提出了优化税收结构、简化税收制度、促进税收稳定增长等政策建议，为我们深入理解税收与宏观经济的关系提供了重要的理论基础和参考。

本书的理论创新在于扎根中国土壤的税收治理观。本书跳脱西方财税理论窠臼，创造性融合三类理论根基。一是政治经济学逻辑：以“共生理论”阐释中国特色社会主义共同富裕的本质，强调减税不仅是经济工具，更是社会公平的调节器。二是动态政策效能观：通过 DSGE 模型模拟劳动税、资本税、消费税的传导路径，揭示减税对产出、投资、消费的短期刺激与长期衰减规律——这也启示我们减税须配合产业周期设计“脉冲式政策包”，避免边际效益递减。三是本土化实证框架：提出“减税梳子理论”，将政策效应梳理为“宏观—区域—产业—企业”四重齿梳，精准捕捉政策异质性。

第二节　研究方法

一、案例分析

为分析减税政策对不同行业的影响效果，本书选取新医药制造行业、节能环保行业、文化旅游行业的经典案例研究，通过理论与实践相结合，进行全面多角度的研究，得出相关结论。

二、实证分析

本书主要采用了三种实证分析方法开展研究，形成了诸如对绿色能源行业影响效应的一套完整的范式分析。具体模型构建如下：

1. DSGE 模型

即动态随机一般均衡（Dynamic Stochastic General Equilibrium，DSGE）模型，是宏观经济学中用于分析经济行为和政策效应的高级理论模型。DSGE 模型结合了微观经济基础、市场摩擦、随机冲击和经济主体的前瞻性行为，以提供一个更为现实和动态的宏观经济分析框架。

2. PVAR 模型

以各地区、各行业上市公司四大财务指标数据为样本，建立 PVAR 模型，公式如下：

$$Y_{it} = a_0 + \sum_{j=1}^{n} a_j Y_{i,i-j} + \beta_i + \gamma_t + \varepsilon_{it} \tag{2.1}$$

其中 Y 为变量，代表 i 上市公司在 t 季度的财务状况和税收负担。i 代表不同的上市公司，t 代表不同的季度。α_0 代表截距项，j 代表滞后阶数，β_i 代表个体固定效应，γ_t 代表个体时间效应，ε_{it} 为随机扰动项。

3. 剂量效应双重差分回归（剂量效应 DID）模型

因减税政策为全国统一实行的政策，无法满足传统双重差分（DID）模型处理组和对照组的要求，因此本书选择剂量效应 DID 模型进行分析，公式如下：

$$y_{it} = \alpha + \beta_1 low_i \times After_t + \beta_2 low_i + \beta_3 After_t + \beta_4 X_{it-1} + \delta_i + \gamma_t + \varepsilon_{it} \tag{2.2}$$

其中，i 表示企业，t 表示时间，y_{it} 为被解释变量。low_i 为指示变量，当为处理组时，即企业的税负水平处于最高的 1/3 组，该变量取值为 1；当为对照组时，即企业的税负水平处于最低的 1/3 组，该变量取值为 0。δ_i 为个体固定效应，γ_t 为时间固定效应，ε_{it} 为误差项。

4. 断点-双重差分回归模型

公式如下：

$$Ability_{iyq}=\alpha+\beta_1 I(q\geqslant a)+\beta_2 T_i(q\geqslant a)+f(q-a)+ I(q-a)\times f(q-a)+\delta_i+\lambda_y+\theta_q+\varepsilon \quad (2.3)$$

其中，$Ability_{iyq}$ 表示 i 企业在 y 年的 q 季度的能力指标，q 为企业财务指标的对应季度，是断点回归部分的驱动变量。a 表示政策所处的季度即 2016 年二季度；$I(q\geqslant\alpha)$ 是标记变量，如果相应指标在二季度和三季度，则为 1；如果在一季度和前一年的四季度，则为 0。T_i 是实验组和对照组的识别变量，如果是 2016 年为 1，否则为 0。$f(q-\alpha)$ 是驱动变量局部多项式的函数，δ_i 为个体固定效应，λ_y 为年份固定效应，θ_q 为季度固定效应，为误差项。

5. 混合 OLS 回归模型

在研究总税负、间接税负和直接税负三个解释变量对某省汽车零部件企业发展的影响时，在面板数据的基础上，我们运用面板回归模型来分析税收政策对大中型企业（非上市公司）发展指标的影响。面板数据的固定效应和随机效应模型，帮助我们控制了不随时间变化的遗漏变量问题，提高了估计结果的可靠性。公式见第六章第四节。

三、比较分析

本书在分析减税政策对企业的影响时，一方面将其按地区划分，将政策在东北地区、西北地区和广东地区的实施效果进行对比分析；另一方面将其按三大产业划分，针对不同产业中的典型行业、大型企业，研究政策实施效果，并进行对比分析。

第三节　数据说明

本书在实证分析中主要采用上市公司数据，原因有以下几点。第一，上市公司作为经济活动中的活跃主体，其财务报告和经营数据通常具有较高的透明度和规范性，这为研究提供了可靠的数据来源。第二，上市公司数据涵盖了广泛的行业和地区，有助于捕捉减税政策在不同经济环境下的异质性效应。第三，上市公司往往代表了各自行业的先进生产力和竞争力，其对政策变化的反应具有一定的代表性，能够反映减税政策对行业整体发展的影响。第四，上市公司数据的可获得性较高，便于进行大规模的样本分析，增强研究的统计效力。第五，上市公司数据的连续性和时间序列特性，使得研究者能够追踪政策变化的长期效应，为政策评估和动态调整提供依据。上市公司数据的这些特性使其成为研究减税政策效应的理想选择。

3

第三章

减税的宏观效应分析

托雷斯的著作《动态宏观经济一般均衡模型入门》，运用 DSGE 模型，对劳动税、资本税和消费税的拉弗曲线进行了绘制，得出结论：税收的增加减少了工资的购买力，从而减少了劳动力供给，并最终对产出产生了负面影响。本章运用 DSGE 模型，结合我国实际情况设置参数，考察个人所得税（劳动税）、资本税和消费税税负下降对劳动、消费和投资产生的冲击。同时，从计量经济学角度，运用 VAR 模型，分析宏观整体税负下降对 GDP、固定资产投资和就业率的影响，从理论和实证角度，较为完整地反映减税带来的就业、消费和投资效应。

第一节 DSGE模型

一、家庭

根据经典RBC模型对家庭的刻画，家庭可以选择消费 C_t，以及劳动 N_t 来最大化其终身效用，效用函数如下：

$$\max E_t \sum_{t=0}^{\infty} \beta^t \left(\log C_t - \chi \frac{N_t^{\eta+1}}{\eta+1} \right) \qquad (3.1)$$

公式（3.1）中，家庭的风险偏好为中性，相对风险厌恶系数为0，β 为主观贴现因子，体现了家庭对未来消费的偏好。E_t 为期望运算符，$1/\eta$ 为劳动的供给弹性，χ 为劳动在效用函数中的权重。在追求终身效用最大化的过程中，家庭受如下条件约束：

$$\left(1+\tau_t^c\right)C_t + K_t - \left(1-\delta\right)K_{t-1} + B_t =$$

$$R_{t-1}B_{t-1} + \left(1-\tau_t^n\right)w_t N_t + \left(1-\tau^k\right)r_t^k K_{t-1} + Tr_t \qquad (3.2)$$

等号左边表示家庭在 t 期的支出，由消费 C_t、持有到 $t+1$ 期的债券 B_t 以及投资 K_t 构成。等号右边表示家庭从劳动供给 N_t、债券的利息收入 $R_{t-1}B_{t-1}$（R_{t-1} 为 $t-1$ 期的名义存款利率，即无风险利率），与资本收入 $\left(1-\tau^k\right)r_t^k K_{t-1}$ 获得收入，τ^k 为资本税率，w_t 为实际工资，τ^n 为劳动税率，Tr_t 为政府转移支付。家庭效用最大化的一阶条件表示为：

$$\left(1-\tau_t^n\right)w_t=\chi N_t^\eta C_t\left(1+\tau_t^c\right) \tag{3.3}$$

$$\frac{1}{C_t\left(1+\tau_t^c\right)}=\beta E_t\left(\frac{R_t}{C_{t+1}\left(1+\tau_{t+1}^c\right)\pi_{t+1}}\right) \tag{3.4}$$

$$\frac{1}{C_t}=\beta\frac{1}{C_{t+1}}E_t\left[\left(1-\tau_t^k\right)r_t^k+\left(1-\delta\right)\right] \tag{3.5}$$

其中，公式（3.3）为劳动的供给方程，公式（3.4）为消费的跨期决定方程，即消费的欧拉方程。

二、生产者

中间商品制造商从中招募劳动力 N_t，从资本所有者那里租赁生产所需的设备和资金 K_t，采用 Cobb–Douglas 生产函数来生产中间商品，在完全竞争的市场环境中，选择劳动力和资本的最佳组合实现利润的最大化。中间产品制造商的成本主要由两大部分构成：一是雇佣家庭劳动的支出 w_tN_t，二是支付给资本提供者的租借资本支出 r_tK_t。企业的 Cobb–Douglas 生产函数为：

$$Y_t=A_tK_{t-1}^aN_t^{1-a} \tag{3.6}$$

a 为生产函数中资本所占份额，中间产品制造商选择资本量与劳动量，实现利润最大化，即：

$$\max Y_t-w_tN_t-r_t^kK_t \tag{3.7}$$

得到成本最小化一阶条件为：

$$w_t=\left(1-a\right)\frac{Y_t}{N_t} \tag{3.8}$$

$$r_t = a\frac{Y_t}{K_t} \tag{3.9}$$

公式（3.8）为家庭的工资决定方程，公式（3.9）为资本租金的决定方程。

资本的累计函数为：

$$K_t = \left(1-\delta\right)K_{t-1} + I_t \tag{3.10}$$

三、政府

政府预算平衡式即政府支出加转移支付等于税收。

$$G_t + Tr_t = \tau_t^c C_t + \tau_t^k r_t^k K_{t-1} + \tau_t^n w_t N_t \tag{3.11}$$

四、外生冲击

技术冲击：

$$A_t = \rho_a A_{t-1} + \varepsilon_{a,t} \tag{3.12}$$

政府支出冲击：

$$G_t = \rho_g G_{t-1} + \varepsilon_{g,t} \tag{3.13}$$

劳动税冲击：

$$\tau_t^k = \rho_{\tau_k}\tau_{t-1}^k - \varepsilon_{\tau_k,t} \tag{3.14}$$

资本税冲击：

$$\tau_t^n = \rho_{\tau_n}\tau_{t-1}^n - \varepsilon_{\tau_n,t} \tag{3.15}$$

消费税冲击：

$$\tau_t^c = \rho_{\tau_c}\tau_{t-1}^c - \varepsilon_{\tau_c,t} \quad (3.16)$$

五、市场出清条件

$$Y_t = C_t + I_t + G_t \quad (3.17)$$

参数校准如表 3-1 所示。

表 3-1　参数校准

β	0.995
α	0.35
δ	0.025
χ	4.43
η	0.6
τ_k	0.2
τ_n	0.2
τ_c	0.2
g	0.2

贴现因子 β 取 0.995，对应的年化无风险利率为 2%，资本产出弹性参考孟宪春（2018）的研究成果取 0.35，折旧率参考陈小亮等（2023）选择 0.025，对应季度值 0.1，劳动占效用函数的权重取 3.67，Frisch 劳动弹性倒数参考温兴春和梅冬州（2020）取 0.6，根据稳态时劳动的稳态为 1/3，可计算出 χ 为 4.43。资本税率与劳动税率取 0.2，政府支出占产出比重取 0.2。

六、脉冲响应分析

（1）负向个人所得税（劳动税）冲击：由于我国没有劳动税这一税种，因此按照课税对象和税种征收范围，我们可以将其对应为个人所得税。一单位负向个人所得税冲击使得劳动供给增加，在企业对劳动需求不变的情况下，工资水平下降。同时，劳动量的提升带动了对应的资本需求的增加，使得资本需求量与资本回报率上升。资本回报率的提高带动了基准利率的上升，此时劳动收入的增加带动了消费的增加，资本量的增加自然带动了投资的增加，消费与投资的增加最终使得产出增加。简而言之，降低个人所得税会通过一系列连锁反应，最终促进经济增长（图 3–1）。

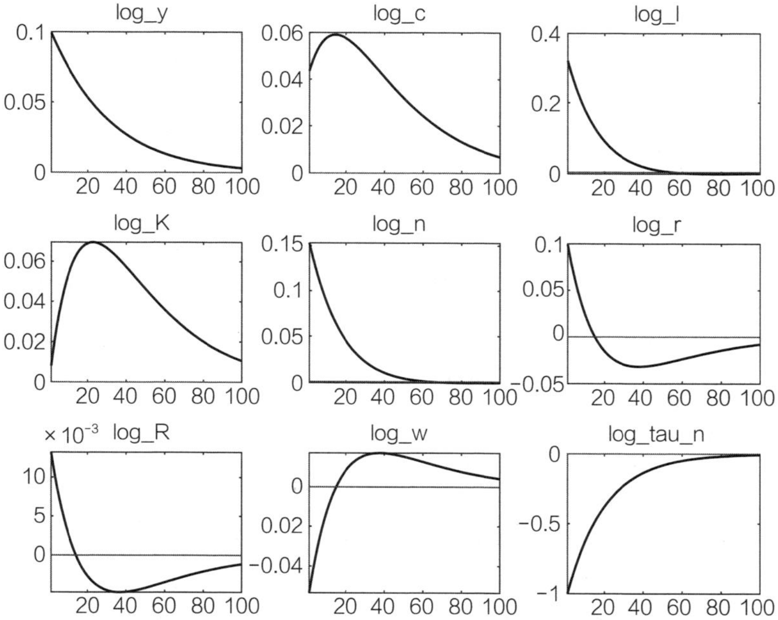

图 3–1　负向个人所得税冲击的脉冲响应曲线

（2）负向资本税冲击：资本税通常是针对资产或投资收益征收的税，主要针对个人投资收益和资产增值。在负向资本税冲击下，投资需求上升，家庭更偏好将收入用于投资，因此消费下降，投资上升。在资本税发生意外减少时，劳动供给也倾向于增加，由于需求并未改变，因此工资率下降。另外，资本税的减少使得家庭供给更多资本的同时，企业也需求更多的资本。双方对资本的需求增加，会推高资本的回报率，此时投资的上升幅度大于消费的下降幅度，最终产出增加（图 3–2）。

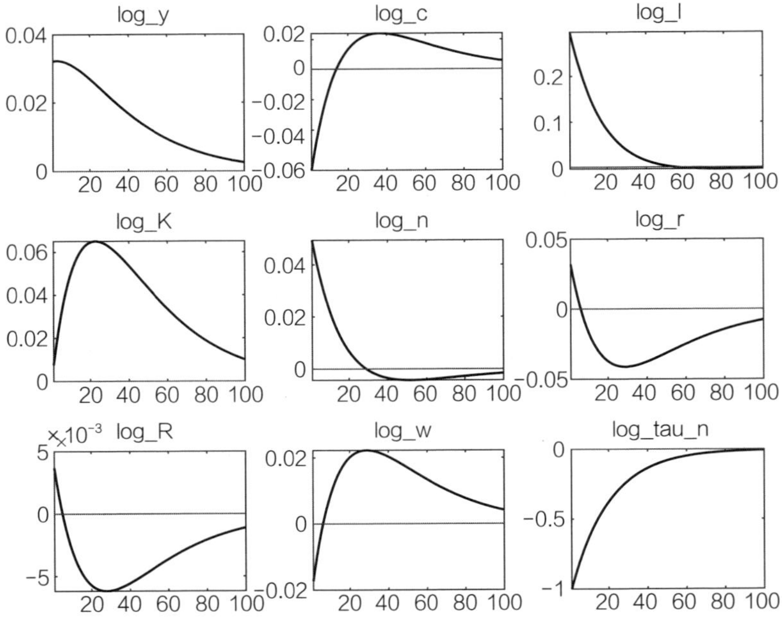

图 3–2　负向资本税冲击的脉冲响应曲线

（3）负向消费税冲击：在一单位负向消费税冲击下，我们可以看到，消费税的减少相当于使得单位劳动报酬与资本报酬对消费的支配能力增加，因此劳动供给增加，在劳动需求不变的情况下工资下降。但消费的增加在一定程度上挤占了投资，使得投资水平降低，根据资本边际报酬递减规律，资本报酬上升。尽管如此，为了实现特定的社会和公共健康目标，对某些商品（如烟草和酒精饮料）维持或实施消费税限制仍然是必要的。综合来看，税收政策变动会影响消费者的购买力和消费行为，进而对整体经济产生影响，最终使得总产出维持上升趋势（图 3-3）。

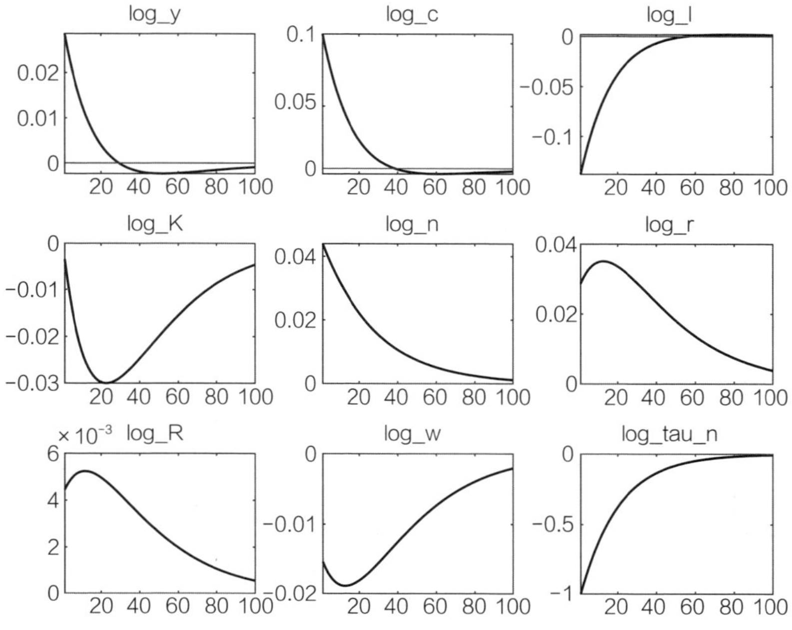

图 3-3　负向消费税冲击的脉冲响应曲线

第二节　VAR 模型设定及分析结果

一、VAR 模型设定

选取税收、GDP、固定资产投资、城镇本年新增就业人员数（就业）数据，其中税收数据来源于国家税务总局官网（采用税收 /GDP 为衡量税负指标的最终数据），其他三项来源于中经网数据库。为了数据平衡，均采用季度数据，数据区间为 2005 年四季度至 2022 年二季度。同时，为了体现政策的差异性，引入虚拟变量 X，使其在 2016 年一季度前为 0，2016 年二季度营改增后为 1。经 Eviews 软件操作发现，对税负指标差分后（税负变化），固定资产投资指标进行 M–12 季节性调整后取对数做差分（固定资产投资增长率），GDP 进行 M–12 季节性调整后取对数做差分（GDP 增长率），就业数据换算为增长率数据后，上述指标平稳（表 3–2），分别记为 TAX、GDP、GT、JOB，则 y_t=（TAX_t，GDP_t，GT_t，JOB_t，X），通过 Eviews 软件建立 VAR 模型，定阶结果由 SC 准则显示最优滞后阶数为 2 阶，滞后期为 20，即 5 年。最终建立一个 5 变量 VAR（4）模型。

表 3–2　单位根检验结果

变量名	TAX	GDP	GT	JOB
t 统计量	−9.9573	−7.6279	−3.6378	−6.5249
平稳性	平稳	平稳	平稳	平稳

二、格兰杰（Granger）[①] 因果检验

因 TAX、GDP、GT 和 JOB 数据均为平稳数据，满足格兰杰因果检验条件，具体结果见表 3-3。可以看出，税负变化与就业增长互为因果，这一点似乎与人们传统观念不相符。固定资产投资不是税收、就业的格兰杰原因，固定投资难以起到税收增收和提高就业率的作用；GDP 也不是税负、固定资产投资和新增就业变动的格兰杰原因；就业增长也不是税负、GDP 和固定资产投资

表 3-3 格兰杰因果检验结果

原假设	*F* 统计量	*P*	结论
GDP 不是 TAX 的格兰杰因	0.2021	0.8176	接受
TAX 不是 GDP 的格兰杰因	1.7465	0.1833	接受
GT 不是 TAX 的格兰杰因	1.3416	0.2693	接受
TAX 不是 GT 的格兰杰因	0.1692	0.8447	接受
JOB 不是 TAX 的格兰杰因	7.7865	0.0010	拒绝
TAX 不是 JOB 的格兰杰因	5.0449	0.0095	拒绝
GT 不是 GDP 的格兰杰因	3.4048	0.0399	拒绝
GDP 不是 GT 的格兰杰因	1.1004	0.3395	接受
JOB 不是 GDP 的格兰杰因	0.6376	0.5322	接受
GDP 不是 JOB 的格兰杰因	0.5068	0.6050	接受
JOB 不是 GT 的格兰杰因	0.0187	0.9815	接受
GT 不是 JOB 的格兰杰因	0.0645	0.9376	接受

① 格兰杰因果是诺贝尔经济学奖得主克莱夫·格兰杰提出的一种统计结果检验方法，用于分析时间序列数据中变量之间的预测关系。——编者注

变动的格兰杰原因。固定资产投资变动和GDP变动的格兰杰原因，现实中加大固定资产投资有利于GDP的增长。

三、脉冲响应分析

本书所选的税负差分数据，可以理解为税负增量。从图3–4看出，税负的冲击对GDP在3期（9个月）内产生同向影响，即税负降低，到四季度才会降低GDP增长率，6期（一年半）以后对GDP几乎不再产生影响。图3–5显示，税负正冲击会在1期（3个月）内使得固定资产投资下降，即税负降低，短期会促使固定资产投资增加，之后地方政府财政收入减少会缩减城镇建设力度，使得固定资产投资降低，4期（一年）以后不再产生影响。图3–6显示税负对就业的影响在正负间波动，因此可以认为其对就业没有明显影响，长期影响在10期后逐渐趋于0。图3–7显示，营改增政策当期（即2016年二季度）没有引起税负变化，2期内（半年）降低了税负，随后影响逐渐趋于0。

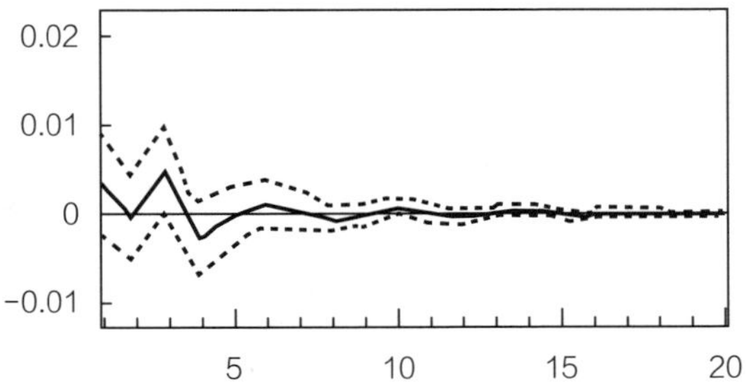

图3–4　税负冲击引起的GDP增长的响应函数

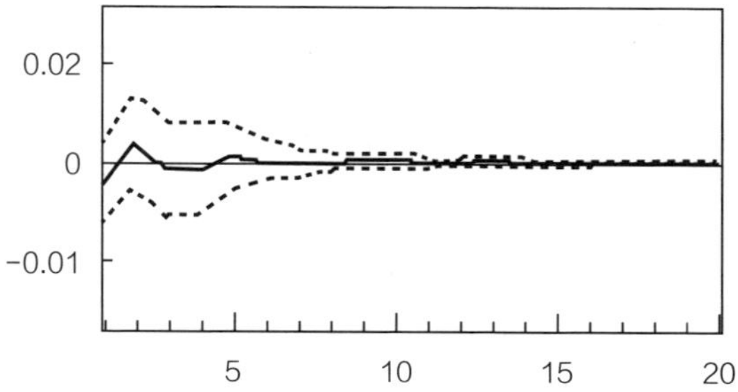

图 3-5　税负冲击引起的固投增长的响应函数

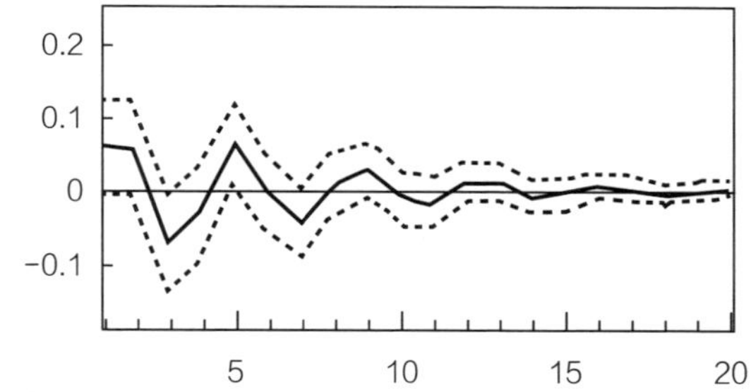

图 3-6　税负冲击引起的新增就业的响应函数

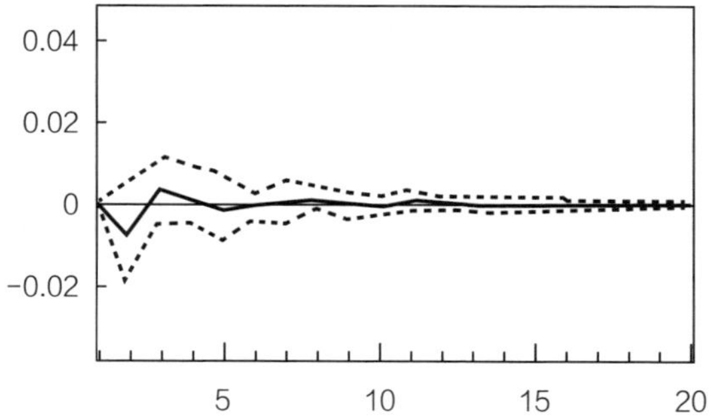

图 3-7　营改增政策引起的税负的响应函数

四、方差分解

从图 3-8、图 3-9 看出，GDP 和固定资产投资对税负冲击影响很小，分别为 1.6%［RVC（4）=1.643］和 6%［RVC（4）=6.323］左右。图 3-10 显示就业对税负冲击贡献率最大达到 20.39%［RVC（6）］。图 3-11 显示税负对就业的影响到第 5 期达到 16%，可见税负变动确实对就业产生一定影响。

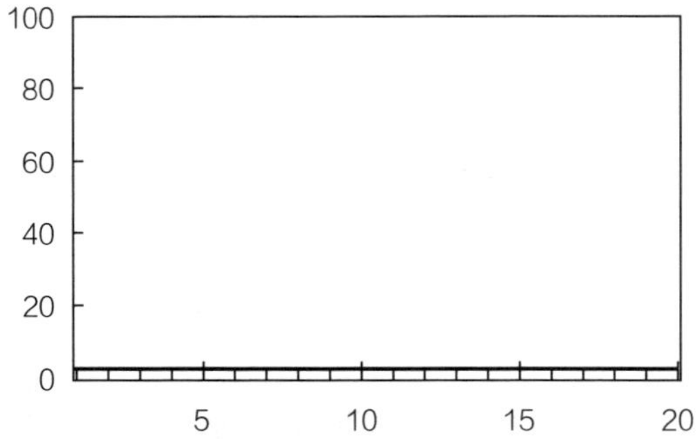

图 3-8　GDP 对税负贡献率

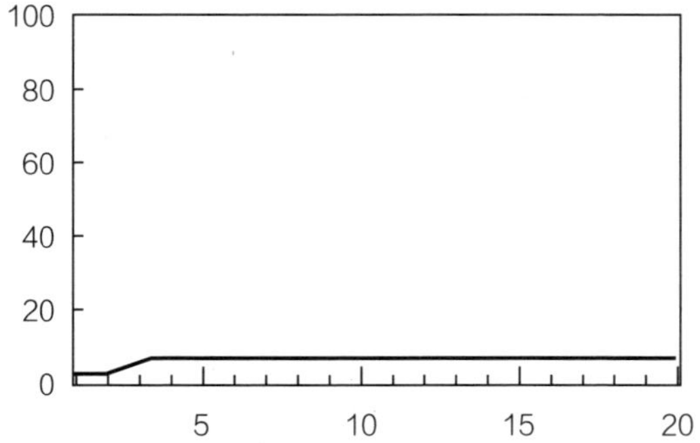

图 3-9　固定资产投资对税负贡献率

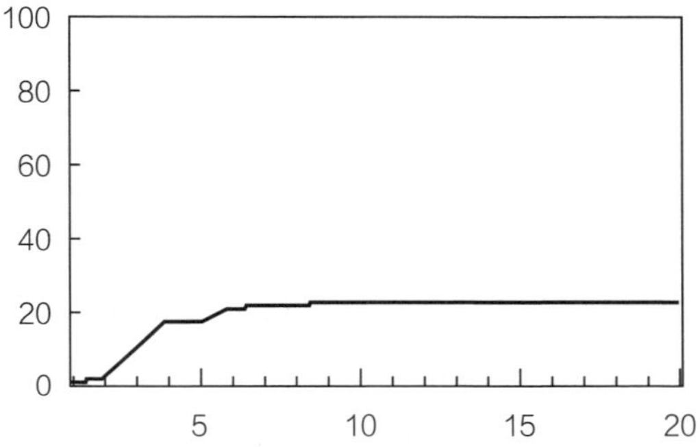

图 3-10 就业对税负贡献率

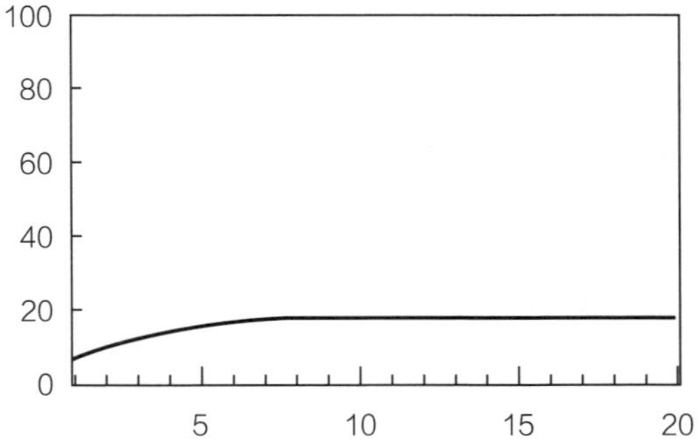

图 3-11 税负对就业贡献率

第三节 小结

首先，DSGE 模型作为一种基于微观经济基础的宏观经济模型，通过模拟劳动税、资本税和消费税变动，对产出、投资和消费的动态效应进行刻画，揭示了税收政策在经济中的传导机制，结合随机冲击和经济主体的前瞻性行为，提供了一个更为现实和动态的宏观经济分析框架。DSGE 模型模拟结果表明，降低个人所得税会刺激消费从而拉动经济增长，降低资本税将会拉动投资从而促进经济增长，降低消费税会增加劳动供给从而提高产出，但长期效应逐渐减弱。另外，VAR 模型作为一种计量经济学方法，可以用于分析宏观税负下降对 GDP、就业和固定资产投资等关键经济指标的短期效应和长期效应。一定时期颁布的税收优惠政策使得税负下降，半年内会提高 GDP、固定资产投资和就业增长率，一年半后对 GDP 和固定资产投资几乎不再产生影响，符合本书的研究假设 1。据此，税收优惠政策的制定也应与时俱进，应加快政策与现实经济发展的协调适应性。例如，随着人均收入的不断提高，与之匹配的个人所得税起征点也应调高。这也启示我们，减税需配合产业周期设计“脉冲式政策包”，避免边际效益递减。因此从长期看，有必要持续发布新的税收优惠政策，以促进经济发展，涵养税源。同时，也要意识到在财政税收政策的激励作用下，激发企业内生动力，共同促进企业的成长和经济的繁荣才是长久大计。

两种方法在某些结论上是一致的，即减税政策短期内能够促进经济增长，但其正面效应随着时间的推移而逐渐减弱。但两种模型在分析机制和侧重点上存在差异。DSGE 模型更侧重于理论上的推导和经济主体行为的内生化分析，而 VAR 模型则更侧重于实证分析，强调税收政策变动与经济指标之间的统计关联。此外，DSGE 模型能够提供更为丰富的政策分析，包括脉冲响应分析和方差分解，这些分析有助于量化减税对经济指标的贡献度，为政策制定者提供关于减税政策时序和强度的决策依据。相比之下，VAR 模型则更多地用于评估政策变动的直接效应，以及不同经济指标之间的相互作用。

4

第四章

减税对部分区域上市公司发展影响分析

考虑减税对区域企业发展异质性影响的主要原因有三。一是经济发展水平不均。不同地区的经济发展水平和产业结构存在差异，减税政策可能对某些地区的特定产业更有利。经济发达地区纳税宣传服务更到位，企业财税人员对政策掌握度更高，享受减税政策更充分。二是财政容量差异。减税直接影响地方财政收入。财政容量大的地区可承担更多减税压力，财政紧张地区则可能面临可持续性风险。三是社会公平问题。减税可能对不同地区居民和企业产生不同影响。

因此，考虑减税的区域异质性影响是确保政策公平、可行和有效的重要一环。受研究精力限制，本书选取上市公司数据，对东北、西北和广东地区进行减税效应分析和纵向比较。东北作为老工业基地正经历转型调整，其上市公司体现结构优化过程；西北经济相对欠发达且资源型产业集中，反映资源依赖型地区的转型挑战；广东作为改革开放前沿和经济高度发达地区，其上市公司展现较强市场竞争力与创新活力。通过三地比较，可揭示减税政策在不同发展阶段地区的作用差异，为制定差异化税收政策提供依据，助力区域均衡发展与共同富裕。

第一节　减税对东北地区上市公司的影响

一、数据来源

数据源自同花顺个股财务概况中已经算出的四大财务指标数据、国泰安数据库中东三省上市公司合并资产负债表和合并利润表。为了保证数据的代表性和平衡性，剔除了 ST 上市公司和 2016 年一季度后上市的公司。最终选取 103 家上市公司，其中吉林省 15 家，黑龙江省 30 家，辽宁省 58 家。时间跨度为 2016 年一季度至 2021 年一季度，每个企业的每个指标含 20 个数据。

二、变量选取

本节指标的选取主要基于以下原因。

（1）汇总整理企业涉税数据和财务报表（资产负债表和利润表）。指标的选择依据财务稳定性代表指标，综合考虑企业税收负担状况的指标（包括税收负担率、进销项比），企业赢利能力指标（包括销售净利率、净利同比增长率、总资产利润率、主营业务利润率、主营业务成本率、营业总收入同比增长率、净资产收益率等），企业营运能力指标（包括存货周转率、应收账款周转率、总资产周转率、成本费用率、流动资产周转率），企业成长能力指标（包括主营业务收入增长率、净利润增长率、净资产增长率和总资产增长率）及企业偿债能力指标（包括现金流量比率、资产负债比、流动比率、速动比率等）。

（2）参照同花顺个股资料中财务概况能得到的数据信息，直接采用同花顺软件显示的上述4个财务指标中常用的相关指标。同时，为了避免重复选取指标，流动比和速动比两项仅取流动比，销售毛利率和销售净利率两项仅取销售净利率，最终从同花顺数据选取的指标为净利润同比增长率、营业总收入同比增长率、销售净利率、净资产收益率、存货周转率、流动比和资产负债比。从合并资产负债表和合并利润表中选取的是计算成本费用率、应收账款周转率、总资产周转率（计算公式见表4–1）和综合税负（本节用税金及附加与所得税费用之和除营业总收入表示，采用这一指标不包含增值税，相对合理）。特别需要注意的是，这里需要通过财务报表计算得出的指标。在计算过程中，利润表中相关数据（如营业成本、营业总收入、所得税费用等数据）应将累计数据计算成当期数据，其应涵盖四大能力指标及税负，共计11个指标，分别记为x_1、x_2……x_{11}。

对上述指标数据做多重共线性检验，结果见表4–1。可以看出，x_1与x_7、x_8存在相关性，剔除变量x_1；x_3与x_4、x_5、x_{11}存在相关性，x_5与x_{11}存在相关性。由于x_{11}为税负指标，是本节重点考察的内容，为必须保留的变量，因此剔除变量x_3和x_5。x_8与x_1、x_4、x_6和x_7存在相关性，剔除变量x_8。x_9与x_{10}相关，因此只保留其中一个指标，剔除变量x_9。为了避免参数过多，x_6和x_7只选其一，由于x_7应收账款周转率数据存在应收账款数为0情形，为避免出现分母为0情形，剔除x_7。最终，四大能力指

表 4-1 指标数据多重共线性检验结果

	成长能力指标		赢利能力指标			营运能力指标			偿债能力指标		税负
	x_1	x_2	x_3	x_4	x_5	x_6	x_7	x_8	x_9	x_{10}	x_{11}
x_1	1.0000	0.0000	−0.0170	−0.0007	−0.0116	0.0326	0.3377	0.3807	−0.0177	−0.0357	−0.0251
x_2	0.0000	1.0000	0.0122	0.0066	0.0163	0.0080	−0.0027	−0.0120	−0.0082	−0.0237	0.0158
x_3	−0.0170	0.0122	1.0000	0.1468	0.2896	0.0520	0.0080	0.0407	0.0246	0.0470	0.5326
x_4	−0.0007	0.0066	0.1468	1.0000	0.1243	0.0587	0.0178	0.1641	0.0037	−0.0687	0.0597
x_5	−0.0116	0.0163	0.2896	0.1243	1.0000	0.0461	0.0015	−0.0555	0.1022	−0.1183	0.1923
x_6	0.0326	0.0080	0.0520	0.0587	0.0461	1.0000	0.0157	0.1123	−0.0590	0.0685	0.0749
x_7	0.3377	−0.0027	0.0080	0.0178	0.0015	0.0157	1.0000	0.2530	−0.0055	−0.0654	−0.0223
x_8	0.3807	−0.0120	0.0407	0.1641	−0.555	0.1123	0.2530	1.0000	−0.1259	−0.0075	−0.821
x_9	−0.0177	−0.0082	0.0246	0.0037	0.1022	−0.0590	−0.0055	−0.1259	1.0000	−0.4640	0.0409
x_{10}	−0.0357	−0.0237	−0.0470	−0.0687	−0.1183	0.0685	−0.0654	−0.0075	−0.4640	1.0000	−0.0163
x_{11}	−0.0251	0.0158	0.5326	0.0597	0.1923	0.0749	−0.0223	−0.0821	0.0409	−0.0163	1.0000

标各保留一个指标变量，余下 x_2、x_4、x_6、x_{10} 和 x_{11} 共 5 项指标，分别为营业总收入同比增长率、净资产收益率、应收账款周转率、资产负债比和综合税负，记为 y_1、y_2……y_5。

三、模型设定及结果分析

PVAR 模型是由霍尔茨·埃金（Holtz–Eakin，1998）提出的，它能够鲜明地反映多个变量之间的动态关系（Inessa Love 和 Lea Zicchino，2006）。本节研讨的重点是减税降费政策对上市公司的影响，选用的是面板数据，使用 PVAR 模型可以有效地描述税收负担的变动对其他变量的影响程度。本节采用此方法构建，通过 Eviews10.0 和 Stata16.0 软件实现。

模型采用连玉君（2010）提供的 PVAR2 程序包，运用 Stata 软件实现，表 4–2 显示模型 AIC、BIC 和 HQIC 值最优滞后阶数均为 2 阶，即半年滞后期。由于 y_1 和 y_4 存在单位根检验不平稳情形，因此对 y_1 和 y_4 做差分处理，之后建立 PVAR 模型，对模型进行 GMM 估计，针对税负率 y_5，得到下面的脉冲响应图 4–1 至图 4–4。

表 4–2　最优滞后阶数选择结果

Lag	AIC	BIC	HQIC
1	9.418 47	11.1055	10.0421
2	8.271 82*	10.1266*	8.959 55*
3	8.729 34	10.7707	9.488 72
4	11.7812	14.0317	12.6213
5	8.588 67	11.0755	9.520 38

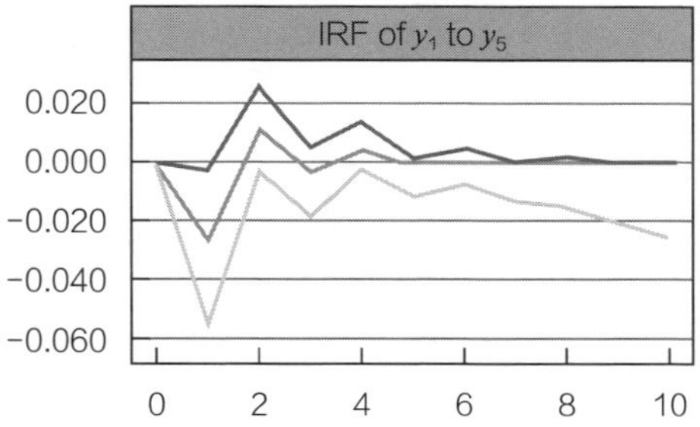

图 4-1　税负率对营业总收入增长率

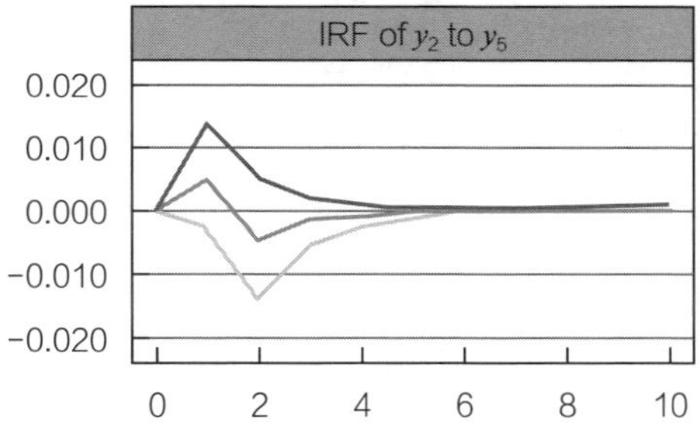

图 4-2　税负率对净资产收益率

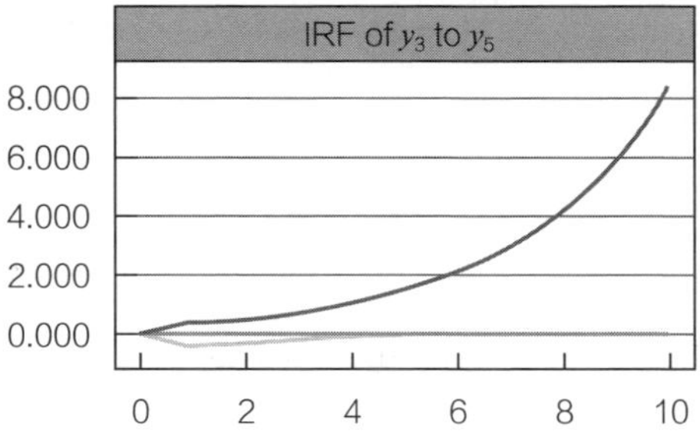

图 4-3　税负率对应收账款周转率

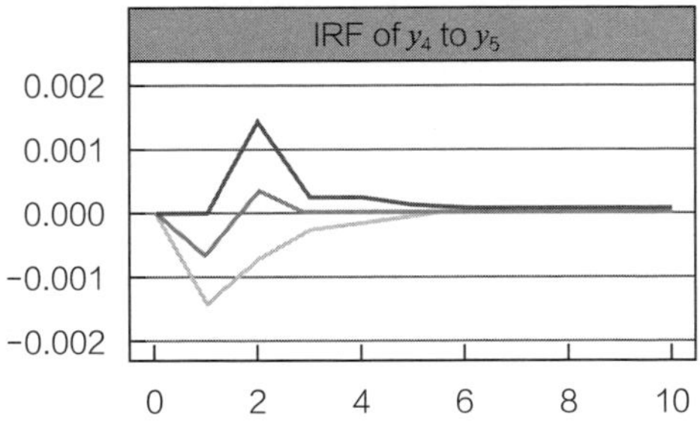

图 4–4　税负率对资产负债比

从图 4–1 可以看出，当给税负率正向冲击后，税负增长在当期至第 1 期（3 个月）对营业收入增长率呈负相关性，说明税负增加在三个月内降低营业收入增长率，半年后影响趋于 0。而图 4–2 则表明，税负增加在三个月内使净资产收益率增长，原因可能在于税负增加，企业为了保障发展，将倒逼股东提高资金使用效率，而后至半年下降，九个月后趋于 0。图 4–3 显示，税负增长对应收账款周转率没有明显影响，但长期将趋于导致应收账款周转率变大，说明税负提高使企业提高了忧患意识，会主动提高收账速度和偿债能力。图 4–4 表明，税负增加在一期内导致资产负债比轻微降低，第 2 期该指标轻微增长，上述影响均到第 4 期后趋于 0，表明税负率下降对上述指标约有 1 年的影响，原因是随着经济社会和企业的不断发展，减税降费的长期效应会被逐渐减弱，因此需要定期制定并发布相关政策予以宣传，激发市场主体活力。

四、小结与对策建议

自 2016 年《中共中央 国务院关于全面振兴东北地区等老工业基地的若干意见》发布以来，党中央领导多次视察东北地区，召开专题座谈会，表明了党中央对振兴东北的重视与决心。“十三五”期间，东北在经济发展、营商环境、结构调整和粮食生产安全等方面都取得了一定成绩。但受地方政府债务率高，土地财政创收难以为继，体制机制、产业结构转型缓慢，人才及劳动力流失等方面影响，区域经济发展空间小，竞争力薄弱。在财税政策方面，国家给予的各项优惠政策力度较小，地方政府招商引资可依据的优惠政策少，灵活操作度差。

中华人民共和国成立初期，东北三省为全国发展积极提供物质、工业和人才支持。改革开放以来，东北三省受地域和社会、经济发展等方面因素影响，逐渐落后。随着土地出让金增幅的逐年放缓，以及工资上涨、基础设施不断完善建设等刚性支出逐年增加，地方债务使得地方政府束手束脚。从税收政策角度，当前减税降费政策的实施几乎是无差别的。据此提出三方面建议。

其一，财税体制上调整税收分成比例。即一定年限内对东北地区的税收分成进行调整，适当缩小中央国库的比例，合理增加省、市分成，重点增加县（区）国库留用比例，活化基层可利用资金，激活地方经济。具体而言，建议实行税收分成“倒金字塔”调整，即中央减少税收分成比例至 40%，地方分成提升至 60%；或进一步加大对东北地区的财政投入，以激活地方经济，助力老工业基地振兴。

其二，税制上加大制造业及配套产业、农林牧渔和金融行业税收优惠，降低相关行业税负。鼓励并加大力度培育东北公司上市，政府拨付专项财政资金，扶持东北地区有意向上市的大中型企业，并通过财政手段给予其3—5年的一定比例税收返还。对乡村振兴、轨道客车、汽车研发、新材料等事关国计民生的基础性产业，或事关国家亟须攻关突破性的产业，给予更多、力度更大的税收优惠政策。给予东三省参与“一带一路”建设的企业税收优惠，帮助企业在外站稳脚跟，涵养税源，形成良性循环。为了避免发生税收虹吸现象，可以规定一定规模的现有企业、政策颁布实施后新成立的企业，不享受上述优惠。

其三，征管上提高服务意识，优化营商环境，激发干部队伍活力。为此，应在政府部门干部任用中，优先考虑年轻干部，包括女性干部和民主党派干部，并形成干部任用规章，充分发挥公务员体系工作积极性。干部有活力，工作才有突破，进而更好地服务群众。强调责任担当，大力解决历史遗留问题。对政府换届承接的相关问题要持续跟踪解决，避免形成历史遗留问题，进而影响地方政府公信力。为此，应摒弃官本位思想，严惩“吃拿卡要”情形，上下联动，集中力量办实事。

第二节　减税对西北地区上市公司发展的影响

一、数据来源

本节选取 2016 年三季度到 2023 年三季度西北地区 112 个 A 股上市公司的面板数据进行实证分析，相关原始数据取自同花顺数据中心与国泰安数据库。每个企业的每个指标含 29 个数据。

二、变量选取

本书选取四大财务能力指标，即偿债能力、经营能力、赢利能力和发展能力，来反映企业整体发展情况。其中，**赢利能力指标**设有总资产净利润率（ROA）（y_1）、净资产收益率（ROE）（y_2）、营业成本率（y_3）、营业利润率（y_4）、营业净利率（y_5）、成本费用利润率（y_6）；**营运能力指标**设有应收账款周转率（j_1）、存货周转率（j_2）、营运资金（资本）周转率（j_3）、流动资产周转率（j_4）、固定资产周转率（j_5）、总资产周转率（j_6）；**成长能力指标**设有资本积累率（f_1）、固定资产增长率（f_2）、总资产增长率（f_3）、净利润增长率（f_4）、营业总收入增长率（f_5）、每股净资产增长率（f_6）；**偿债能力指标**设有流动比率（c_1）、速动比率（c_2）、现金比率（c_3）、资产负债率（c_4）、权益乘数（c_5）、产权比率（c_6）。同时，选取**税负指标**综合税率（t_a 和 t_b）来反映西北地区上市公司的税负水平，共计 26 个指标。以上括号中为下文各涉及指标的简写。

第一轮筛选：剔除含缺失数据、极端数值和数据重复指标。

由于退出市场以及在2016年三季度后成为上市公司等原因，有的企业缺乏个别年度所有指标的季度数据。在这一轮，剔除不符合时间跨度的企业后，确定为109组样本。经过对指标的第一轮筛选，在上述26个指标中剔除掉y_2、y_3、y_6、j_1、j_2、j_3、c_1、c_2、c_3、f_1、f_4、f_5。

第二轮筛选：单位根平稳性检验。使用Eviews软件对指标进行平稳性检验的筛选。各变量PP-Fisher检验和ADF-Fisher检验的结果均显示，在1%的显著性水平下，以下各变量数据均平稳，见表4-3。

表4-3 单位根平稳性检验

变量	ADF-Fisher	变量	ADF-Fisher	变量	ADF-Fisher
y_1	594.062 （0.0000）	j_6	272.660 （0.0000）	f_3	868.237 （0.0000）
y_4	705.525 （0.0000）	c_4	391.882 （0.0000）	f_6	845.084 （0.0000）
y_5	765.205 （0.0000）	c_5	413.509 （0.0000）	t_a	772.121 （0.0000）
j_4	275.934 （0.0000）	c_6	413.509 （0.0000）	t_b	1291.20 （0.0000）
j_5	339.957 （0.0000）	f_2	1086.94 （0.0000）		

第三轮筛选：相关性检验。用Eviews完成相关性检验，具体结果见表4-4。

由表4-4可知，在10%的显著性水平下，赢利能力：y_1与

表 4-4 指标数据多重共线性检验结果

	偿债能力			发展能力			经营能力			税负		赢利能力		
	c_4	c_5	c_6	f_2	f_3	f_6	j_4	j_5	j_6	t_a	t_b	y_1	y_4	y_5
c_4	1	0.3674	0.3674	0.0054	0.0439	−0.0802	0.0954	0.2083	0.0246	−0.2565	−0.0191	−0.2406	0.1184	0.1169
c_5	0.3674	1	1	0.0134	0.0191	0.0376	0.0016	0.169	−0.0196	−0.0418	−0.0019	−0.1214	0.092	0.0939
c_6	0.3674	1	1	0.0134	0.0191	0.0376	0.0016	0.169	−0.0196	−0.0418	−0.0019	−0.1214	0.092	0.0939
f_2	0.0054	0.0134	0.0134	1	0.6162	0.0776	−0.0069	−0.0069	−0.0194	0.0005	0.0004	0.001	0.0104	0.0097
f_3	0.0439	0.0191	0.0191	0.6162	1	0.1744	−0.0153	−0.0299	0.0195	0.0007	0.0005	0.0968	−0.002	0
f_6	−0.0802	0.0376	0.0376	0.0776	0.1744	1	−0.0143	0.0377	0.008	0.0005	0.0007	0.1171	0.0254	0.0328
j_4	0.0954	0.0016	0.0016	−0.0069	−0.0153	−0.0143	1	0.0109	0.786	−0.0477	−0.0038	0.1946	−0.0709	−0.0694
j_5	0.2083	0.169	0.169	−0.0299	0.0377	0.0109	0.0378	1	0.2436	0.0266	0.0058	0.0814	−0.0324	−0.0315
j_6	0.0246	−0.0196	−0.0196	−0.0194	0.0195	0.008	0.786	0.2436	1	−0.0498	0.0039	0.2969	−0.0871	−0.0848
t_a	−0.2565	−0.0418	−0.0418	0.0005	0.0007	0.0005	−0.0477	0.0266	−0.0498	1	0.0179	0.3968	0.1981	0.1932
t_b	−0.0191	−0.0019	−0.0019	0.0004	0.0005	0.0007	−0.0038	0.0058	0.0039	0.0179	1	0.0031	0.0002	0.0002
y_1	−0.2406	−0.1214	−0.1214	0.001	0.0968	0.1171	0.1946	0.0814	0.2969	0.3968	0.0031	1	0.0554	0.0633
y_4	0.0084	0.092	0.092	0.0104	−0.002	0.0254	−0.0709	−0.0324	−0.0871	0.1981	0.0002	0.0554	1	0.9995
y_5	0.1169	0.0939	0.0939	0.0097	0	0.0328	−0.0694	−0.0315	−0.0848	0.1932	0.0002	0.0633	0.9995	1

c_4、c_5、c_6、f_6、j_4、j_6、t_a 均相关，剔除 y_1。保留 y_4、y_5。营运（经营）能力：j_5 与 c_4、c_5、c_6 均相关，剔除 j_5。保留 j_4、j_6。成长能力：f_6 与 y_1 相关。但 y_1 已剔除。保留 f_2、f_3、f_6。偿债能力：c_4 与 y_1、y_4、y_5 均相关，剔除 c_4，保留 c_5、c_6。税负指标：t_a 与 c_4、y_1、y_4、y_5 均相关，剔除 t_a。保留 t_b。

第四轮筛选：Lasso 回归筛选重要变量。为避免实证分析过程中出现多重共线性问题，使用 Lasso 回归筛选出重要变量，最终保留变量赢利能力指标 y_5、营运（经营）能力指标 j_6、成长（发展）能力指标 f_3、偿债能力指标 c_6，见表 4–5。

表 4–5　Lasso 回归结果

Selected	Post-est OLS
y_5	1.1956
j_6	2.4395
f_3	0.8276
c_6	1

三、模型设定及结果分析

表 4–6 显示模型 AIC、BIC 和 HQIC 值最优滞后阶数均为 5 阶，建立 PVAR 模型，对模型进行 GMM 估计，针对税负率 t_b，得到脉冲响应图 4–5 至图 4–8。

表 4–6　AIC、BIC 和 HQIC 值

Lag	AIC	BIC	HQIC
1	17.9767	19.1363	18.3942

续表

Lag	AIC	BIC	HQIC
2	17.1206	18.3697	17.5712
3	14.4311	15.7758	14.9172
4	13.1459	14.593	13.67
5	12.4707*	14.028*	13.036*
6	12.7548	14.4307	13.3645

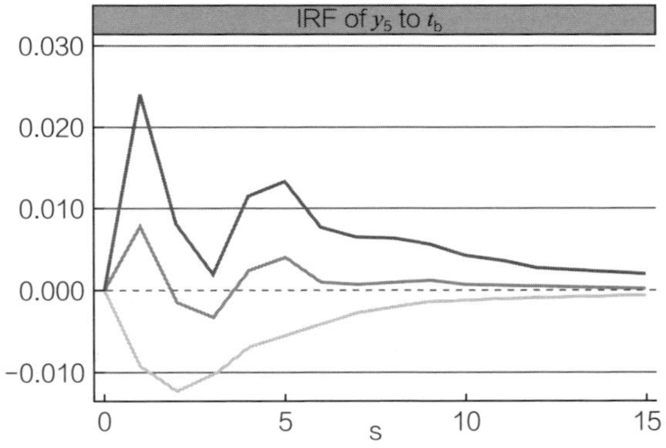

图 4-5　税负率对营业净利率

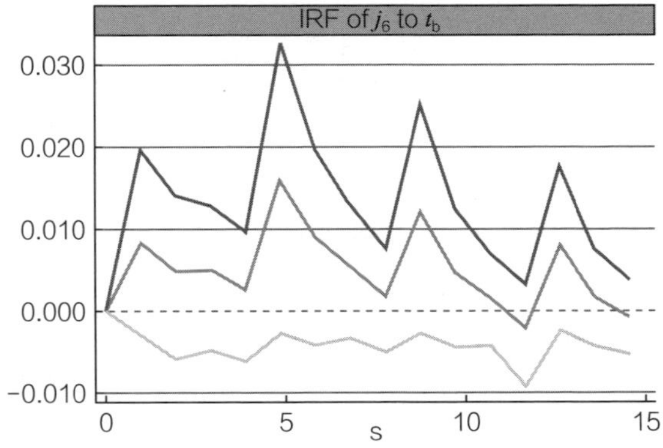

图 4-6　税负率对总资产周转率

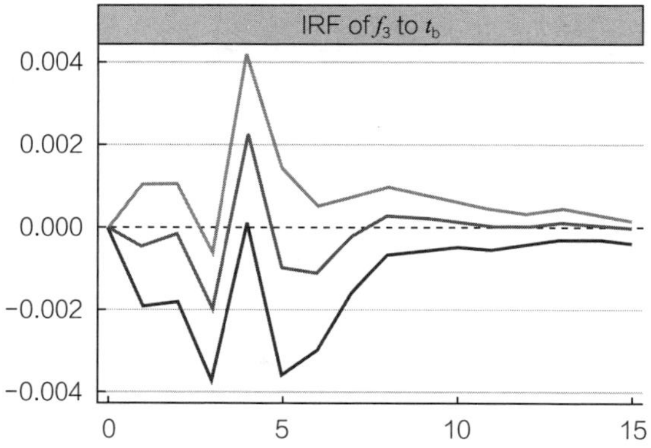

图 4-7　税负率对总资产增长率

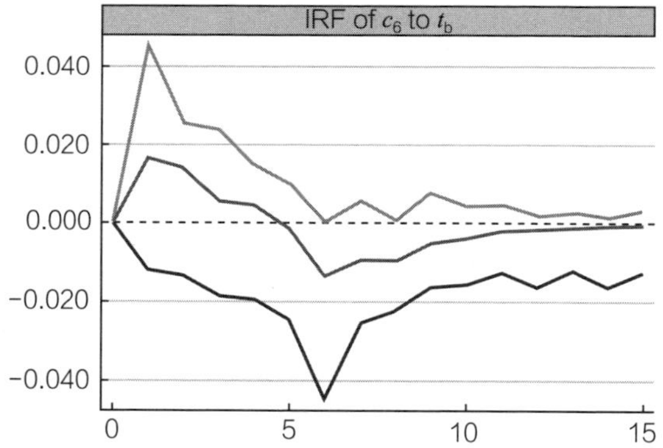

图 4-8　税负率对产权比率

从图 4-5 可以看出，当给税负率正向冲击后，税负增长在半年内对营业收入增长率呈正相关性，随后半年呈负相关，一年半后影响趋于 0，说明企业可能通过调整策略或其他因素的介入，逐渐中和了税负增加的负面影响。而图 4-6 则表明，税负增加对总资产周转率呈持续正相关关系，从税负转嫁角度看，企业可能通过提高产品价格或服务费用，将增加的税负转嫁给消费者，这样即使税负增加，企业的销售收入也可能因为价格上升而增加，从而提高了总资产周转率。从成本控制角度讲，面对税负增加，企业可能会采取措施削减成本，提高生产效率，以保持或增加利润。这种成本效益的提高可能会加速资产的周转，从而提高总资产周转率，进而提升企业营运能力。图 4–7 显示，税负增长对总资产增长率在头一年内呈负相关，税负增长意味着企业需要支付更多的税款，这可能会减少企业的现金流，从而影响到企业的投资能力和扩张计划，导致总资产增长率下降。随着企业的调整适应，波动了一年半后影响逐渐趋于 0。图 4–8 表明，在税负率增加的初期，企业可能会通过增加债务融资来维持运营和投资水平，从而导致产权比率（债务与所有者权益的比率）暂时上升。但随后认识到这种策略的风险，因此采取措施减少债务水平，以避免财务风险。具体可能受经济环境和企业所处生命周期影响。

四、小结与对策建议

西北地区上市公司在面对税负率变化时，表现出一定的适应性和调整能力。税负降低，对企业的赢利能力呈波动影响，反而会长期降低企业的营运能力，在一年内提升企业的成长能力和偿债能力，但长期看，除营运能力外，其他三个指标的长期影响逐渐消失。

西北地区拥有丰富的自然资源和独特的地理位置，但在经济发展上也面临一些挑战，如经济基础相对薄弱、产业结构单一、创新能力不足等。针对西北地区的特征，提出以下三方面的建议。

其一，差异化税收政策。例如，对于资源型产业，可以提供一定期限的税收减免，以促进资源的合理开发和利用。同时，对于高新技术产业和创新型企业，给予更多的税收优惠，鼓励技术创新和产业升级。利用西北地区的地缘优势，结合“一带一路”倡议，为参与国际合作的企业提供税收优惠，促进区域经济一体化。

其二，支持基础设施建设。可以通过减免相关企业的税收负担，或者提供税收抵免等措施，鼓励企业参与到基础设施建设项目中，提高地区的交通便利性和经济发展潜力。具体而言，每减免 1% 的所得税，绑定 0.5% 的基础设施投资基金，以鼓励地方政府利用减税契机加强基础设施建设，促进区域协调发展。

其三，促进教育和人才培养。例如，对于企业投入职业教育和员工培训的费用，可以给予税收抵扣或减免，以此提高西北地区的人力资本和创新能力。

结合西北地区的实际情况，税收政策应当更加注重产业引导和区域协调发展，通过税收激励促进产业结构优化，加强基础设施建设，提升教育和人才培养水平，从而推动西北地区经济的全面发展，实现共同富裕的目标。

第三节　减税对广东地区上市公司发展的影响

一、数据来源

本节仍使用 PVAR 模型，按照以下步骤进行建模分析。首先，采用 Eviews10.0 软件对数据进行单位根检验和相关性检验，确定建模的变量。其次，使用连玉君博士编写的 PVAR2 程序包在 Stata16.0 软件中建模，先按照三大信息准则确定其最优滞后阶数，然后通过格兰杰因果关系检验和 GMM 估计来衡量各变量之间的因果关系。再次，利用脉冲响应函数图，应用函数关系，探讨内生变量的冲击对其他变量的动态影响。最后，利用方差分解，来说明每个变量的更新对内生变量变化的贡献。

时任工业和信息化部部长苗圩曾提出“广东是我国经济发展的风向标”。作为探索减税降费效果的实践园地，广东省自然是找到问题答案的最佳选择之一。为保证样本的真实性和可获取性，本节选取 2016 年二季度到 2021 年三季度广东省 155 个 A 股上市公司的面板数据进行实证分析，相关原始数据取自同花顺数据中心与国泰安数据库。

二、变量选取

对收集到的数据进行筛选和分类，并通过计算，最终得出 11 个变量，即 4 个财务指标，1 个税负指标。其中既包括同花顺数据中心记录的各上市公司数据，如净利润同比增长率、营业总收入同比增长率、销售净利率、净资产收益率、存货周转率、流动比率、资产负债比，也包括从国泰安数据库利润表和资产负债表中已知的数据计算得出的数据，如：成本费用率（由利润表中的利润总额、营业成本、税金及附加、三费，通过利润总额 / 成本费用公式计算得出），应收账款周转率｛由资产负债中的应收账款和营业收入通过营业收入净额 / [（期初应收账款 + 期末应收账款）/2] 公式计算得出｝，总资产周转率（由资产负债中的资产合计和利润表中的营业收入通过营业收入净额 / 平均资产总额公式计算得出），总体税负（由利润表中的所得税费用、税金及附加、营业收入，通过税额 / 营业收入公式计算得出）。

变量的具体描述性统计如表 4–7 所示。

表 4–7　变量的描述性统计

一级指标	二级指标	原始样本来源	均值	标准差	最大值	最小值
成长能力指标	净利润同比增长率	同花顺数据中心	1.3200	0.1960	1053.3542	−100.85
	营业总收入同比增长率	同花顺数据中心	0.3223	0.1501	134.3010	−0.9952
赢利能力指标	销售净利率	同花顺数据中心	0.0495	0.0908	33.6542	−39.312
	净资产收益率	同花顺数据中心	0.0393	0.0464	1.4669	−1.3376
	成本费用率	国泰安数据库	0.1221	0.1375	73.8637	−19.774

续表

一级指标	二级指标	原始样本来源	均值	标准差	最大值	最小值
营运能力指标	存货周转率	同花顺数据中心	680.1921	0.4800	1 964 543.4700	0.0002
	应收账款周转率	国泰安数据库	19.7147	18.5579	6232.4276	0.0000
	总资产周转率	国泰安数据库	0.3838	0.0646	9.1304	0.0001
偿债能力指标	流动比率	同花顺数据中心	1.9783	0.7150	16.9200	0.0000
	资产负债比	同花顺数据中心	0.4874	0.2667	5.5006	0.0422
税负指标	总体税负	国泰安数据库	0.0002	0.0505	1.5183	0.0001

三、模型设定

1. 单位根检验

由于面板数据的时间序列性质，为了使数据更准确地解释问题并防止“虚假回归”，有必要测试每个序列的平稳性。在检验面板数据时，考虑到各类单位根检验的优缺点和相似性，最终选择 LLC、IPS 两种检验方式，结果见表 4-8。检验结果表明，在 1% 的显著性水平下，单位根检验值对应的 P 值小于 0.01，因此拒绝了原假设，这说明所有变量均为平稳序列。

表 4-8 面板数据单位根检验结果

变量	Levin-Lin-Chu	Im-Pesaran-Shin
净利润同比增长率	0.00	0.00
营业总收入同比增长率	0.00	0.00
销售净利率	0.00	0.00
净资产收益率	0.00	0.00
成本费用率	0.00	0.00
存货周转率	0.00	0.00
应收账款周转率	0.00	0.00
总资产周转率	0.00	0.00
流动比率	0.00	0.00
资产负债比	0.00	0.00
总体税负	0.00	0.00

2. 相关性检验

对上述变量进行相关性检验，目的是提高模型估计的精准度，防止变量过多。本节使用 Eviews10.0 软件对存在相关性的变量进行剔除，最后从各个指标中选择一个变量作为代表。各变量之间大于 10% 水平则存在显著相关。由表 4–9 可知，营业总收入同比增长率（x_2）、应收账款周转率（x_8）与其他变量皆无相关性，故保留这两个变量代表上市公司的成长能力指标和营运能力指标。成本费用率（x_5）与其余两个赢利能力指标相关，故剔除其余两个变量，将 x_5 作为代表变量。资产负债比（x_{10}）与赢利能力指标中销售净利率（x_3）相关，故选择流动比率（x_9）作为偿债能力指标的代表性变量。税负指标选择总体

表 4-9　变量的相关性检验结果

	x_1	x_2	x_3	x_4	x_5	x_6	x_7	x_8	x_9	x_{10}	x_{11}
x_1	1.0000	0.0402	0.0559	0.1483	0.0146	−0.0008	−0.0018	−0.0133	0.0043	−0.0180	0.0382
x_2	0.0402	1.0000	0.0069	0.0546	0.0031	−0.0007	0.0314	0.0615	−0.0158	0.0347	0.0052
x_3	0.0559	0.0069	1.0000	0.1449	0.3727	0.0028	−0.0220	−0.0209	0.0073	−0.2129	0.2436
x_4	0.1483	0.0546	0.1449	1.0000	0.1299	0.0132	0.0155	0.1492	−0.0133	−0.0309	0.0911
x_5	0.0146	0.0031	0.3827	0.1299	1.0000	−0.0012	−0.0388	−0.0612	0.0200	0.0200	0.0288
x_6	−0.0008	−0.0007	0.0028	0.0132	−0.0012	1.0000	−0.0020	0.0222	−0.0161	−0.0161	0.0022
x_7	−0.0018	0.0314	−0.0220	0.0155	−0.0388	−0.0020	1.0000	0.0324	−0.0050	−0.0050	0.0117
x_8	−0.0133	0.0615	−0.0209	0.1492	−0.0612	0.0222	0.0324	1.0000	0.0374	0.0374	0.0282
x_9	0.0043	−0.0158	0.0073	−0.0133	−0.0535	0.0023	0.0398	−0.0278	1.0000	−0.5151	−0.0109
x_{10}	−0.0180	0.0347	−0.2129	−0.0309	0.0200	−0.0161	−0.0050	0.0374	−0.5151	1.0000	−0.0052
x_{11}	0.0382	0.0052	0.2436	0.0911	0.0288	0.0022	0.0117	0.0282	−0.0109	−0.0052	1.0000

税负（x_{11}）作为代表变量。综上，从 11 个变量中选择 5 个变量（x_2、x_5、x_8、x_9、x_{11}）作为 PVAR 模型的变量。在以下分析过程中使用 x_1、x_2、x_3、x_4、x_5 表示。

3. 最优滞后阶数的确定

根据三大信息准则进行计算并比较，其最小值即为最优滞后阶数，结果如表 4-10 所示。可以看出，PVAR 模型的最优滞后阶数为 5。

表 4-10　PVAR 模型的最优滞后阶数估计

Lag	AIC	BIC	HQIC
1	23.3148	24.8665	23.8729
2	23.4573	25.1289	24.0602
3	23.5017	25.3048	24.1538
4	20.6659	22.6139	21.3724
5	19.4084*	21.5169*	20.1755*
6	19.5393	21.8268	20.3742

四、PVAR 模型分析

1. 格兰杰因果检验

表 4-11 给出了税收负担与上市公司发展之间的格兰杰因果检验结果，由此可知，仅流动比率与总体税负之间存在双向的格兰杰因果关系，营业总收入同比增长率、应收账款周转率、成本费用率与总体税负存在单向的格兰杰因果关系，即税负是营业总收入同比增长率和成本费用率的格兰杰原因，应收账款周转率是税负的格兰杰原因。

表 4-11　格兰杰因果检验结果

原假设	阶数	P 值	结果
x_5 不是 x_1 的格兰杰原因	5	0.000	拒绝
x_5 不是 x_2 的格兰杰原因	5	0.000	拒绝
x_5 不是 x_3 的格兰杰原因	5	0.571	接受
x_5 不是 x_4 的格兰杰原因	5	0.004	拒绝
x_1 不是 x_5 的格兰杰原因	5	0.789	接受
x_2 不是 x_5 的格兰杰原因	5	0.870	接受
x_3 不是 x_5 的格兰杰原因	5	0.000	拒绝
x_4 不是 x_5 的格兰杰原因	5	0.075	拒绝

2. GMM 估计

因为格兰杰因果关系是基于过去某些时点上的信息进行分析，所以，为解决模型中可能出现的内生性问题，需要进行 GMM 估计。由于本节主要分析减税降费对上市公司的发展影响，所以这里仅列出了以总体税负为解释变量，并滞后五阶为自变量的系数估计值，探讨税负与上市公司其他财务指标的长期关系。

由表4-12可知，当营业总收入同比增长率为被解释变量时，滞后五阶的总体税负估计结果为负数，即在 10% 的显著水平下，税负对营业收入存在负向作用。起初税负增加，营业收入会有所减少，但上市公司为转嫁负担，会提高所售卖商品的价格，因此营业收入有所增加，又弥补了减少的那一部分，相关性并不显著。当到达一定的滞后期限，上市公司税负感加重，此时会与营业收入呈显著的负相关。

表 4-12　PVAR 模型的 GMM 系数估计结果

h_x_1		h_x_2		h_x_3		h_x_4		h_x_5	
L.h_x_5	−0.0107	L.h_x_5	0.0139	L.h_x_5	−20.1082	L.h_x_5	0.0987	L.h_x_5	−0.1801**
L2.h_x_5	0.0382	L2.h_x_5	0.2281***	L2.h_x_5	−24.1556	L2.h_x_5	0.1243***	L2.h_x_5	−0.0547
L3.h_x_5	0.1658***	L3.h_x_5	0.3209***	L3.h_x_5	−64.9789	L3.h_x_5	0.2247**	L3.h_x_5	−0.0839
L4.h_x_5	0.2410	L4.h_x_5	0.2724*	L4.h_x_5	13.6807	L4.h_x_5	0.0701*	L4.h_x_5	0.1571
L5.h_x_5	0.0435***	L5.h_x_5	0.1921*	L5.h_x_5	−2.2527	L5.h_x_5	0.1380**	L5.h_x_5	−0.0127

注：*** 为 $p < 0.01$，** 为 $p < 0.05$、* 为 $p < 0.1$。下同。

当成本费用率、流动比率作为依赖变量时，自滞后二阶的总体税负对其影响系数均为正数，这初步表明，税负对成本费用、闲置资产存在显著的正向关系。税负越高意味着成本费用越高，偿债能力越强。有一段时间的滞后期可能是由于上市公司对国家新颁布的税收政策有一定的了解期，需要经历过渡期后，才会作用到上市公司的成本费用以及现有资产上。

当应收账款周转率作为因变量时，各阶滞后的总体税负与其关系均不显著，可见目前上市公司的税负不会影响到应收账款周转率。

由于 PVAR 模型侧重分析变量动态关系，仅依靠适用于静态分析的 GMM 估计难以准确反映其真实关系，故需做进一步的脉冲响应函数分析。

3. 脉冲响应函数

脉冲响应分析可以模拟出当其他变量不变时，一个变量对其他变量进行冲击的动态响应路径。因此，这里使用蒙特卡洛方法进行 1000 次模拟，时间跨度为 10 期。图 4–9 至图 4–12 截取了总体税负对其余 4 个变量 PVAR 模型的脉冲响应函数图形。中间的实线表示待观测的脉冲响应函数，上下边界线为 95% 置信区间下的上下限。

图 4–9 表示总体税负对营业总收入的动态影响，能够看出，总体税负对营业总收入同比增长率在第 2 期之前没有影响，在第 3 期以后会对营业总收入同比增长率产生负向影响，表明税负对营业收入的影响存在滞后效应。从总体来看，税负降低在第 3 期以后会使营业收入增长，并且具有长期影响，有利于上

市公司长远发展。

图 4-10 表示面对总体税负一个标准差的冲击时，成本费用率在第 1 期之前受到的影响不显著，第 1 期到第 5 期有一个正向影响，第 5 期以后转为负向影响，从总体来看，税负对成本费用率的影响不大。前期显示结果与部分学者相关研究大致相同，即减税降费政策使上市公司税负降低，会减少公司的成本费用支出，有利于提高上市公司的赢利水平（李伟和李卫平，

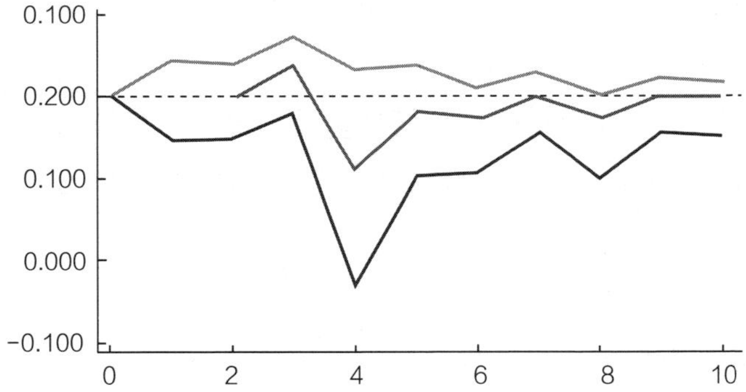

图 4-9　总体税负对营业总收入增长率

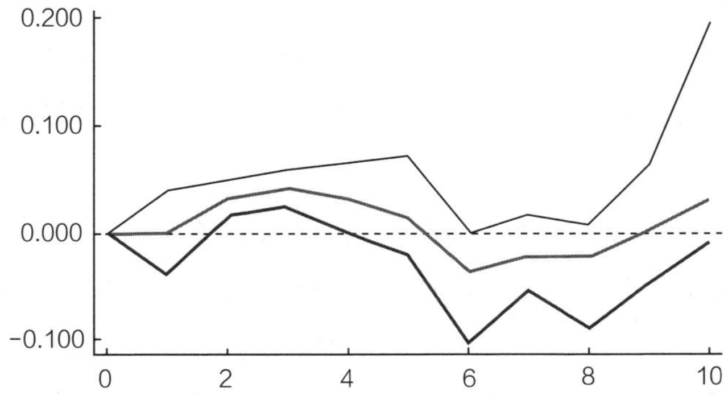

图 4-10　总体税负对成本费用率

2016）。

图 4-11 表示总体税负受到外生冲击时，应收账款周转率在第 2 期之内会产生负向影响，税负降低会使上市公司应收账款周转率增加，到一年之后逐渐趋向于零。也就是说，应收账款周转率面对总体税负的冲击是动态变化的。

图 4-12 是总体税负对流动比率的脉冲响应图示，总体税负

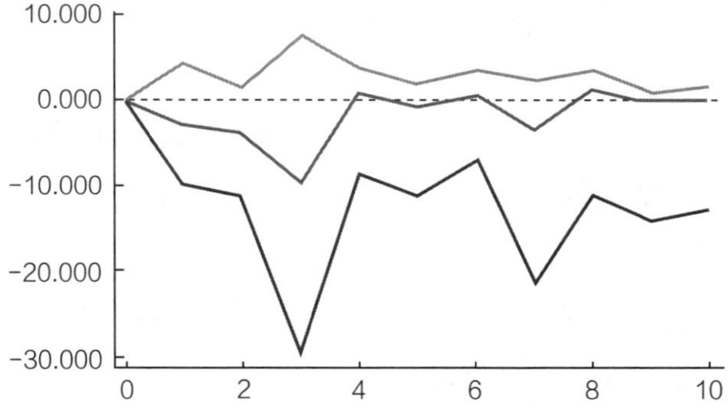

图 4-11 总体税负对应收账款周转率

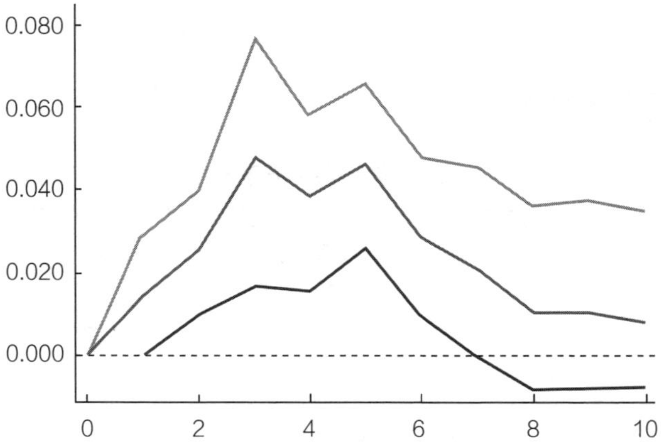

图 4-12 总体税负对流动比率

对流动比率的冲击一直处在正值，在第 8 期有向零值过度的趋势，说明总体税负越低，上市公司的流动比率越低。上市公司在短期内偿债能力减弱，就有可能向金融机构寻求帮助，在一定程度上有利于其自身发展。

4. 方差分解

运用方差分解，可以直观地看出税负对其余四大财务指标冲击影响的贡献度，即在某一确定的时点上税负的变化造成的每一个变量的变动比率。

表 4-13 给出了 1—30 期的方差分解结果，可以看出，总体税负对自身的贡献度逐渐下降，并且下降的幅度不断缩小，在第 20 期基本达到稳定状态。总体税负对成本费用率的贡献度逐期上升，说明随着时间的推移，税负对成本费用的影响越来越大。其余变量在短期内贡献度有小幅度的上升，一段时期后趋于稳定状态。由第 30 期数据可得，总体税负对除自身以外，对应收账款周转率的贡献度最大，主动效应明显，占比 39.5%，其余变量在 14.3% 中各占据一定的份额，说明税负对其余变量有一定的影响，随着时间的推移，效应增强或稳定。

表 4-13　总体税负的方差分解结果

变量	期数	x_1	x_2	x_3	x_4	x_5
x_5	1	0.009	0.003	0.015	0.000	0.973
x_5	5	0.010	0.006	0.221	0.003	0.763
x_5	10	0.011	0.012	0.390	0.003	0.589
x_5	15	0.011	0.015	0.396	0.003	0.581

续表

变量	期数	x_1	x_2	x_3	x_4	x_5
x_5	20	0.011	0.016	0.396	0.003	0.579
x_5	25	0.011	0.018	0.396	0.003	0.577
x_5	30	0.012	0.020	0.395	0.003	0.576

从上市公司的成长能力来看，税收负担与上市公司成长能力指标呈反向关系，税负降低能够促进上市公司发展，但存在滞后效应，只有经过一段时期后才会出现显著影响。从近几年的实践成果来看，减税降费效果最直接，但作用到上市公司，却有 2 期没有任何效果，这说明近些年来对上市公司的减税降费力度不够，使得降负效果未达到一定的峰值，直接影响到上市公司的成长能力。

从上市公司的赢利能力来看，税负对成本费用率的贡献度是逐步增加的，说明减税降费政策能够显著降低上市公司的成本费用，增加利润，有利于公司赢利水平的提高。

从上市公司的营运能力来看，依据格兰杰因果关系检验，税负不是应收账款周转率的格兰杰原因；依据 GMM 估计结果，滞后五阶的税负对应收账款周转率的影响均不显著；依据脉冲响应函数，第 2 期之内税负对应收账款周转率会产生负向影响，从长期来看，税负对应收账款周转率的影响趋近于零；依据方差分解结果，总体税负在一定程度上影响应收账款周转率，随着时间的推移，贡献度趋于稳定。

从上市公司的偿债能力来看，面对减税降费政策的实施，上市公司税负减轻，总体税负能够影响上市公司的流动比率，同时流动比率也是总体税负的格兰杰原因，总体税负对流动比率的冲击一直处在正值，说明减税降费政策能够影响上市公司的偿债能力，税负降低会减弱其短期偿债能力，上市公司可以增加从银行的贷款金额，以扩大自身发展规模。

第四节　小结

从上文图 4–1、图 4–5 和图 4–9 可以看出，在税负影响的时滞性方面，三个地区的上市公司都显示出税负变化对赢利能力的时滞性影响，但影响的持续时间和转变点存在差异。在适应策略方面，东北地区公司似乎更快适应税负变化，而西北地区公司在适应过程中可能出现了先正面后负面的波动，广东地区公司的适应期可能更长，但一旦适应，可能会获得更持久的正面效果。在地区特性的影响方面，不同地区的经济结构、市场环境和企业特性可能导致对税负变化的敏感度和适应策略存在差异。

从上文图 4–2、图 4–6 和图 4–10 可以看出，东北地区和广东地区税负对应收账款周转率影响存在的差异在于，东北地区减税对应收账款周转率几乎不存在影响，维持在 0；对广东地区上市公司则存在正向影响，这种正向的刺激作用要在三季度达到峰值，随后逐渐趋于 0。这说明减税政策有助于广东地区上市公司及时收回账款，提高资金使用效率，主要原因是减税使广东地区上市公司的流动资金增加，提高了还款率。由于东北地区对政策的不敏感，有必要针对东北地区，采取配套的适应度更高的财税政策，这样既能起到刺激经济发展和市场主体活力的作用，又能相对公平合理地平衡区域发展。

从上文图 4–3、图 4–7 和图 4–11 可以看出，税负的下降对不同地区上市公司有着不同的短期和长期影响。东北地区公司可能需要更长时间来适应税负的减少，而西北地区公司可能会更快地从增加的现金流中受益，广东地区公司则显示出较强的适应性，能够迅速利用税负下降带来的机会，但这种影响可能不会持久。总体而言，减税降费政策对提升上市公司的营运能力具有积极作用，但其效果的持续性和稳定性根据地区特性和企业具体情况而有所不同。

从上文图 4–4、图 4–8 和图 4–12 可以看出，税负的降低对不同地区上市公司的偿债能力有着不同的影响。东北地区公司可能需要时间来适应税负变化，西北地区公司可能会采取更稳健的财务策略，而广东地区公司虽然短期内可能面临流动性挑战，但也可能因此获得发展机遇。这些影响的具体情况会因企业的财务状况、市场环境和宏观经济政策等多种因素而异。

东北地区的上市公司，在传统老工业基地的经济转型中，税负的下降，将引发财务杠杆的调整期，资产负债比在短期内上升后逐渐下降，最终在一年左右达到新的稳定状态，显示出企业对税负变化的适应与资本结构的优化。西北地区经济欠发达背景下的上市公司，倾向利用税负降低的机遇减少债务融资，降低产权比率，进而采取更稳健的财务管理措施以减少财务风险。广东地区的上市公司，市场竞争力强，创新能力突出，税负降低在短期内影响偿债能力，但从长远来看，这也将成为企业寻求外部资金、优化资本结构、促进长期发展的契机。

综合来看，税负降低对不同地区上市公司的影响各异，东北地区需要适应期，西北地区趋向稳健财务，而广东地区则会面临短期挑战，但也会迎来发展机遇。

故在区域层面，本书提出东北试点和西部联动的定制化财税方案。针对东北地区，建议试点实施增值税和所得税税收分成“倒金字塔”调整，即中央减少税收分成比例至 40%，地方分成提升至 60%，或进一步加大对东北地区的财政投入以激活地方经济，助力老工业基地振兴。对于西部地区，则建议每减免 1% 的所得税，绑定 0.5% 的基础设施投资基金，以鼓励地方政府利用减税契机加强基础设施建设，促进区域协调发展。

5

第五章

减税对第一产业影响分析

第一产业是国民经济中的基础产业，包括农业、林业、畜牧业、渔业等。在现代社会，尽管第一产业在国民经济中的比重逐渐减少，但仍然扮演着重要的角色，它关乎粮食安全、农村经济发展和生态环境保护等诸多方面。减税政策作为减轻企业负担、促进经济发展的重要措施，对第一产业的发展也有着重要影响。深入分析减税对第一产业的影响，对于推动农业现代化、提高农产品竞争力、优化农村经济结构具有重要意义。

值得注意的是，减税政策的实施也需要平衡财政收入和公共服务供给，还需重视农民收入增长和农村经济的可持续发展。本章将对减税政策对第一产业的具体影响进行深入研究分析，全面了解减税政策对农业生产、农民收入、农村经济结构调整以及农产品市场竞争力等方面的作用，为政府制定精准有效的减税政策、推动第一产业高质量发展提供参考。

第一节　减税服务乡村振兴的尝试

“民族要振兴，乡村必振兴”的论断深刻指出了乡村振兴在民族复兴大局中的基础地位。2022 年 9 月，为进一步落实党中央、国务院决策部署，税务总局从支持农村基础设施建设、推动乡村特色产业发展、激发乡村创业就业活力等 6 个方面，梳理形成了 109 项针对乡村振兴的税费优惠政策指引内容。产业振兴、人才振兴、文化振兴、生态振兴和组织振兴，“五大振兴”构成了乡村全面振兴的战略框架。

在促进产业振兴方面，税收政策通过减轻农业税负，激发农业生产和农村产业的活力。在人才振兴层面，税收优惠可吸引专业人才回流乡村，为乡村发展注入智力支持。在文化振兴方面，税收政策可支持乡村文化事业和文化产业的发展。在生态振兴中，税收激励有助于推动绿色农业和可持续发展。在组织振兴中，税收政策则通过税收调节，强化乡村治理和集体经济。

本节实证研究选取农业企业作为研究对象，收集相关的税收政策和经济发展数据。起初这部分运用固定效应模型和 DID 模型，评估减税政策对农业产出、农民收入、农村投资等指标的影响。然而，实证结果显示，许多关键指标的统计显著性不足，表明减税政策对这些指标的直接影响有限。基于上述结果，本书认为，在乡村振兴战略的推进过程中，税收政策与农村居民生活富裕等指标之间的关联性较弱。这可能是因为税收政策的作用机制较为间接，且在传导过程中受到多种因素的制约，导致其对农村居民生活富裕等指标未能产生显著的正向影响。

第二节　减税对现代农业行业的影响

高宏（2023）剖析了我国现代农业的发展现状，并为提升现代农业行业发展水平提出了相应的对策。郭柯宇、张爱儒（2020）通过分析农业税收优惠政策——农产品增值税的法定税率调整为 13%，农业生产者销售自产农产品进可免征增值税，企业销售农、林、牧、渔这些农产品可免征或减征企业所得税，探讨了现行农业税收政策存在的主要问题，并对农业税收优惠政策提出建议。贾峰（2021）分析了在农业现代化进程中的税收问题，并列出了相应的税收政策支持，强调在利用好先进的科学技术来助力现代农业生产的同时，政府也要做好政策宣传工作，使其充分发挥作用，提高现代农业行业发展水平。

一、行业适用的减税政策

《中华人民共和国增值税暂行条例》第 15 条规定："农民自产自销的农产品，不征收增值税。"《财政部国家税务总局关于印发〈农业产品征税范围注释〉的通知》的附件指出："农业生产者销售的自产农业产品，是指直接从事植物的种植、收割和动物的饲养、捕捞的单位和个人销售的注释所列的自产农业产品”“农业产品是指种植业、养殖业、林业、牧业、水产业生产的各种植物、动物的初级产品”。《中华人民共和国企业所得税法》第27条规定，企业“从事农、林、牧、渔业项目的所得”可以免征、减征企业所得税。”

在取消了农业税后，根据财政部和国家税务总局《关于个人所得税若干政策问题的通知》，对个体工商户和个人从农产品中获得的特殊收入，免征个人所得税。在农村税费制度改革试验中，在废除农产品特产税和减征或免征农业税的基础上，对从事种植、养殖和畜牧业的个体经营者给予优惠；针对捕鱼业，只要其业务在农业税（含农产品税）的征税范畴内，其所得暂时免征个人所得税；对农民自己生产的农产品，不征收任何形式的增值税；对从事种植、养殖和畜牧业的个体经营者给予免税；对部分涉农项目，例如农业机耕、灌溉、病虫害防治等，都可以免税；对担负着粮食收购任务的国有粮食购销企业出售的粮食，也可以免税；对于军队用粮、救灾救济粮和水库移民口粮，也可以免税。从事家畜和家禽饲养、林产品采集、远洋捕鱼等农业、林业、畜牧业、渔业项目取得的收入，可以享受企业所得税的免税待遇。

二、减税对现代农业上市公司影响的实证分析

本节采用PVAR模型，按照以下步骤进行建模分析。首先，采用Eviews10.0软件对数据进行单位根检验和相关性检验，确定建模的变量。其次，在Stata16.0软件中建模，先按照三大信

息准则确定其最优滞后阶数，然后通过格兰杰因果关系检验和 GMM 估计来衡量各变量之间的因果关系。最后，利用脉冲响应函数图，应用函数关系，探讨内生变量的冲击对其他变量的动态影响。

为保证样本的真实性和可获取性，本书选取 2016 年一季度到 2024 年一季度现代农业行业的 171 个 A 股上市公司的面板数据进行实证分析，相关原始数据取自同花顺数据中心与国泰安数据库。

对收集到的数据进行筛选和分类，并通过计算最终得出 10 个变量，即 4 个财务指标，1 个税负指标。其中包括同花顺数据中心记录的各上市公司数据，如营业毛利率，管理费用率，流动比率，现金比率，产权比率，资本积累率，管理费用增长率，固定资产周转率，股东权益周转率，总体税负（由利润表中的所得税费用、税金及附加、营业收入，通过税额 / 营业收入公式计算得出），表 5–1 所示。

表 5–1　变量的描述性统计

一级指标	二级指标	原始样本来源	计算公式
赢利能力指标	营业毛利率	国泰安数据库	（营业收入–营业成本）/ 营业收入
	管理费用率	国泰安数据库	管理费用 / 营业收入
	流动比率	国泰安数据库	流动资产 / 流动负债
偿债能力指标	现金比率	国泰安数据库	现金及现金等价物期末余额 / 流动负债
	产权比率	国泰安数据库	负债合计 / 所有者权益合计

续表

一级指标	二级指标	原始样本来源	计算公式
发展能力指标	资本积累率	国泰安数据库	所有者权益本期期末值-所有者权益本期期初值
	管理费用增长率	国泰安数据库	管理费用本年本期金额-管理费用上年本期金额
营运能力指标	固定资产周转率	国泰安数据库	营业收入 / 固定资产期末净值
	股东权益周转率	国泰安数据库	营业收入 / 股东权益期末金额
税负指标	总体税负	国泰安数据库	（营业税金及附加 + 所得税费用）/ 利润总额

1. 单位根检验

为了使数据更准确地解释问题并防止“虚假回归”，有必要测试每个序列的平稳性。在检验面板数据时，考虑到各类单位根检验的优缺点和相似性，最终选择 ADF、PP 两种检验方式，结果见表 5-2。检验结果表明，在 1% 的显著性水平下，单位根检验值对应的 P 值小于 0.01，因此拒绝了原假设，这说明所有变量均为平稳序列。

表 5-2　面板数据单位根检验结果

变量	ADF-Fisher Chi-square	PP-Fisher Chi-square
营业毛利率	0.00	0.00
管理费用率	0.00	0.00
流动比率	0.00	0.00
现金比率	0.00	0.00

续表

变量	ADF-Fisher Chi-square	PP-Fisher Chi-square
产权比率	0.00	0.00
资本积累率	0.00	0.00
管理费用增长率	0.00	0.00
固定资产周转率	0.00	0.00
股东权益周转率	0.00	0.00
总体税负	0.00	0.00

2. 相关性检验

对上述变量进行相关性检验，目的是提高模型估计的精准度，防止变量过多。本书使用 Eviews10.0 软件对存在相关性的变量进行剔除，最后从各个指标中选择一个变量作为代表。各变量之间大于 10% 水平则存在显著相关，结果见表 5-3，资本积累率（x_6）、固定资产周转率（x_8）与其他变量皆无相关性，故保留这两个变量代表上市公司的发展能力指标和营运能力指标。而营业毛利率（x_1）与 x_3、x_4、x_5、x_9 存在相关性，剔除变量 x_1；流动比率（x_3）与 x_4、x_5、x_9 存在相关性，产权比率（x_5）与 x_4、x_6、x_9 存在相关性，剔除变量 x_3 和 x_5，偿债能力指标中保留现金比率（x_4）；管理费用增长率（x_7）与 x_2 存在相关性，剔除变量 x_7，发展能力指标中保留 x_6；股东权益周转率（x_9）与 x_1、x_3、x_5 相关，因此在营运能力中保留 x_8，剔除变量 x_9。最终，四大能力指标各保留一个指标变量，余下 x_2、x_4、x_6、x_8 和 x_{10}，共 5 项指标，分别为管理费用率、现金比率、资本积累率、固

表 5-3　变量的相关性检验结果

	赢利能力指标		偿债能力指标			发展能力指标		营运能力指标		税负
	x_1	x_2	x_3	x_4	x_5	x_6	x_7	x_8	x_9	x_{10}
x_1	1.0000	0.0837	0.2007	0.1230	−0.1388	0.0662	0.0027	−0.0193	−0.2337	0.0163
x_2	0.0837	1.0000	0.0709	0.0495	−0.0124	−0.0372	0.1709	0.0002	−0.0814	−0.0015
x_3	0.2007	0.0709	1.0000	0.7506	−0.1473	0.0252	−0.0316	0.0001	−0.1268	0.0029
x_4	0.1230	0.0495	0.7506	1.0000	−0.1084	0.0618	−0.0153	−0.0064	−0.0853	0.0013
x_5	−0.1388	−0.0124	−0.1473	−0.1084	1.0000	−0.1066	0.0460	−0.0010	0.6300	−0.0015
x_6	0.0662	−0.0372	0.0252	0.0618	−0.1066	1.0000	0.0358	−0.0056	−0.0406	0.0057
x_7	0.0027	0.1709	−0.0316	−0.0153	0.0460	0.0358	1.0000	−0.0085	0.0564	0.0030
x_8	−0.0193	0.0002	−0.0001	−0.0064	−0.0010	−0.0056	−0.0085	1.0000	0.0019	−0.0007
x_9	−0.2337	−0.0814	−0.1268	−0.0853	0.6300	−0.0406	0.0564	0.0019	1.0000	0.0054
x_{10}	0.0163	−0.0015	0.0029	0.0013	−0.0015	0.0057	0,0030	−0.0007	0.0054	1.0000

定资产周转率和综合税负，记为 y_1，y_2……y_5。

3. 最优滞后阶数的确定

根据三大信息准则进行计算并比较，其最小值即为最优滞后阶数，结果如表 5–4 所示。可以看出，PVAR 模型的最优滞后阶数为 2。

表 5–4 PVAR 模型的最优滞后阶数估计

滞后阶数	AIC	BIC	HQIC
1	29.3216	30.4199	29.7055
2	29.0763*	30.2389*	29.4834*
3	29.1133	30.344	29.545

4. 脉冲响应函数

图 5–1 至图 5–4 为滞后 20 期的税负率对四大财务指标的影响。从图 5–1 可以看出，当给综合税率 1 单位的正向冲击时，对管理费用率前两个季度呈负向冲击影响，随后呈正向影响，5 个季度后影响不再。这说明税负降低对赢利能力的提升具有一定的滞后性，但总体上能够优化企业的管理成本，进而提升赢利能力。图 5–2 表示综合税率对现金比率呈正向影响，在一季度呈现峰值。这表明税负的降低能够立即提升企业的现金比率，增强企业的短期偿债能力。这种正向影响在后续季度逐渐减弱，但整体上仍保持一定的正向效应，说明税负降低能够显著改善企业的流动性，提升其应对短期债务的能力。图 5–3 是综合税率对资本积累率的脉冲响应图，对综合税率施加正向冲击，资本积累率在半年内呈正向增长趋势。这表明企业有更多的资金

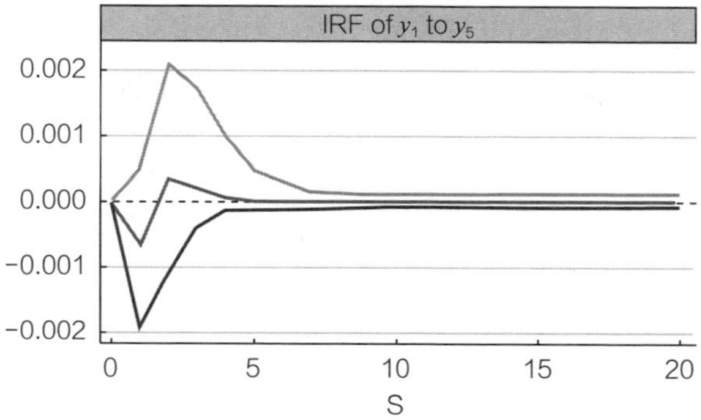

图 5-1　税负率对管理费用率

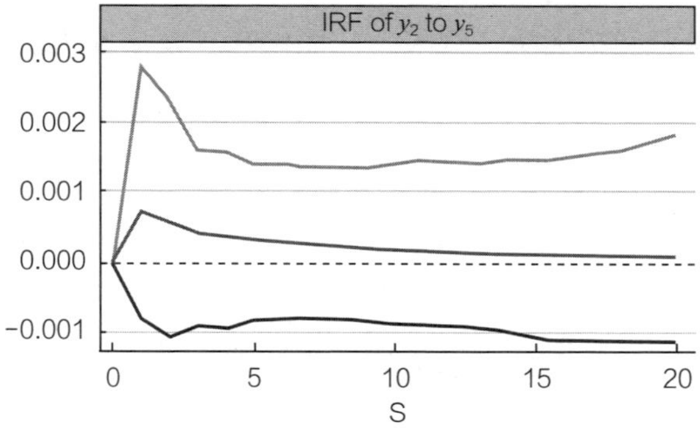

图 5-2　税负率对现金比率

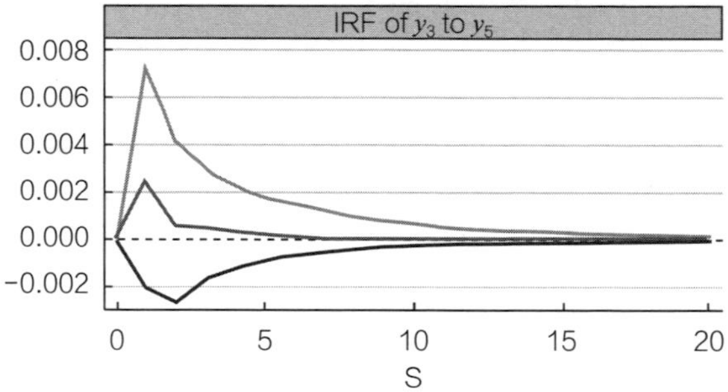

图 5-3　税负率对资本积累率

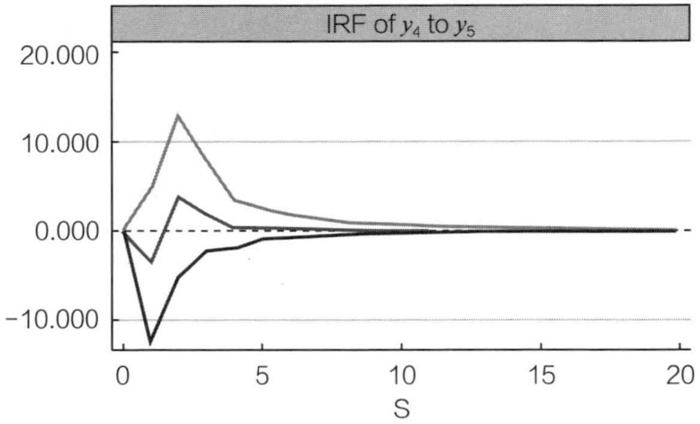

图 5–4　税负率对固定资产周转率

用于再投资和扩大生产规模，从而增强其发展能力。这种正向影响在第 5 个季度逐渐趋于零，说明税负降低对资本积累的促进作用具有一定的时效性，但短期内能够显著提升企业的发展动力，为企业的长期发展奠定基础。图 5–4 是综合税率对固定资产周转率的脉冲响应图，综合税率受到 1 单位冲击影响，会对固定资产周转率产生先负后正的冲击。税负降低对固定资产周转率的影响较为复杂。在短期内，税负降低可能会对固定资产周转率产生一定的负向冲击，但随着时间推移，这种影响逐渐减弱并转为正向，最终有助于提升企业的固定资产利用效率，增强企业的营运能力，该影响在第 5 个季度后趋于 0。

第三节　案例分析：以袁隆平农业高科技股份有限公司为例

一、公司简介

袁隆平农业高科技股份有限公司是一家集科研、繁育、推广、服务于一体的专业公司，主要产品有水稻、玉米、蔬菜、水果种子、小麦种子、食葵种子、杂粮种子等。公司的主营业务包括油菜种子、棉花种子及综合农业服务等，核心业务板块为水稻种子、玉米种子、蔬菜种子。它是全国32家首批获得“育繁培”资格的种业企业之一，是国家企业技术中心、国家创新型试点企业、国家农业产业化试点企业、中国种业信誉星级企业。“隆平高科”和“湘研”等品牌被评为“中国著名品牌”。公司荣获“2019中国品牌强国大典”“榜样100品牌”称号，荣获“中国品牌节”“华谱奖”“新中国成立70年中国优秀企业”称号。在2010年、2013年、2016年荣获“中国种子诚信标杆”称号，其中，“联创种子”被评为“中国种子诚信标杆”，“河北巡天种子”“江西科源种子”被评为“中国种子诚信标杆”，“天津德瑞特种子”“湘研种子”被评为“中国蔬菜种子诚信标杆”。

二、公司享受的税收优惠政策

1. 增值税

根据《财政部国家税务总局关于若干农业生产资料征免增

值税政策的通知》(财税〔2001〕113号)和《国家税务总局关于制种行业增值税有关问题的公告》，袁隆平农业高科技股份有限公司及其控股子公司销售的种子、种苗、农药及其他产品免予缴纳增值税，并在此基础上，对其进行适当的调整，以保证其在市场上的正常销售。公司下属湖南隆平高科技农业发展有限公司，按照《财政部国家税务总局关于全面推开营业税改征增值税试点的通知》(财税〔2016〕36号)附件3《营业税改征增值税试点过渡政策的规定》的要求，其经营范围为农田灌溉和灌溉。

2. 企业所得税

《中华人民共和国企业所得税法》第27条关于农业、林业和畜牧业经营的规定，对符合条件的控股子公司适用；在此基础上，提出了对渔业投资项目的免税政策。该公司于2003年9月11日顺利通过了“湖南省2020年度高科技企业”的审核，并获得了“高科技企业”证书，有效期3年。公司所得税的税率为15%。张掖市天地种子有限公司、甘肃隆平高科种子有限公司和甘肃三瑞农业技术有限公司(现为甘肃德瑞农业技术有限公司)按照国家税务总局《关于深入实施西部大开发战略有关企业所得税问题的公告》和《关于延续西部大开发企业所得税政策的公告》，2021—2030年分别享有15%的所得税税率。湖南隆平种子公司、广西恒茂种子公司、湖南亚华种子公司、湖南百威农业技术有限公司、湖北惠民农业技术有限公司、安徽隆平高科技种子生产企业、湖南湘研种子公司、三瑞科技、河北巡天科技、河北治海科技股份有限公司、信隆科技股份有限公司、湖南隆平高科技股份有限公司、耒阳隆平高科技农业发展有限公司和隆平高科技信息科技（北京）有限公司已经获得了高新技术企业认定资格，并在此期间按照 15% 的税率纳税。

三、财务状况分析

本书选取了袁隆平农业高科技股份有限公司 2018—2022 年的财务数据，来分析减税对本企业产生了怎样的影响，进而分析减税对现代农业行业的影响。

（1）赢利能力分析：企业的赢利能力决定了企业能取得多大的利润，它可以用来衡量企业的经营状况、生产质量等。由表 5-5 可见，2018—2022 年，隆平高科的销售净利率、销售毛利率、净资产收益率与 2018 年相比较均有所下降。由此可知，减税政策并没有对其赢利能力产生明显的积极影响。这一方面可能是受新冠疫情的影响，行业经济整体下滑。另一方面可能是由于我国减税政策力度不够、减税幅度较小、范围不够广泛。

表 5-5　隆平高科赢利能力指标数据统计表

指标	2022 年	2021 年	2020 年	2019 年	2018 年
销售净利率（%）	−20.93	4.94	7.06	−5.77	25.22
销售毛利率（%）	33.31	34.27	38.59	38.55	43.59
净资产收益率（%）	−1.24	1.13	2.01	−4.62	13.29

资料来源：同花顺数据中心。

（2）偿债能力分析：企业通常会采用借款的方式满足资金需要。企业的偿债能力是衡量其长期稳定发展的关键指标。如表 5–6 所示，自 2019 年起，隆平高科流动比率普遍较 2018 年有所降低，同时资产负债率却呈现出相反的趋势，较 2018 年有所提高。这表明，尽管实施了减税政策，但企业的偿债能力并未得到显著增强。由于农业行业享有的免税政策较多，隆平高科适用的减税政策较少，减税政策幅度不大。

表 5–6　隆平高科偿债能力指标数据统计表

指标	2022 年	2021 年	2020 年	2019 年	2018 年
流动比率（%）	0.76	0.9	1.32	0.88	1.6
资产负债率（%）	60.60	55.26	54.60	55.71	51.26

资料来源：同花顺数据中心。

四、减税对隆平高科创新意识的影响

本书选取研发费用作为影响企业创新意识的指标。查阅隆平高科的利润表可知，该企业 2018—2022 年研发费用分别为 9332.31 万元、1.63 亿元、1.93 亿元、2.08 亿元、4.39 亿元。减税降费政策实施以来，隆平高科的研发费用逐年增加且幅度较大，说明减税增强了企业的创新意识。

五、减税对隆平高科所得税税负的影响

税负是衡量减税政策是否实施到位的重要指标。由表 5–7

可知，自从减税降费政策实施以来，2019—2022年隆平高科所得税费用相较2018年有大幅度下降，这说明减税降费政策对企业产生了积极影响。

表5-7　隆平高科所得税费用数据统计表

指标	2018年	2019年	2020年	2021年	2022年
所得税费用（万元）	2656.32	1232.97	1767.21	1767.38	1935.43

资料来源：同花顺数据中心。

第四节　小结

一、减税对第一产业的启示

（1）深化对减税政策的认知与应用。

农业企业应积极关注国家发布的最新减税政策，并将其视为推动行业发展的重要机遇。企业高层应组建税收政策研究小组，深入分析减税政策对农业行业的具体影响，确保政策红利能够得到有效利用。同时，企业应加强对财务人员的培训，提升其政策解读和执行能力，确保减税政策能够精准落地。

（2）提升财务人员的综合素质。

财务人员的业务水平直接关系到企业税收会计工作的质量和效率。因此，农业企业应注重提升财务人员的综合素质，包括税收政策的理解、应用以及财务管理能力的提升。通过定期组织培训、交流和学习活动，使财务人员能够迅速掌握国家最新发布的减税政策，并将其应用到企业的实际情况中，以降低企业的税收负担。

（3）加强政策宣传与普及。

企业应及时向全体员工普及最新的减税政策，确保每位员工都能够了解政策内容并积极参与其中。通过内部宣传、培训等方式，提高员工对减税政策的认识和重视程度，形成全员参与减税降费的良好氛围。

（4）鼓励农业技术创新与可持续发展。

农业企业应充分利用减税政策带来的资金优势，加大对节水灌溉设备、智能温室等绿色农业技术的投入力度。同时，建议国家允许节水灌溉设备等绿色农业技术相关进项税额加计20%抵扣，以进一步鼓励农业技术创新和可持续发展。

（5）优化企业财务管理与资金运作。

减税政策的实施将改善企业的现金流量状况，使资金周转更加灵活。农业企业应抓住这一机遇，优化财务管理和资金运作流程，提高资金使用效率。通过合理安排资金结构、降低融资成本等方式，为企业的持续发展提供有力保障。

（6）推动农业产业结构优化升级。

农业企业应积极响应国家号召，推动传统农业向现代农业转变，通过发展特色农业、品牌农业等方式，提高农产品的附加值和市场竞争力。同时，加强与高校、科研机构的合作与交流，引进先进技术和人才资源，推动农业行业的创新发展。

二、对政策制定者的建议

（1）扩大现代农业企业可抵扣的进项税额范围。

政府一方面可通过完善现代农业企业征管的手段，提高征税质量和效率；另一方面也要不断完善制度本身，以适应现代农业公司的发展需求。但目前，现代农业企业能够抵扣的进项税范围仍然不够宽泛，而且增值税抵扣链条还不够健全。企业成本中一些很重要的项目如人工成本、业务招待费成本等都不能抵扣，这就加大了现代农业企业的税收负担。此外取得利息收入时必须缴税，而购买该项服务的企业不能抵扣相应的增值税，这也是企业一个不小的成本。

建议在增值税制度改革时健全增值税抵扣制度，进而扩大现代农业公司的进款增值税税款抵扣规模，从而进一步完善现代农业公司的增值税抵扣链条。这一点可以借鉴国外经验，利用“限额抵扣清单”扩大抵扣规模，从而减少企业增值税税负；还可以明确抵扣的比例，以限额抵扣在现行制度下产生的无法抵扣的进项税额；也可以直接将其利息负担的增值税纳入其可抵扣项目中，以减轻其成本费用负担。

（2）优化增值税政策对农业技术创新的激励效应。

建议构建“设备投资 + 研发支持 + 绿色专项”三位一体的增值税激励体系：对智能农机实施“3+2”退税机制（前 3 年 100% 退还设备进项税），建立农业设备分级目录；允许科技成果转化增值税分 3 年缴纳，设立研发费用超额抵扣账户；对节水灌溉设备实行 120% 进项税抵扣，延长有机肥设备免税期限至

5年。同时需配套建立农业科技企业认证体系和智能优惠匹配平台，确保政策精准落地。

（3）加大人才个人所得税减税力度。

建议国家进一步优化个人所得税优惠政策，来减轻企业的用人成本，使人才的税费负担减轻，增加人才的实际收入，吸引更多的高质量人才。比如，出台一系列针对现代农业企业人才的个人所得税税收优惠，助力农业产业吸引更多的高级人才。目前，股权激励和一次性红利均按独立核算，不包括在综合收入中，从而降低了纳税人的税收负担。不过，这是一个分阶段、有时限、局限性的政策，可以在现代农业领域实行，以提高农业界的人才吸引力。此外，还可以通过税收政策的优化来激励农业科技领域的创新。例如，对研发人员在技术创新过程中获得的奖励性收入，如工资绩效和奖金，可以实行独立的税收计算方法，并引入免税额度。这样的措施有助于降低研发人员税负，增加其创新研发的积极性，同时吸引更多专业人才加入农业科技的行列，共同推动行业的技术革新和持续发展。

（4）加强对公司重组合并的扶持。

企业兼并和重组能够更好地融合两家公司的优势资源，弥补自身发展的不足之处，提升公司的整体能力，实现规模效益，增强市场竞争能力。政府应在重组和合并上给予更多的优惠，给予公司税收减免，以减少公司的成本，增强公司重组合并的意愿。目前，在企业兼并重组方面，税收减免的条件比较严格，而且力度比较低，应该将其享受的优惠范围进一步扩展，加大税收减免，推动工业和农业的一体化发展。对于制造业的并购重组，可以延长补偿期，从而减轻企业的负担，让生产运营尽快步入轨道。

6

第六章

减税对第二产业部分行业影响分析

第二产业是经济增长的重要引擎，在经济增长、就业机会、产业链建设、技术创新和国际竞争力等方面发挥着至关重要的作用。减税政策作为重要经济手段，对第二产业的发展具有深远影响。近年来国家通过降低企业税负，激发了第二产业的创新活力，提升了整体竞争力，促进了产业结构升级转型。然而，在实施减税政策时，我们也需要关注财政收入减少可能带来的公共服务不足和税收利益分配不均等问题。因此，优化减税政策的设计和实施，对于推动第二产业的长期健康发展至关重要。这包括对减税政策的定量和定性评估。

本章运用实证方法，对医疗器械、食品饮料、绿色能源、汽车零部件、节能环保设备和新医药制造行业的减税效应进行了定量评估，纵向比较了上述行业对政策的异质性反应。选择这几个行业，主要是因为它们在经济贡献、创新驱动、政策支持和社会需求等方面具有共同点。比如医疗器械、绿色能源和新医药制造业都是技术密集型行业，创新是其发展的关键，且受到国家政策的大力支持，包括税收优惠、财政补贴、研发支持等，同时能够提供大量的就业机会。通过研究这些行业，可以为其他行业提供减税政策实施的经验和借鉴。

第一节 医疗器械行业

医疗器械行业的产业链较为成熟，上游主要涉及电子制造、机械制造等行业，下游主要为医疗器械的销售方向，包括公立医院等各类医院、体检中心和医疗中心等，或是家庭。公立医院是中国医疗体系的主力，医疗器械行业的发展在一定程度上决定着我国医疗事业的发展。

过去，中国医疗器械行业多依赖于仿制和贴牌生产模式，在全球产业链中处于较低端位置。近年来，在国家产业政策的积极推动下，国产医疗器械的自主创新和市场替代能力显著增强。一系列前沿医疗技术的研发项目正迅速推进。当前，消费需求的升级、海外高端人才的回流、资本市场的整合并购，以及产业孵化和转型的加速，均为医疗器械行业的高质量发展注入了新动力。目前，该行业税收优惠政策主要集中于增值税、所得税、城镇土地使用税和印花税。

本节基于国泰安数据库提供的上市公司数据，运用PVAR模型对选取的154家医疗器械行业上市公司的财务数据进行分析，发现：①降低税收负担会提高企业的投资收益率，从而提高企业的偿债能力。②税负增减变化对医疗器械企业的经营能力几乎没有影响。③降低税收负担在初期会对企业的赢利能力带来正面影响，但随着政策的实施，会逐渐转变为负面的影响。

④降低税收负担会对医疗器械企业的发展能力带来较为显著的正面影响。

一、变量描述和模型设定

数据主要源于国泰安数据库公司研究系列的财务指标专栏，包括医疗器械企业的四大财务能力指标以及综合税负指标。为了保证结论的可靠性，本书主要选取了 2016 年之前上市的企业，并在此基础上剔除掉 ST 和 *ST 企业[①]，最终选取了 154 家医疗器械企业。由于 2016 年二季度国家全面实行“营改增”，为避免外部干扰，本节选取的时间跨度为 2016 年二季度至 2022 年三季度，每个企业包含 26 个季度数据，共计 4004 条数据信息。

在指标选取时，以综合税负衡量税收政策的实施，以公司的四大财务指标（赢利能力指标、经营能力指标、偿债能力指标以及发展能力指标）衡量企业的经营与发展状况。具体而言，用综合税率指标代表综合税负，四大财务指标的具体指标同上文介绍。

为避免在实证分析中出现多重共线性问题，对这些财务指标进行显著性水平为 10% 的相关性检验。在对赢利能力指标进行检验时，营业毛利率、销售费用率、管理费用率三个指标互相存在相关关系，同时营业毛利率与资产报酬率相关，管理费用率与财务费用率相关，因此最终选择投资收益率作为赢利能力代表指标。在对经营能力指标进行相关性检验时，流动资产

① ST 企业为特别处理（Special Treatment）企业，在财务状况或其他方面出现异常。*ST 企业表示该企业有更严重的财务问题，有退市风险。——编者注

周转率与固定资产周转率、总资产周转率、股东权益周转率相关，同时总资产周转率与股东权益周转率相关，所以剔除流动资产周转率、总资产周转率和股东权益周转率，又因为固定资产周转率与应付账款周转率相关，剔除应付账款周转率，最终剩下营运资金（资本）周转率和固定资产周转率。在对偿债能力指标进行相关性检验时，这些变量指标互相具有相关性，最终选取资产负债率作为代表指标。在对发展能力指标进行相关性检验时，资本积累率与每股净资产增长率存在相关关系，剔除每股净资产增长率。在四大财务能力内部检验完相关性之后，还剩下投资收益率、营运资金（资本）周转率、固定资产周转率、资本积累率、营业利润增长率、每股经营活动产生的净流量增长率、投资活动产生的现金流增长率、资产负债率，分别命名为 y_1、y_2、y_3……y_8，综合税率指标命名为 tax。

在保证不存在多重共线性问题之后，对这些变量进行平稳性检验，检验结果见表 6–1。各变量的 ADF–Fisher 检验结果显示，各变量数据在 1% 显著性水平下均平稳，因此所有的指标变量都通过平稳性检验。详细信息见表 6–2。

表 6–1　平稳性检验结果

变量	ADF–Fisher	变量	ADF–Fisher	变量	ADF–Fisher
y_1	557.05（0.0000）	y_4	255.78（0.0000）	y_7	4013.84（0.0000）
y_2	3988.17（0.0000）	y_5	4003.15（0.0000）	y_8	118.97（0.0000）
y_3	184.37（0.0000）	y_6	4062.69（0.0000）	tax	4340.05（0.0000）

表 6-2 变量指标相关信息

财务能力	变量名称	变量名	计算公式
赢利能力	投资收益率	y_1	投资收益 /[(期初长、短期投资 + 期末长、短期投资)/2]
经营能力	营运资金(资本)周转率	y_2	本期主营业务收入 / [(期初占用资金 + 期末占用资金)/2]
	固定资产周转率	y_3	销售收入 / [(期初净值 + 期末净值)/2]
发展能力	资本积累率	y_4	当期所有者权益增长额 / 期初所有者权益
	营业利润增长率	y_5	(营业利润本年本期单季度金额-营业利润上一个单季度金额)/(营业利润上一个单季度金额)
	每股经营活动产生的净流量增长率	y_6	(本期经营活动产生的现金流量-上期经营活动产生的现金流量)/上期经营活动产生的现金流量
	投资活动产生的现金流增长率	y_7	(本期投资活动产生的现金流量-上期投资活动产生的现金流量)/上期投资活动产生的现金流量
偿债能力	资产负债率	y_8	负债总额 / 资产总额
综合税负	综合税率	tax	(营业税金及附加 + 所得税费用) / 营业总收入

在此次实证分析中，选取的医疗器械上市公司的面板数据包含较多时间维度且信息量较大，数据产生偏差的可能性较大，且容易影响分析结果。PVAR 模型可以把所研究的变量视为内生变量，并且将每个内生的变量看作系统中全部内生变量滞后值的函数。该模型可以提供丰富的结构，进而捕获所研究数据的更多特征。此外，PVAR 模型允许数据中个体效应和异方差性存

在，因为大量截面数据的存在，该模型允许滞后系数随时间的变化而变化，放松了数据对时间平稳性的要求。因此，本次实证分析过程采用 PVAR 模型来对搜集的数据进行研究。

二、PVAR 模型结果

为了避免参与模型的变量过多而出现维数灾难，在进行模型分析之前，每个能力指标只选一个变量代表。因此，经营能力指标选择固定资产周转率作为代表变量，发展能力选择营业利润增长率作为代表变量。因此，参与 PVAR 模型分析的变量为 y_1、y_3、y_5、y_8、tax。

在进行 PVAR 模型分析之前，需要确定参与模型分析变量指标之间的最优滞后阶数，最优滞后阶数结果见表 6–3。根据信息准则，可以确定参与模型分析的变量之间的最优滞后阶数为 4 阶，即一年滞后期。在最优滞后阶数为 4 阶的基础上，对相关变量进行 20 期 1500 次蒙特卡洛模拟，得出综合税负变动对医疗器械行业四大财务能力影响的脉冲响应图，见图 6–1 至图 6–4。

表 6–3　最优滞后阶数结果

Lag	AIC	BIC	HQIC
1	40.1498	41.4866	40.6256
2	40.1098	41.5377	40.6184
3	39.354	40.8824*	39.9004
4	39.3088*	40.9448	39.895*
5	39.4986	41.2516	40.1283

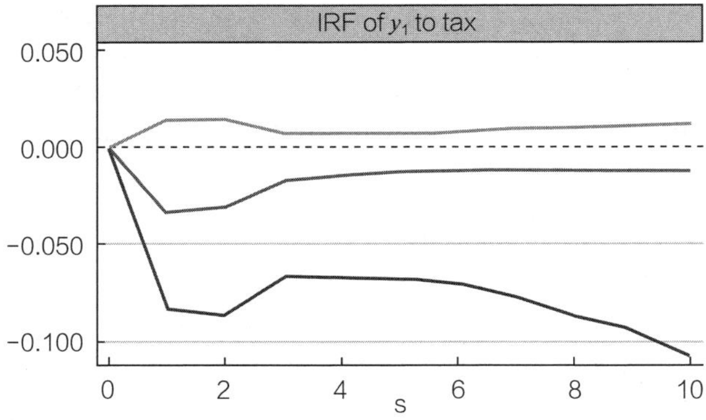

图 6-1　综合税率对投资收益率

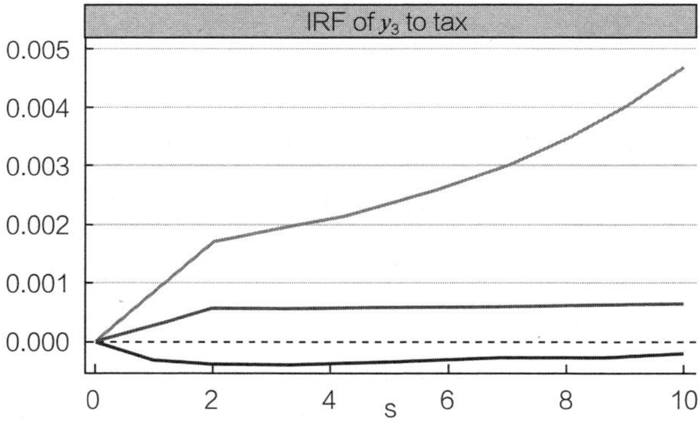

图 6-2　综合税率对固定资产增长率

从上文图 6-1 可以看出，当给综合税率 1 单位的正向冲击时，投资收益率受到微小而长期的负向冲击影响，该影响在一季度和二季度动态反应程度较大；图 6-2 表示，综合税率对固定资产增长率几乎没有影响；图 6-3 是综合税率对营业利润增长率的脉冲响应图，对综合税率施加正向冲击，营业利润增长率在一季度内呈增长趋势，一季度至二季度之间下降，且下降

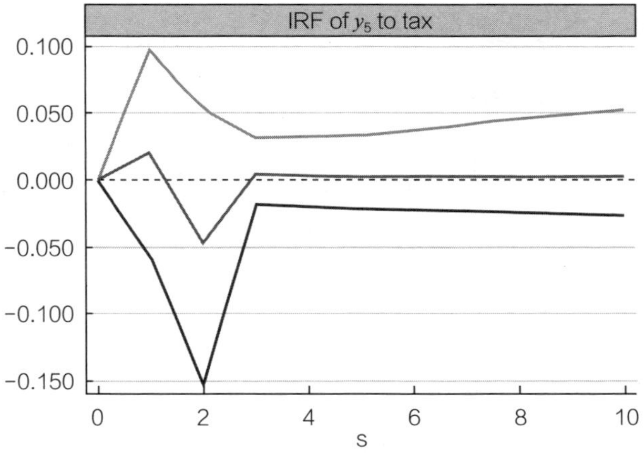

图 6–3　综合税率对营业利润增长率

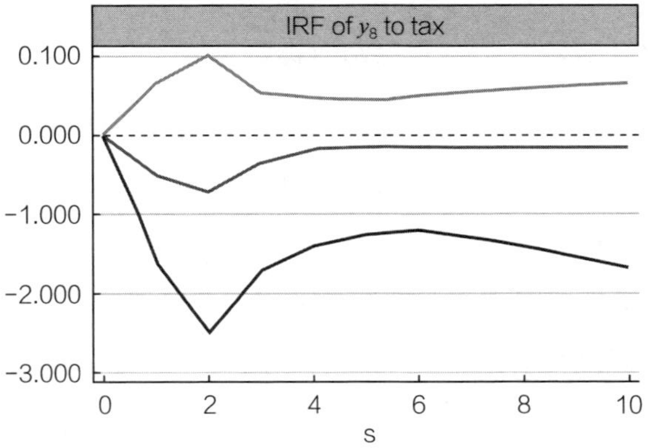

图 6–4　综合税率对资本积累率

幅度大于上升幅度，最终在三季度趋于 0；图 6–4 是综合税率对资本积累率的脉冲响应图，综合税率受到 1 单位冲击影响，会对资本积累率产生负向冲击，该影响较前三种情况而言都更为显著，在第 2 期达到最大值后缓慢趋于 0，自第 4 期起一直有长期、微小、稳定的负向冲击。

三、政策建议

综上所述，减税政策的实施，对医疗器械企业的赢利能力、偿债能力、发展能力造成了一定影响，影响程度由大到小排序依次为偿债能力、赢利能力、发展能力，但没有对企业的经营能力产生影响。

对医疗器械企业的减税政策，建议如下。

（1）加大增值税减免退力度，促进行业健康发展。

医疗器械行业的产品大多数属于高科技、高附加值产品，但生产成本和销售成本高昂，且市场竞争压力大。因此，医疗器械各园区退税政策是当前促进医疗器械行业发展的重要政策之一，包括减免按规定征收的企业所得税、增值税等税种，依据出口退税政策，对企业的出口部分给予退还进口环节缴纳的增值税和消费税。

（2）增加研发费用税前扣除额度，促进企业研发创新。

医疗器械行业的产品研发费用巨大，研发周期长，收益回报周期也较长。行业未来的主旋律仍是用国产替代进口，因此要鼓励行业进行技术创新，加强原始创新能力。政府可以增加医疗器械企业在研发方面的税前扣除额度，为医疗器械企业提供税收优惠、专项资金等支持，以激励企业加大科研投入，提高产品的科技含量和附加值。这不仅可以促进企业的发展，也可以提高整个行业的技术水平和竞争力。

（3）优化关税政策，保证企业资金支持。

医疗器械行业的产品大多需要进口高精密零件，但是当前我国医疗器械企业的进口成本较高。因此，政府可以考虑优化关税政策，降低相关进口关税，为企业降低成本，提高国内医疗器械行业的竞争力。通过政策引导，鼓励金融机构、企业以及商品供应链之间稳定、可持续性发展，形成一个互利共存、良性互动的生态产业，促进医疗器械企业的发展。

（4）延长企业所得税税收优惠期限，持续助力企业发展活力。

医疗器械行业的企业多数处于成长期，赢利能力不如成熟企业。政府可以考虑延长医疗器械企业所得税税收优惠期限，为企业提供更长时间的发展机会。

第二节　食品饮料行业

一、数据及指标选择

实证分析所用的数据主要来自国泰安数据库公司研究系列的财务指标专栏，包括食品饮料企业的四大财务能力指标以及综合税负指标。为了保证结论的可靠性，主要选取了 2016 年一季度之前上市的食品饮料企业，并在此基础上剔除掉 ST 和 *ST 上市企业，最终选取了 70 家食品饮料上市 A 股企业。时间跨度仍为 2016 年二季度至 2022 年三季度，每个企业包含 26 个季度数据。

在指标选取时，主要从食品饮料行业的四大财务能力指标（偿债能力、经营能力、发展能力以及赢利能力）考虑。这四大财务能力指标主要通过在国泰安数据库财务指标专栏调取相应食品饮料企业的数据来获取。此外，因为主要研究减税降费政策对食品饮料行业的政策效应，所以在四大财务能力指标的基础上加入综合税负指标，综合税负指标主要选取的是比率结构中的综合税率指标。

为避免在实证分析过程中出现多重共线性问题，对这些财务指标进行相关性检验。在对偿债能力指标进行相关性检验时，资产负债率与长期资本负债率、有形资产负债率在10%显著性水平下相关，因此剔除负长期资本债率与有形资产负债率。现金比率与流动比率在10%显著性水平下具有相关性，因此剔除流动比率。在对经营能力指标进行相关性检验时，流动资产周转率与营运资金（资本）周转率、总资产周转率在10%显著性水平下具有相关性，因此剔除资营运资金（资本）周转率、总资产周转率。存货周转率与固定资产净利润率在10%显著性水平下具有相关性，因此剔除固定资产净利润率。在对发展能力指标进行相关性检验时，总资产增长率与净利润增长率和净资产收益率在10%显著性水平下相关，因此剔除利润增长率和净资产收益率。营业收入增长率与营业利润增长率和利润总额增长率在10%显著性水平下相关，因此剔除营业利润增长率和利润总额增长率。对赢利能力指标进行相关性检验时，这些变量指标互相具有相关性，最终选取营业利润作为实证分析赢利能力的代表指标。在四大财务能力内部检验完相关性之后，还剩下现金比率、资产负债率、产权比率、应收账款周转率、存货周转率、流动资产周转率、总资产增长率、营业收入增长率、营业利润率和综合税率。财务指标分别命名为 y_1、y_2、y_3……y_8、y_9，综合税率指标命名为 y_{10}。

在保证不存在多重共线性问题之后，对这些变量进行平稳性检验，检验结果见表 6-4。各变量的 PP-Fisher 检验结果显示，各变量数据在 1% 显著性水平下均平稳。各变量的 ADF-Fisher 检验结果显示，各变量数据均在 1% 显著性水平下平稳。表 6-5 为各变量指标的计算公式。

为检验食品饮料企业的赢利能力、发展能力和偿债能力受到的影响是否来自减税政策，本节试图对全部指标数据运用熵

表 6-4　平稳性检验结果

变量	PP-Fisher	ADF-Fisher	变量	PP-Fisher	ADF-Fisher
y_1	753.735 (0.0000)	531.444 (0.0000)	y_6	1225.23 (0.0000)	1088.30 (0.0000)
y_2	2026.31 (0.0000)	1368.76 (0.0000)	y_7	1067.28 (0.0000)	791.730 (0.0000)
y_3	371.805 (0.0000)	315.300 (0.0000)	y_8	1410.58 (0.0000)	1066.70 (0.0000)
y_4	468.527 (0.0000)	343.662 (0.0000)	y_9	510.626 (0.0000)	382.455 (0.0000)
y_5	423.066 (0.0000)	359.816 (0.0000)	y_{10}	387.466 (0.0000)	296.829 (0.0000)

表 6-5　各变量指标计算公式

财务能力	变量名称	变量名	计算公式
偿债能力	现金比率	y_1	（现金 + 有价证券）/ 流动负债 ×100%
	资产负债率	y_2	负债总额 ÷ 资产总额 ×100%
	产权比率	y_3	（负债总额 ÷ 股东权益）×100%
经营能力	应收账款周转率	y_4	2× 营业收入 /（应收账款期末余额 + 应收账款期初余额）
	存货周转率	y_5	2× 营业成本 /（存货期末余额 + 存货期初余额）
	流动资产周转率	y_6	主营业务收入净额 / 平均流动资产总额 ×100%
发展能力	总资产增长率	y_7	（年末资产总额−年初资产总额）÷ 年初资产总额 ×100%
	营业收入增长率	y_8	（营业收入增长额 / 上年营业收入总额）×100%
赢利能力	营业利润	y_9	营业收入−营业成本−税金及附加−销售费用−管理费用−财务费用−信用减值损失−资产减值损失 + 公允价值变动收益（−公允价值变动损失）+ 投资收益（−投资损失）+ 其他收益 + 资产处置收益（−资产处置损失）
综合税负	综合税率	y_{10}	（营业税金及附加 + 所得税费用）/ 营业总收入

值法进行检验。该方法的优点在于，通过客观赋权将所有指标包含信息都统整进最后的唯一指标，但其效果并不理想，这是由于权重失真，导致了结果的无效，因此并未作为指标选取的参考依据。为了避免参与模型的变量过多导致维数灾难，在进行模型分析之前，每个能力指标只选一个变量代表。因此，偿债能力选择产权比率作为代表变量，经营能力选择应收账款周转率作为

代表变量，发展能力选择总资产增长率作为代表变量，营业能力选择营业利润率作为代表变量，即 y_3、y_4、y_7、y_9、y_{10}。

二、模型设定

1. PVAR 模型

公式见第二章，其中 i 表示食品饮料企业，t 表示区域时间，即 24 个季度；y_{it} 表示食品饮料企业的经营活动产生的净流量增长率、投资活动产生的现金流量增长率、筹资活动产生的现金流量增长率以及综合税率的内生变量列向量；j 是变量数据的滞后阶数；ε_{it} 为扰动列；γ_i 为个体效应；θ_t 为时间效应。采用广义矩法（GMM）进行估计（Holtz-Eakin 等，1988）。

2. 剂量效应 DID 模型

公式见第二章，其中 α 表示食品饮料企业；t 表示时间跨度，即 24 个季度：y_{it} 表示食品饮料企业的经营活动产生的净流量增长率、投资活动产生的现金流量增长率、筹资活动产生的现金流量增长率，以及综合税率的内生变量列向量。$Treat_i$ 是指示变量，当企业属于处理组时为 1，属于控制组时为 0。$Post_t$ 也是一个指示变量，当样本的观测时间在 2019 年二季度之前时，其值为 0；当样本的观测时间在 2019 年二季度之后时，其值为 1。时间节点选择 2019 年二季度是由于 2019 年颁布了减税降费政策，增值税税率下调，发生了减税事件，μ_i 为个体固定效应，τ_t 为时间固定效应，ε_{it} 为误差项。

三、实证结果

1. PVAR 模型结果

在进行 PVAR 模型分析之前，需要确定参与模型分析变量指标之间的最优滞后阶数，最优滞后阶数结果见表 6–6。根据信息准则，可以确定参与模型分析的变量之间的最优滞后阶数为 5 阶，即当滞后阶数为 5 阶时，模型分析结论最为准确。对相关变量进行 20 期 1500 次蒙特卡洛模拟，得出综合税负变动对食品饮料行业四大财务能力影响的脉冲响应图，见图 6–5 至图 6–8。

表 6–6　最优滞后阶数结果

Lag	AIC	BIC	HQIC
1	24.8288	26.1035	25.3025
2	24.7379	26.1586	25.2672
3	16.5847	18.163	17.1744
4	14.548	16.2965	15.2031
5	11.5519*	13.4867*	12.279*

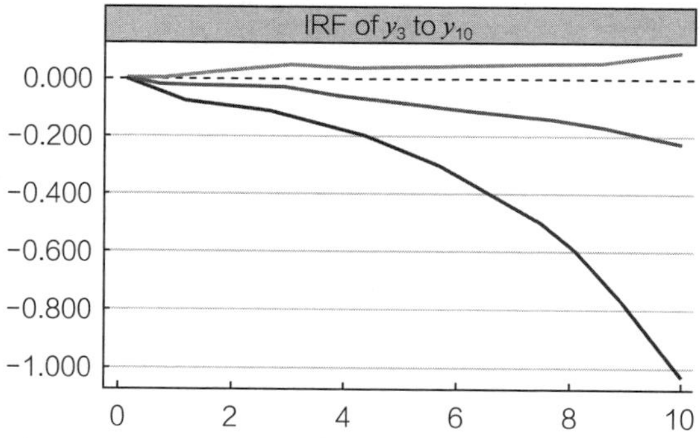

图 6–5　综合税率对产权比率

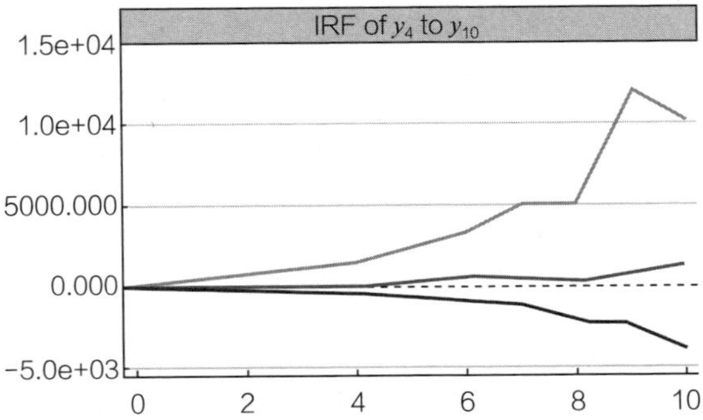

图 6-6　综合税率对应收账款周转率

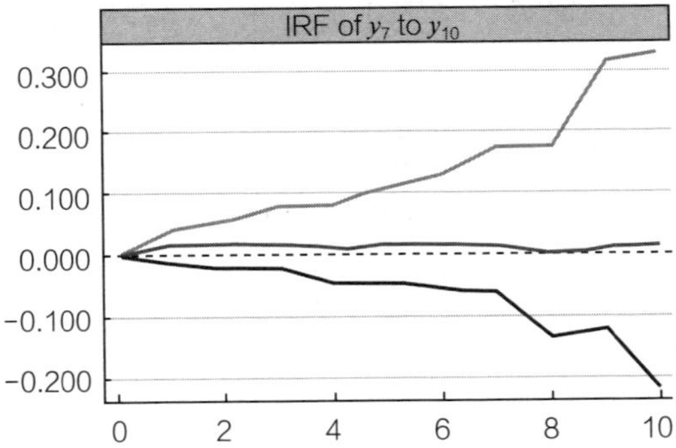

图 6-7　综合税率对总资产增长率

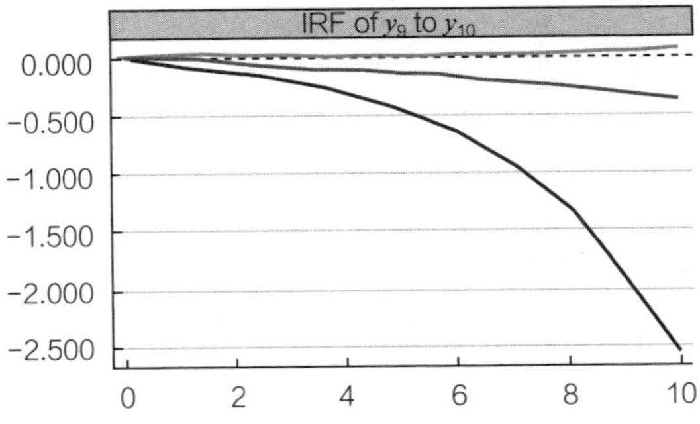

图 6-8　综合税率对营业利润率

从上文图 6–5 可以看出，当综合税率受到冲击时，产权比率会受到负向的冲击影响。第 1 个季度开始影响较明显，并不断增大，随着时间推移，持续产生负向影响。从图 6–6 可以看出，当综合税率受到冲击时，对应收账款周转率并没有较为明显的影响，原因可能是在减税降费政策实施之后，食品饮料企业并没有调整自己的产业结构、优化自己的资源配置，而且一个企业的经营能力与税赋之间没有直接关系，故企业的经营能力几乎不受优惠政策的影响。图 6–7 显示的是综合税率变动对总资产增长率的影响。从图中能看出，综合税率变动对总资产增长率造成的影响微乎其微，因此综合税率变动对总资产增长率并未产生显著的影响。图 6–8 显示综合税率的变动对企业营业利润率带来负向的冲击影响，整体上没有较大波动，但是营业利润率做出的动态反应程度不断持续增大。从效果来看，综合税率对产权比率的影响效果，整体上要低于综合税率对营业利润率的影响，说明降低税负对食品饮料行业的偿债能力和赢利能力会产生持续较高水平的正向影响。

综上所述，减税降费政策的实施，对食品饮料企业的偿债能力、赢利能力造成了一定的影响，影响大小为赢利能力大于偿债能力，但是并没有对食品饮料企业的经营能力和发展能力造成显著的影响。

2. 剂量效应 DID 模型实证分析

为了证明减税政策对食品饮料企业四大财务指标的影响，本节通过双重差分（DID）模型对上述结果做验证性检验。因为减税政策属于全国统一实行的政策，故无法满足传统双重差分模型对处理组以及对照组的要求。本节参照钱雪松和方胜（2017）的研究方法，通过使用剂量效应将样本进行切分，以此来创建对照组和处理组。常见的剂量效应分法有二分法、三分法以及四分法等，由于本节采用的样本为70家上市A股食品饮料企业，为了保证实证结果的准确性，将使用两次三分法进行检验。选取的样本数据的时间跨度仍为2016年二季度至2022年三季度，而在此期间内2019年4月开始增值税税率下调，因此选取2019年二季度作为分段点，即2019年二季度之后的季度Post为1，2019年二季度之前的季度Post为0。

减税政策切实降低了食品饮料企业的税收负担，但是不同食品饮料企业的税收负担程度不同，因此本节根据2016年二季度至2018年二季度食品饮料企业的综合税率，采用三分法，将样本等分为高税负、中等税负、低税负三组。由于减税政策实施之前税负较高的食品饮料企业在政策实施后的减税效果，相较于之前税负较低的食品饮料企业更为明显，故将税负较高的1/3作为处理组，相应的Treat1为1，税负较低的1/3作为对照组，相应的Treat1为0。为了保证实验结果的准确性，本节控制了个体效应的影响，相关结果见表6-7。由此可知，减税政策在一定程度上促进了食品饮料企业的偿债能力、发展能力以及赢利能力，但对赢利能力影响较为显著，而对偿债能力的影响相对较小。短期的情况下，减税政策对企业的赢利能力和偿债能力有一定的负向作用，与PVAR模型结果相符。

表 6-7　三分法政策处理效应

变量	y_3	y_4	y_7	y_9
Treat1_post	0.5230** (0.2436)	−0.0513 (0.3430)	−0.0223* (0.0126)	0.0808*** (0.0204)
Constant	0.4265*** (0.1138)	3.0495*** (0.1604)	0.0545*** (0.0059)	0.1000*** (0.0095)
个体效应	是	是	是	是
时间效应	否	否	否	否
Observations	1026	1025	1026	1026
R 方值	0.0047	0.0000	0.0032	0.0158
Number of id	48	48	48	48

注：括号内为标准差（下同）。*** 为 $p < 0.01$，** 为 $p < 0.05$、* 为 $p < 0.1$。

为验证结果的稳健性，本节又通过三分法，选取中等税负的一组与最低税负的一组作为处理组以及对照组，相应的 Treat2 分别为 1 和 0，相应的结果见表 6-8。可以看出，与三分法以及 PVAR 模型的结论相同，就偿债能力和发展能力而言，Treat2 中的影响系数低于 Treat1 中的影响系数，证明减税政策对中等税收负担企业的影响系数低于高税负企业的系数，证明结果是稳健的。就赢利能力而言，减税政策的影响系数变为负数，说明相对于中等税负食品饮料企业而言，减税政策对高税负企业的发展能力具有显著的促进作用，这可能是由于高税负的食品饮料企业及时地调整产业结构、优化资源配置，进而能够更好地享受优惠政策的影响。但对于食品饮料企业的经营能力来说，减税政策的影响并不显著，这可能是由于一个企业的经营能力往往取决于该企业的制度或领导人的决策，与税负变化没有直接关系，所以结果是不稳健的。

表 6-8 三分法中等税负政策处理效应

变量	y_3	y_4	y_7	y_9
Treat2_post	-0.0024 (0.2067)	-18.8579 (11.7306)	-0.0173 (0.0131)	-0.0309** (0.0126)
Constant	0.5828*** (0.0967)	14.2649*** (5.4898)	0.0444*** (0.0061)	0.0958*** (0.0059)
个体效应	是	是	是	是
时间效应	否	否	否	否
Observations	1025	1021	1025	1025
R 方值	0.0000	0.0026	0.0018	0.0062
Number of id	47	47	47	47

为检验食品饮料企业赢利能力、发展能力和偿债能力所受到的影响是否来自减税政策，在原来按照 2016 年二季度至 2018 年二季度食品饮料企业的综合税率将样本分为高税负、中等税负、低税负三组的基础上，若样本数据时间在 2018 年二季度之前，Post 为 0；若样本数据时间在 2018 年二季度之后、2019 年二季度之前，则 Post 为 1。由此得出的 DID 检验结果见表 6-9。由此可知，减税政策确实影响了食品饮料企业的偿债能力和赢利能力，这与 PVAR 方差分解分析部分的结论相同。

表 6-9 安慰剂检验结果

变量	x_1	x_7	x_{11}	x_{13}
Treat3_post	−0.3357 (2.0556)	0.0365 (0.2728)	0.0015 (0.0251)	−0.0506 (0.0562)
Constant	−0.3210 (0.8084)	2.8836*** (0.1074)	0.0559*** (0.0100)	0.0922*** (0.0221)
个体效应	是	是	是	是
时间效应	否	否	否	否
Observations	531	531	365	519
R 方值	0.0001	0.0014	0.0181	0.0000
Number of id	48	48	42	48

可见，剂量效应 DID 模型的检验结果与 PVAR 模型的检验结果基本相同，这也证实了 PVAR 模型实证结果的可靠性。

四、政策建议

减税政策一定程度上提高了食品饮料行业企业的偿债能力。该行业现阶段面临的一个重要问题是利润低，材料成本高。资金的周转对于企业的发展十分重要，在短期内企业要能够拿出相应的现金流来偿还债务。减税政策的出台使企业有了相对充足的现金流，因此使企业的偿债能力得到提升。

减税政策对食品饮料行业的经营能力没有产生显著影响，这是因为对于成熟期的中小企业而言，其生产经营模式已经成型，盈余积累充裕，资源获取和价值创造水平高，有了相对固定的经营体系，减税政策对其经营能力影响甚微。

减税政策对食品饮料行业的发展能力并没有显著影响，这是因为一个企业的发展能力，往往取决于领导者对于企业现阶段所分析和做出的具体决策，以及对整个企业的经营模式和制度的选择，因此减税政策下企业的发展能力并未受到显著的影响。

减税政策推动了食品饮料行业赢利能力的提高，因为减税政策的实施，使得行业有了更充足的资金引进新的生产设备，能够研发和生产更多新的产品，推动整个产业链的转型升级，一定程度上缓解了食品饮料行业在市场上面临的同质化问题，从而使企业的赢利能力有了显著的提高。

关于食品行业减税政策，建议如下。

（1）推动留抵退税政策的不断完善和发展。

为了满足人们日益增长的消费需求，食品饮料行业要格外关注产品的创新升级问题，应对市场上面临的商品同质化、产品结构单一等问题。加强留抵退税政策，一定程度上缓解了企业在产品转型升级中面临的经济压力，可以推动企业加大投资力度，同时使企业有能力引进新的机械设备，提高生产技术，延长产业链条，推进行业的稳定发展。

（2）适当提高食品饮料行业广告宣传费的扣除限额。

食品饮料行业是消费属性行业中广告费占营业收入比重最高的行业，市场竞争日趋激烈。为了吸引消费者，很多企业会在广告宣传上投入大量资金。如何提高品牌知名度和加大产品宣传，成为现阶段食品饮料企业发展的一个难题。因此，提高食品饮料行业的广告宣传费的扣除限额，可以缓解企业在广告宣传方面的资金压力，保障企业的基本收入。

（3）加大对食品安全违规企业各项惩罚力度。

随着人们消费观念的不断提高，食品安全成为广大消费者热议的话题。近些年类似于“毒奶粉”事件的食品健康问题时有发生，儿童食品备受关注。同时，消费者对食品营养与健康方面的需求不断增加，“0 糖、0 卡、0 脂”的食品饮料深受欢迎。这就要求食品饮料行业严格把控原材料的健康指标和整个生产加工过程的安全监测，满足消费者对健康食品的需求，生产出优质、营养、健康的食品。政府需要加大对食品安全违规企业各项惩罚力度，食品安全监督管理部门和卫生行政部门可以将给予行政处罚的企业名单同税务机关共享，由税务机关检查其是否存在未办理税务登记或其他违反诚信纳税事项。

第三节　绿色能源行业

一、研究假设

从人众和张健（2020）认为减税降费可以起到改善营商环境、降低企业成本等正面作用。杨森平和刘晓瑛（2020）提出，减税降费政策对样本企业的收益率有提升作用，对制造业企业的收益率提升幅度更大，减税的激励作用比降费更显著（薛菁，2022）。Alexander F. Wagner 等（2018）提出，对税负较重的企业来说，实施减税政策能使其获得更多收益。肖春明和张文春（2022）基于双重差分和固定效应模型实证分析得出，结构性减税“营改增”能够显著提升企业价值。李彩霞（2014）通过实证得出，所得税税率与企业的净资产收益率、每股收益等存在显著的负相关，企业税负越高，其赢利能力越弱。朱虹霖（2019）基于2009—2013年工业企业数据，采用倍差法进行研究，结果发现实施“营改增”地区的制造业企业赢利能力、绩效水平和增长效益均得到有效提升。Klapper和Tzioumis（2012）认为，如果公司承担的税负更低，则可以增加企业股本，减小企业的经营风险，从而提升其业绩。李娇和孙越（2019）指出，减税政策能够通过增加企业效益空间，帮助市场恢复活力。

基于以上，提出假设1：减税政策会降低绿色能源企业税负，提升其赢利能力。

蒋震（2019）提出，减税降费在短期内可以减轻企业负担，中长期能够发挥税收在市场资源配置方面的作用。Spengel（2015）指出，减税政策对小微企业的影响要比大中型企业更加大。减税能够在一定程度上提高全要素生产率水平和总产出，但会抑制企业动态（田磊和陆雪琴，2021），实施重大减税降费政策地区的企业全要素生产率显著上升（晏国菀和夏雪，2022）。基于A股上市公司数据（林杨和沈春蕾，2021），构建多元回归模型（马金华等，2021），研究得出，企业税费负担的降低能够提高制造业全要素生产率，推动经济高质量发展。Sebastian Gechert和Philipp Heimberger（2022）将多元回归方法用于一个新的数据集，结果表明公司减税会促进经济增长。丁芸（2014）指出，美国的能源行业发展迅速的原因之一，是美国在新能源行业方面的税收政策不仅详细，而且在制定过程中考虑了实际问题，操作的可行性强。

基于以上，提出假设 2：减税政策的实施能够促进绿色能源行业的发展。

二、模型设定

1. PVAR 模型

由于绿色能源企业的数据是 100 家企业 27 个季度的指标数据，属于短期面板数据，为了捕捉面板数据内生性变量之间的动态交互关系，有效解决面板数据中内生性以及个体异质性问题，选用 PVAR 模型，通过 Eviews10.0 和 Stata17.0 软件进行实现。

2. 剂量效应 DID 模型

公式在第二章进行过介绍，其中 i 表示企业，t 表示时间，y_{it} 为被解释变量，low_i 为指示变量。当为处理组时，即企业的税负水平处于最高的 1/3 组，该变量取值为 1；当为对照组时，即企业的税负水平处于最低的 1/3 组，该变量取值为 0。δ_i 为个体固定效应，γ_t 为时间固定效应，ε_{it} 为误差项。

为验证减税对于绿色能源行业的影响，本节通过国泰安数据库收集下载了绿色能源行业上市公司的赢利能力、发展能力、偿债能力、经营能力四大财务指标数据以及综合税负指标数据。首先通过同花顺问财网站，调取了绿色能源企业的股票代码，剔除了 ST 和 *ST 企业，以及 2016 年一季度后，即营改增后上市的企业，整理后共得到 100 家符合要求的绿色能源上市公司。将这些企业股票代码导入国泰安数据库中，从国泰安数据库公司研究系列中调取四大能力指标以及综合税负指标数据，剔除数据缺失严重的二级指标数据，最后得到 100 家企业 2016 年至 2023 年共计 800 个样本。

指标选取方法参照了 Yang Cao et al.2022 中的模式，对收集到的数据进行筛选和分类。为了保证结果的完整性和精确性，将数据缺失严重的指标筛选掉，通过计算，最终得出 14 个变量，包括 4 个财务指标、1 个税负指标。其中，赢利能力指标为营业成本率（x_1）、销售费用率（x_2）、管理费用率（x_3）、财务费用率（x_4）；发展能力指标为资本积累率（x_5）、总资产增长率（x_6）、所有者权益增长率（x_7）；偿债能力指标为流动比率（x_8）、现金比率（x_9）、资产负债率（x_{10}）；经营能力指标为应收账款周转率（x_{11}）、流动资产周转率（x_{12}）；税负指标为综合税率（x_{13}、x_{14}）。

由于面板数据的时间序列性质，为了使数据更准确地解释问题并防止“虚假回归”，有必要测试每个序列的平稳性。在检验面板数据时，最终选择 LLC、ADF 两种检验方式，结果见表 6-10。检测结果表明，在 1% 的显著性水平下，三种检验方法的单位根检验值对应的 P 值均小于 0.1，因此拒绝了原假设，这说明所有变量均为平稳序列。

表 6-10　平稳性检验结果

变量	ADF-Fisher	变量	ADF-Fisher
x_1	356.140（0.00）	x_8	356.522（0.00）
x_2	370.522（0.00）	x_9	605.533（0.00）
x_3	396.816（0.00）	x_{10}	517.927（0.00）
x_4	424.346（0.00）	x_{11}	33.462（0.00）
x_5	723.720（0.00）	x_{12}	23.965（0.02）
x_6	590.458（0.00）	x_{13}	28.656（0.00）
x_7	723.700（0.00）	x_{14}	43.879（0.00）

对上述变量进行相关性检验，目的是提高模型估计的准确程度。本书使用 Eviews10.0 软件对存在相关性的变量进行剔除，从各个指标中选取一个变量作为代表。各变量之间大于 10% 水平则存在显著相关。其中，x_{13}、x_{14} 为税负指标，但 x_{13} 与所选取的大多数指标存在相关性，因此剔除 x_{13}，保留 x_{14}。同时，税负指标是本书重点考查的内容，为必须保留变量，因此与其相关的变量 x_8、x_1、x_2、x_3 需剔除。相比于 x_{10}，x_9 与较少的变量具有相关性，因此选取现金比率（x_9）作为偿债能力指标的代表。因 x_1、x_2、x_3 都已被剔除，所以选取财务费用率（x_4）为赢利能力指标的代表。x_6、x_7 在 10% 水平上与 x_4 具有相关性，因此选取资本积累率（x_5）作为发展能力指标的代表。x_{11} 在 10% 水平上与 x_9 具有相关性，所以剔除 x_{11}，选取流动资产周转率（x_{12}）作为经营能力指标的代表。综上，从 14 个变量中选取 5 个变量：财务费用率、资本积累率、现金比率、流动资产周转率、综合税率，记做 y_1、y_2、y_3、y_4、y_5，作为 PVAR 模型的变量，如表 6-11 所示。

表 6-11 变量选取信息

财务指标	名称	变量	计算公式
赢利能力	财务费用率	y_1	财务费用 / 营业收入
发展能力	资本积累率	y_2	（所有者权益合计本期期末值-所有者权益合计本期期初值）/ 所有者权益合计本期期初值
偿债能力	现金比率	y_3	现金及现金等价物期末余额 / 流动负债
经营能力	流动资产周转率	y_4	营业收入 / 流动资产期末余额
税负指标	综合税负	y_5	（营业税金及附加 + 所得税费用）/ 利润总额

三、实证结果

1. PVAR 实证分析

模型采用连玉君（2010）提供的 PVAR2 程序包，运用 Stata 软件实现，模型 AIC、BIC 和 HQIC 值最优滞后阶数均为 5 阶，即 5 个季度滞后期（表 6-12）。之后建立 PVAR 模型，对模型进行 GMM 估计，针对税负率 y_5，得到下面的脉冲响应图 6-9 至图 6-12。

表 6-12 最优滞后阶数选择结果

滞后阶数	AIC	BIC	HQIC
1	0.465 445	1.690 12	0.910 095
2	−0.378 598	0.949 47	0.104 615
3	−0.741 931	0.697 37	−0.217 087
4	−2.832 55	−1.273 19	−2.262 61
5	−3.472 31*	−1.783 57*	−2.8536*

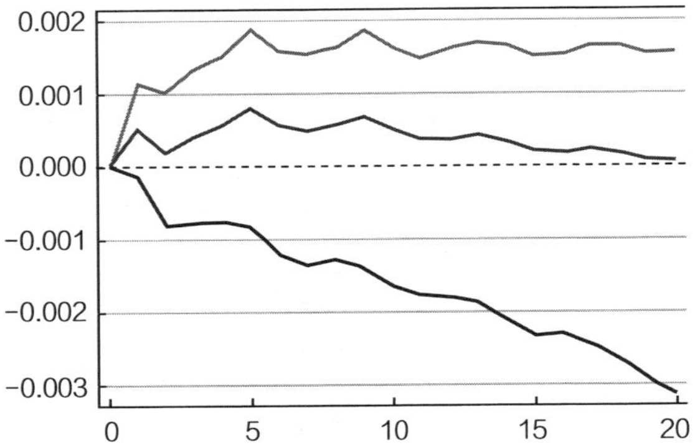

图 6-9　财务费用率脉冲响应结果

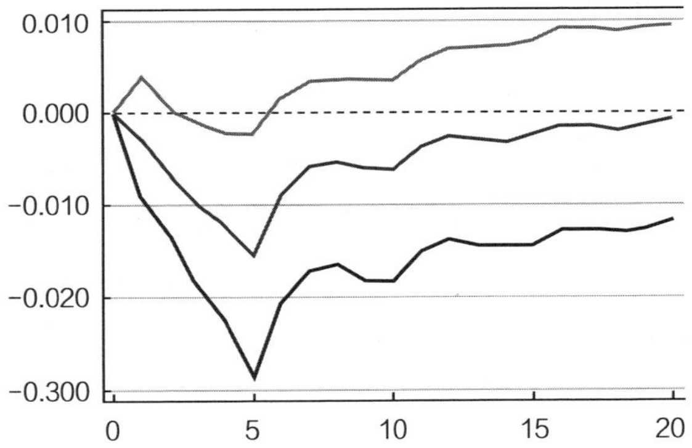

图 6-10　资本积累率脉冲响应结果

由上文图 6-9 可以看出，当综合税负受到一个单位的正面冲击时，会对财务费用率产生较长期的正面促进作用。这表明，综合税负的下降会降低企业的财务费用率，即减税降费政策的实施会使上市公司的税收负担降低，减少企业的费用支出，有利于提高上市公司的赢利水平。

由图 6-10 可以看出，当综合税负受到一个单位的正面影

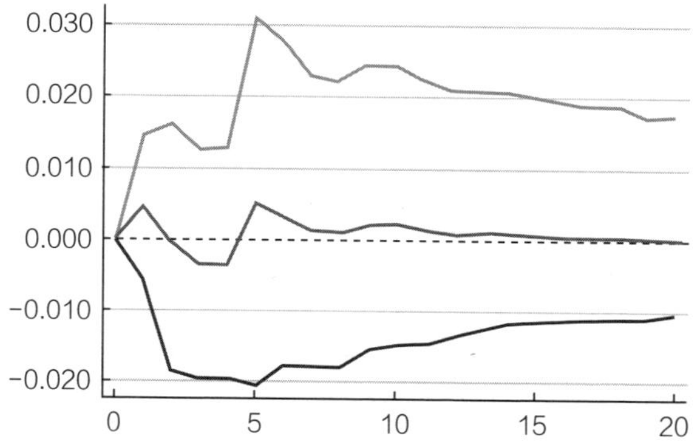

图 6-11　现金比率脉冲响应结果

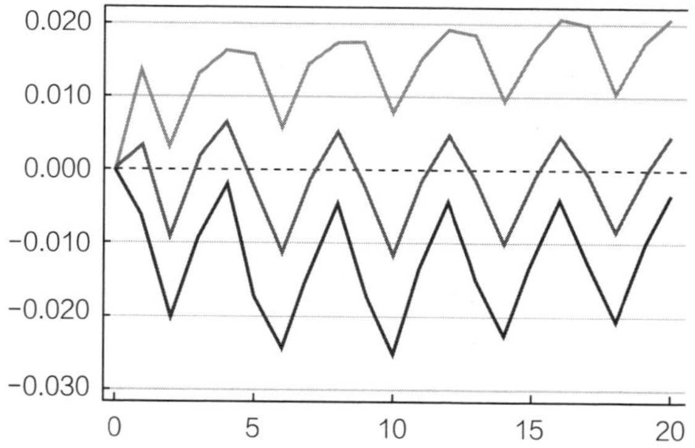

图 6-12　流动资产周转率脉冲响应结果

响时，会对资本累计率造成一个持续的负面影响，后来逐渐趋于 0。这表明，如果综合税率降低，会促进企业资本累计率的增长，并且是一个长期的影响，有利于企业的长远发展。

由图6-11可以看出，当综合税负受到一个单位正向冲击时，现金比率同比增速先上升，在第 2 个季度左右开始下降，这种负面影响在 4 个季度时达到最大，1 个季度后，负面效应逐渐减弱转换为正面效应，在 6 个季度时正面效应逐渐减弱，而后趋近于 0。这表明，如果目前的综合税率下降，下一季度的现金比率将会先下降，2 个季度左右开始有所提高，后又逐渐下降，总体表现为负向的影响。

由图 6–12 可以看出，当税负受到一个单位的正向冲击时，结果波动性较强，但从总体来看，是一个相对负向的影响。这表明，当综合税率下降，对流动资产周转率的影响并不显著，但会带来一个相对正向的影响。

2. 剂量效应 DID 实证分析

为了证明减税对绿色能源企业发展的影响，本书通过双重差分模型对上述结果做验证性检验。因为减税政策属于全国统一实行的政策，故无法满足传统双重差分模型对处理组以及对照组的要求。本书参照钱雪松和方胜的研究方法，通过使用剂量效应将样本进行切分，以此来创建对照组和处理组。常见的剂量效应分法有二分法、三分法以及四分法等，由于本书采用的样本为 93 家上市 A 股绿色能源企业，为了保证实证结果的准确性，将使用三分法进行检验。由于本书选取样本数据的时间跨度为 2013 年一季度至 2022 年三季度，而 2016 年二季度我国全面营改增，因此选取 2016 年二季度作为分段点，即 2016 年二季度之后的季度 Post 为 1，2016 年二季度之前的季度 Post 为 0。

减税降费政策的实行降低了绿色能源企业的负担，但是不同绿色能源企业的税收负担程度不同，因此本书根据 2014 年至 2015 年绿色能源企业的综合税率均值，将样本三等分。由于减税政策之前税负较高的绿色能源企业在政策实施之后的减税效果，相较于政策之前税负较低的绿色能源企业更为明显，故将税负较高的 1/3 作为处理组，相应的 Treat1 为 1，税负较低的 1/3 作为对照组，相应的 Treat1 为 0。为了保证实验结果的准确性，本书控制了个体效应以及时间效应的影响，相关结果见表 6–13。由此可知，减税政策在一定程度上提高了绿色能源企业的发展能力、赢利能力和经营能力，但对赢利能力的影响较大，对经营能力的影响并不显著。

表 6–13　三分法高税负政策处理效应

变量	(1)	(2)	(3)	(4)
	a_1	a_2	a_3	a_4
	y_1	y_2	y_3	y_4
Treat1_post	−0.0084*** (0.0019)	0.1297** (0.0626)	0.0180 (0.0223)	0.0552 (0.0360)
Constant	0.0391*** (0.0009)	0.0880*** (0.0338)	0.3588*** (0.0099)	0.6516*** (0.0161)
观测值	1240	520	1240	1240
R^2	0.0161	0.0086	0.0006	0.0020
个体	62	26	62	62

为了验证上述三分法时 DID 得出的结论，在三等分的基础上，选取中等税负的一组作为处理组，相应的 Treat2 为 1，最低税负的一组作为对照组，相应的 Treat2 为 0，相应的结果见表 6–14。由此可以看出，与三分法高税负政策处理以及 PVAR 模型的结论相同，减税政策的实施对于中等税负绿色能源企业

的经营活动影响较小。其中对赢利能力、发展能力以及经营能力的影响系数，均低于三分法高税负政策处理时的影响系数，说明结果是稳健的。但表 6-14 中的偿债能力则高于三分法高税负处理时的偿债能力，可能是因为税负相对较高的企业资金流动性没有税负相对较轻的企业资金流动性强。但就整体情况而言，下述结果是稳健的。

表 6-14　三分法中等税负政策处理效应

变量	（1）	（2）	（3）	（4）
	b_1	b_2	b_3	b_4
	y_1	y_2	y_3	y_4
Treat_post	0.0015 （0.0028）	−0.1191** （0.0603）	−0.4192*** （0.0896）	0.0272 （0.0387）
Constant	0.0397*** （0.0012）	0.1452*** （0.0215）	0.6986*** （0.0400）	0.6686*** （0.0173）
观测值	1240	280	1240	1240
R^2	0.0003	0.0145	0.0183	0.0004
个体	62	14	62	62

为检验绿色能源企业发展能力受到的影响是否来自减税政策，在将样本三等分的基础上，若样本数据时间在 2015 年二季度之前，Post 为 0；若样本数据时间在 2015 年二季度之后、2016 年二季度之前，Post 为 1。由此得出的 DID 检验结果见表 6-15。由此可知，减税政策的实施确实提高了绿色能源企业的赢利能力和发展能力，与 PVAR 模型的结论相同。

表 6-15 安慰剂检验结果

变量	(1)	(2)	(3)	(4)
	c_1	c_2	c_3	c_4
	y_1	y_2	y_3	y_4
Treat3_post	−0.0030 (0.0026)	0.0305 (0.0269)	−0.0498 (0.0409)	−0.0001 (0.0505)
Constant	0.0379*** (0.0010)	0.0779*** (0.0114)	0.4489*** (0.0148)	0.6599*** (0.0182)
观测值	806	338	806	806
R^2	0.0018	0.0041	0.0020	0.0000
个体	62	26	62	62

可见，剂量效应 DID 模型的检验结果与 PVAR 模型的检验结果基本相同，这也证实了 PVAR 模型实证结果的可靠性。

四、政策建议

（1）实施靶向优惠政策，激发企业创新活力。

创新是推进能源行业发展的第一动力，因此，要强化研发税收激励效果，靶向发挥减税政策在企业创新投入上的激励作用，将普惠性减税与结构性减税有效结合，释放更大的减税红利。例如，针对绿色能源行业企业，可以适当降低增值税和企业所得税的税率，提高研发费用加计扣除的比例，让企业能够充分享受到税收优惠。研发费用加计扣除比例应动态浮动，基础比例为 100%，并根据企业营收增长率设定额外加成系数，以激励企业加大研发投入，推动行业转型升级。在直接性优惠的基础上，配合税前扣除等间接性优惠，提高绿色能源上市公司的绿色技术创新绩效，保证企业的创新产出，实现关键技术的突破和升级，激发企业的创新活力。

（2）因地制宜，制定差异化减税政策。

一方面，我国疆域辽阔，各地区资源禀赋、能源分布和气候条件差异较大，社会经济发展情况和能源开发侧重点都有所差别。比如，西北地区光能资源较为丰富，而风能、海洋能主要分布在东南沿海地区，东北、华北等地区可再生能源有很大发展潜力。另一方面，受地区经济发展水平、营商环境等多方因素的影响，不同地区对减税政策产生的效应敏感度不同，因此，减税政策的制定应因地制宜，考虑到不同地区的能源分布情况和政策区域效应的差异性，协调好地区之间企业发展不均衡的问题，针对性地制定减税措施，缩小因区域不同而带来的绿色能源企业的税收差异。

（3）兼顾税收政策长短期效应，结合财政共同发力。

减税政策的实施在短期内可以提高绿色能源企业的赢利能力，但从长期来看这种影响将减弱。同时，减税政策实施的长期目标是促进高质量发展，实现经济转型升级，但持续性的减税政策会加重财政负担。因此，在制定和实施减税政策时，要明确政策的实施目标和效果，同时考虑短期和长期的实施效果。政府在考虑财政压力的同时，要进一步强化财政资金支持引导作用，推进我国碳达峰碳中和相关的绿色能源企业，加大提供财政补贴的支持力度，降低企业运营成本，保证绿色能源行业长期健康稳定发展。

（4）按需提供财税服务，确保政策落实到位。

我国目前制定的相关支持绿色发展税费优惠政策较多，2021 年 10 月以来，各地区也根据《中共中央国务院关于完整准确全面贯彻新发展理念做好碳达峰碳中和工作的意见》纷纷出台了对应措施，但在实行过程中，许多企业对适用的税收优惠政策掌握不及时，对补贴额度和方式以及是否在补贴范围内存在各种疑惑，导致政策落地出现滞后性，政策效果大打折扣。因此，相关政府部门应充分利用线上和线下等渠道加强政策宣传，可以运用 AI 人工智能分析，按需为企业提供享受的优惠政策，解答常见问题，确保政策落实到位。

第四节　汽车零部件行业

目前我国已成为全球主要的汽车零部件制造与出口国之一，汽车行业实现了稳健发展，前端汽车销量实现持续增长并屡创新高，后端汽车零部件产业和国内整车厂形成了完整的产业链。但随着国内汽车保有量的增长，整车的利润空间不断被压缩，汽车行业面临着前所未有的压力。与前端市场相比，近年来汽车后市场得到迅速发展，成熟的后市场利润占比已达 70%。其中汽车零部件是汽车后市场的重要组成部分，发展潜力巨大，汽车零部件行业销售收入增长逐年攀升。在更为庞大的汽车后市场，变革正带来诸多发展新可能。未来国内汽车生产向智能制造体系倾斜是必然趋势，汽车行业持续进步的根本在于汽车零配件技术创新。

创新需要资金，税负影响着企业的资金。实施“营改增”后，汽车零部件制造企业所涉及税负，主要是增值税为主的间接税和所得税为主的直接税。目前我国大部分税收仍集中在生产制造环节，增值税税率13%、企业所得税税率25%，单从税率来看，企业所承受的税负并不算低。随着减税降费的稳步推进，营改增、所得税减半征收、车购税减免等政策落实，汽车行业得到惠及，企业税负降低，压力减轻，企业可以将更多资金投入生产发展。

吉林省既有以一汽集团公司为核心，集研发、生产、贸易为一体的全系列发展、产品体系较为齐全的整车研发制造体系，又有吉林大学等高校为其源源不断地输送人才，是国内实力强劲的汽车大省。汽车产业是吉林省最具特色、最重要的支柱产业之一。

然而，与整车业相比，吉林省的汽车零部件行业发展相对滞后，行业结构不均衡。2018年，吉林省汽车零部件企业产值2250亿元，仅占全省汽车工业整车产值的33%，和一些经济发达省份相比较低，不符合吉林省汽车大省的地位。吉林省零部件领域技术创新能力不足，自产零部件大多数为低端下游产品，大部分技术型零部件对外部依赖性大，未形成足够的对整车制造的支撑力。随着对外开放的推进，国内其他地区和国外地区对吉林省的零部件供应量也逐年增加，汽车行业“大进大出”现象明显。汽车制造业承担税负依然偏高，税负仍有减轻余地，税收制度也仍有调整空间。

一、研究假设

自实施“营改增”后，营业税逐步退出历史舞台，目前我国企业涉及的间接税负主要为增值税。增值税作为企业间接税中的“主力”，是影响企业经营活动的重要因素（李旭红，杨武，2019）。

目前关于间接税和企业发展结合的研究较少，多数研究从增值税等具体税种的政策变动出发考察对企业的影响。作为间接税，增值税本质是对增值额征税，税负不由企业负担，因此也不会对企业的利润和收入造成影响，然而多数结论肯定了间接税负对企业发展的影响。基于以上，提出假设 1：间接税对企业的发展影响显著。

2008 年企业所得税法正式在国内实行，加上大规模减税降费的推行，近年国内直接税比重明显上升。与间接税不同，直接税是直接对企业的利润进行分成，且具有累进性，企业不再作为税负的“中转站”，而是切实承担了这部分税收，直接影响着企业自身资金利用和发展。

目前关于直接税和企业发展结合的研究同样不多，现有研究主要集中在所得税对企业创新和成长影响上。一种观点认为，企业所得税税收优惠政策较增值税更能促进企业研发投入（水会莉等，2015；董黎明等，2020）。高正斌等人（2020）从企业融资约束程度出发，证实了所得税负的降低对提升企业创新水平具有积极作用。基于以上，提出假设 2：直接税对企业的发展影响显著。

关于总税负，学术界观点大体一致，认为总税负与企业营收水平（周怡君，2017）、产值（何辉等，2019）、绩效（行伟波，2013）等呈负相关。高税负必然要在企业和消费者之间选择最终归宿，不论是直接影响企业，还是通过抑制消费间接影响企业，最终，税负都回到企业身上。基于以上，提出假设 3：总税负税对企业的发展影响显著。

二、模型设定

本节采用吉林省税收大数据平台中吉林省汽车零部件企业的数据，包括 1193 家企业 2017—2021 年的利润表、资产负债表和税负表，所有企业名称均替换为序号。本节对数据进行了进一步的清洗，将无收入的企业剔除，为防止异常值带来的影响对数据进行了 1% 缩尾处理，最终剩下 39 780 个观测值，共 884 个企业，将其整合为平衡面板数据。

为了检验总税负、间接税负和直接税负对汽车零部件企业发展的影响，验证前文设定的假设，本节采用多元线性回归方法进行分析。首先进行 F 检验，判断选择混合回归还是固定效应回归，因为选取的企业都是吉林省的汽车零部件企业，税收对其一视同仁，企业间并不存在个体差异，因此也不具有个体固定效应，结果也显示最终显著水平大于 5%，接受原假设，选择混合 OLS 回归模型。根据假设，我们构架如下两个模型进行回归（式 6.1、式 6.2）。

$$y_{it} = \alpha_0 + \alpha_1 ttr_{it} + \alpha_2 itr_{it} + \alpha_3 alr_{it} + \alpha_4 ec_{it} + \alpha_5 tar_{it} + \alpha_6 cpr_{it} + \varepsilon_{it} \quad (6.1)$$

$$y_{it} = \alpha_0 + \alpha_1 dtr_{it} + \alpha_2 alr_{it} + \alpha_3 ec_{it} + \alpha_4 tar_{it} + \alpha_5 cpr_{it} + \varepsilon_{it} \quad (6.2)$$

其中，i 代表汽车零部件产业个体，t 代表年份，α_0 到 α_6 是回归系数，ε 是随机误差项。

本节试图探讨不同税负和吉林省汽车零部件企业发展之间的关系，选取总税负、直接税负、间接税负三个变量作为解释变量。根据2005年国家税务总局税务研究所课题组总结的标准，对所涉及吉林省汽车零部件企业承担的13个税种进行划分，将企业所得税、个人所得税、城镇土地使用税、土地增值税、房产税、印花税、契税、车船税、车购税、船舶吨税划入直接税范围，将增值税、消费税、关税划入间接税范围，直接税税负和间接税税负进行加总，得到总税负。当然，在企业的日常发展中，还存在着其他影响着其营收能力的因素，如资产、负债、成本、费用等，为了剔除这些变量对模型的干扰，我们将会对其进行控制。

首先，选取营业收入增长率指标（y）作为被解释变量来衡量企业的发展能力。营业收入增长率是指企业本年营业收入增加额与上年营业收入总额的比率，是评价企业成长状况和发展能力的重要指标。

其次，将直接税负（dtr）、间接税负（itr）、总税负（ttr）作为解释变量，来观察他们对企业营业收入增长率的影响。直接税负为吉林省汽车零部件企业涉及的直接税额加总额对企业当年营业收入总额的比率，间接税负为企业涉及的间接税额加总额对企业当年营业收入总额的比率，总税负为总体税额对当年营业收入总额的比率。

控制变量选取了资产负债率（*alr*）、成本费用利润率（*ropc*）、弹性系数（*ec*）、应收账款周转率（*tar*）、成本费用率（*cpr*），具体见表 6–16。

表 6–16　变量定义表

变量类型	变量名称	变量符号	计算公式
因变量	营业收入增长率	*y*	（本年主营业务收入–上年主营业务收入）/上年主营业务收入 ×100%
自变量	总税负	*ttr*	各项税收总量 / 主营业务收入 ×100%
	直接税负	*dtr*	直接税税收总量 / 主营业务收入 ×100%
	间接税负	*itr*	间接税税收总量 / 主营业务收入 ×100%
控制变量	资产负债率	*alr*	期末负债总额 / 期末资产总额 ×100%
	成本费用利润率	*ropc*	利润总额 / 成本费用总额 ×100%
	弹性系数	*ec*	主营业务收入变动率 / 主营业务利润变动率 ×100%
	应收账款周转率	*tar*	主营业务收入 / 平均营收账款余额 ×100%
	成本费用率	*cpr*	成本费用总额 / 营业收入 ×100%

三、实证结果

表 6–17 为变量的描述性统计和相关性分析结果。2017—2021 年吉林省汽车零部件企业总税负平均值为 7%，最小值为–0.1%，最大值为 135.2%；直接税负平均值为 3%，最小值为 0，最大值为 66.7%；间接税负平均值为 5%，最小值为–4.3%，

表 6-17　变量描述性统计和相关性分析

变量	样本数量	均值	标准差	最小值	最大值	*y*	*ttr*	*dtr*	*itr*	*alr*	*tar*	*ropc*	*ec*
y	4420	0.64	2.72	-1.000	17.463								
ttr	4420	0.07	0.19	-0.001	1.352	-0.0044							
dtr	4420	0.03	0.09	0.000	0.667	0.0091	0.7736*						
itr	4420	0.05	0.13	-0.043	0.877	0.0034	0.0045	0.0086					
alr	4420	0.46	0.54	-0.006	2.805	0.1033*	0.1389*	0.1174*	0.0116				
tar	4420	1.29	3.58	-0.000	26.215	0.1371*	0.0042	0.0016	0.0048	0.0840*			
ropc	4420	-0.05	0.25	-1.110	0.609	0.0811*	-0.155*	-0.1739*	-0.0161	-0.1980*	0.1014*		
ec	4420	7.00	35.08	-38.450	269.259	0.7343*	-0.0009	-0.0066	0.0035	0.0846*	0.1127*	0.0435*	
cpr	4420	0.58	0.78	0.000	5.375	0.1485*	0.5822*	0.5681*	0.0329	0.2323*	0.2057*	-0.2710*	0.1102*

注：N=39 780。绝对值大于等于 0.001 的相关系数均在 1% 的水平下是显著的。

最大值为 87.7%。虽然最大值和最小值相差都较大，但是标准差都较小，可以判断企业间相差不大。因为吉林省汽车零部件企业较少涉及消费税和关税，所以间接税负主要是增值税，间接税总体平均税负为 5%，低于 13%，直接税总体平均税负为 3%，远低于我国企业所得税名义税率 25%，国家的各种减税政策和优惠措施对吉林省汽车零部件企业有所惠及。相关性分析中，直接税负和总税负之间存在较高的相关性，而间接税负和总税负之间相关性较低，因为吉林省汽车零部件企业经营特点和发展状况，税负以企业所得税等直接税为主，间接税相对占比较低。

表 6–18、表 6–19 为分收入企业变量之间相关性分析，收入较高的企业，其直接税负和总税负之间存在更高的相关性，可能是因为随着企业收入的增加，所得税在总税负中所占的比重也随之增加。

表 6–20 全体企业回归部分显示了不区分收入所有企业的回归结果，结果显示总税负和直接税的 p 值分别通过了 1% 和 5% 的显著性检验，表明总税负和直接税负显著影响着企业营业收入增长率的变动，因此总税负和直接税对吉林省汽车零部件企业发展影响显著；间接税则未通过显著性检验，表明间接税对企业营业收入增长率变动的影响不明显，间接税对吉林省汽车零部件企业发展影响不显著。综上，假设 2 和假设 3 成立，假设 1 不成立。

为进一步研究税负对不同收入层次企业发展的影响，我们以 3000 万元为标志，对吉林省汽车零部件企业进行了收入划分，分为收入在 3000 万元及以下的收入较低的企业和收入在 3000 万元以上的收入较高的企业，以观察不同收入的企业税负

表 6-18　分收入变量描述性统计

变量	收入≤ 3000 万元					收入> 3000 万元				
	样本数量	均值	标准差	最小值	最大值	样本数量	均值	标准差	最小值	最大值
y	3174	0.68	2.98	−1	20.216	1235	0.59	2.43	−1	14.53
ttr	3174	0.07	0.18	−0.004	1.302	1235	0.08	0.25	0	1.895
dtr	3174	0.02	0.08	0	0.619	1235	0.03	0.14	0	1.079
itr	3174	0.06	0.15	−0.058	0.993	1235	0.03	0.05	−0.019	0.359
alr	3174	0.47	0.52	−0.001	2.566	1235	0.45	0.61	−0.05	3.453
tar	3174	1.29	3.64	0	26.612	1235	1.28	3.43	−0.943	24.923
ropc	3174	−0.05	0.24	−1.065	0.458	1235	−0.04	0.26	−1.145	0.682
ec	3174	7.21	35.92	−37.429	272.681	1235	6.16	33.17	−68.535	253.609
cpr	3174	0.57	0.78	0	5.375	1235	0.6	0.79	0	5.394

注：① $N_{收入\leqslant 3000万}$=28 566；$N_{收入>3000万}$=11 115。绝对值大于等于 0.001 的相关系数均在 1% 的水平下是显著的。

② $N_{收入\leqslant 3000万}$=28 566；$N_{收入>3000万}$=11 115。绝对值大于等于 0.001 的相关系数均在 1% 的水平下是显著的。

表 6-19　分收入相关性分析

	变量	*y*	*ttr*	*dtr*	*itr*	*alr*	*tar*	*ropc*	*ec*
收入≤3000万元	*y*								
	ttr	−0.0044							
	dtr	0.0091	0.7736*						
	itr	0.0034	0.0045	0.0086					
	alr	0.1033*	0.1389*	0.1174*	0.0116				
	tar	0.1371*	0.0042	0.0016	0.0048	0.0840*			
	ropc	0.0811*	−0.1546*	−0.1739*	−0.0161	−0.1980*	0.1014*		
	ec	0.7343*	−0.0009	−0.0066	0.0035	0.0846*	0.1127*	0.0435*	
	cpr	0.1485*	0.5822*	0.5681*	0.0329	0.2323*	0.2057*	−0.2710*	0.1102*
收入>3000万元	*y*								
	ttr	−0.0169							
	dtr	0.0107	0.8372*						
	itr	0.0215	0.0274	0.0183					
	alr	0.0579	0.1210*	0.0911*	0.0382				
	tar	0.1663*	0.0035	0.006	0.0391	0.0676			
	ropc	0.1124*	−0.1288*	−0.1346*	−0.0156	−0.1745*	0.1068*		
	ec	0.6623*	0.0589	0.0352	0.0255	0.048	0.1132*	0.0576	
	cpr	0.1318*	0.6195*	0.5937*	0.0502	0.1562*	0.2028*	−0.2528*	0.0988*

表 6-20　分收入面板混合 ols 回归结果

变量	全体企业		收入≤ 3000 万元		收入> 3000 万元	
	模型（1）	模型（2）	模型（1）	模型（2）	模型（1）	模型（2）
dtr（直接税负）		-0.930** -0.377		-0.582 -0.525		-1.302*** -0.47
ttr（总税负）	-0.915*** -0.179		-0.502** -0.236		-1.505*** -0.262	
Itr（间接税负）	-0.0395 -0.215		-0.0199 -0.229		-0.0458 -1.033	
alr（资产负债率）	0.196*** -0.053	0.190*** -0.053	0.220*** -0.07	0.218*** -0.07	0.131 -0.085	0.111 -0.086
tar（应收账款周转率）	0.0172** -0.008	0.0204** -0.008	0.00984 -0.01	0.0112 -0.01	0.0324** -0.016	0.0411*** -0.016
ropc（成本费用利润率）	0.838*** -0.118	0.817*** -0.118	0.808*** -0.154	0.802*** -0.154	0.937*** -0.206	0.880*** -0.208
ec（弹性系数）	0.0553*** -0.001	0.0555*** -0.001	0.0607*** -0.001	0.0608*** -0.001	0.0469*** -0.002	0.0468*** -0.002
cpr（成本费用率）	0.399*** -0.047	0.325*** -0.046	0.357*** -0.059	0.323*** -0.058	0.539*** -0.088	0.369*** -0.086

续表

变量	全体企业		收入≤3000 万元		收入＞3000 万元	
	模型（1）	模型（2）	模型（1）	模型（2）	模型（1）	模型（2）
Constant（常数项）	0.00944 -0.041	0.00695 -0.04	-0.00558 -0.052	-0.00872 -0.05	0.0445 -0.077	0.0607 -0.073
Observations	4420	4420	3174	3174	1235	1235
R 方值	0.554	0.552	0.575	0.574	0.471	0.461

注：括号内为标准差。

对其发展的影响。表 6–21 显示，收入较低的企业总税负平均值为 7%，最小值为–0.40%，最大值为 130.20%；直接税负平均值为 2%，最小值为 0，最大值为 61.90%；间接税负平均值为 6%，最小值为 5.80%，最大值为 99.30%。收入较高的企业总税负平均值为 8%，最小值为 0，最大值为 189.50%；直接税负平均值为 3%，最小值为 0，最大值为 107.90%；间接税负平均值为 3%，最小值为–0.02%，最大值为 35.90%。

表 6–21　分收入面板混合 ols 回归结果

税负	相关信息	全体企业	收入≤ 3000 万元	收入＞ 3000 万元
总税负	税负平均值	7%	7%	8%
	最小值	−0.10%	−0.40%	0
	最大值	135.20%	130.20%	189.50%
直接税负	税负平均值	3%	2%	3%
	最小值	0	0	0
	最大值	66.70%	61.90%	107.90%
间接税负	税负平均值	5%	6%	3%
	最小值	−4.30%	5.80%	−0.02%
	最大值	87.70%	99.30%	35.90%

可以看出，在总税负和直接税负上，收入高的企业重于收入低的企业；在间接税负上，收入低的企业重于收入高的企业。所得税具有累进性，增值税具有累退性，所得税基于企业利润征收，因此收入规模大的企业总税负和直接税负更高。而增值税基于增值额进行征税，与企业收入规模关系不大，因此就会出现数据所示情况，企业收入较低但承受间接税负较高。这可

能是由于小企业议价能力较差，增值税流转环节不完善等。综上，随着企业收入规模的扩大，总税负和直接税负上升、间接税负有所下降。

表 6–21 分收入回归结果显示，低收入企业和高收入企业总税负分别通过 5% 和 1% 的显著性检验，总税负标准化回归系数分别为–0.502和–1.505，故可以推断，每降低 1% 总税负，收入较低企业营业收入增长率提高 50.2%，收入高的企业营业收入增长率提高 150.5%，证实假设 3 成立，总税负对吉林省汽车零部件企业发展的影响显著。不论收入高低间接税负均未通过显著性检验，表明间接税对营业收入增长率变动的影响均不显著，假设 1 不成立。间接税对企业发展的影响不显著；收入在 3000 万元以下的企业直接税负未通过显著性检验，收入在 3000 万元以上的企业直接税负通过 1% 的显著性检验，表明收入高的企业的直接税负显著影响营业收入增长率变动，收入低的企业的直接税负对营业收入增长率的变动影响不显著，可推断，企业收入越高，直接税负对企业发展的影响越大。直接税显著影响着企业的发展。假设 2 成立。

四、政策建议

由上述分析可知，第一，总体税负和直接税负对吉林省汽车零部件企业发展的影响是显著的，间接税负对企业的发展影响是不显著的。第二，总体税负和直接税负和企业营业收入增长率呈现显著的负相关关系。第三，随着企业收入规模的扩大，总税负和直接税负均上升，间接税负有所下降。第四，直接税仅对收入在3000万元以上的收入高的企业发展影响显著，对低收入企业发展影响不显著，且企业收入越大，每降低1%的直接税，营业收入增长率增加得越多。

研究显示，税负对吉林省汽车零部件企业经营能力是有影响的，而且影响程度不一样。总体税负和直接税负对企业发展的影响作用显著，总税负和直接税负都和企业营业收入增长率呈现显著的负相关关系。间接税则对企业营业收入增长率的影响不显著，由于我国间接税价外税的特性，企业并不实际承担这部分税收，因此间接税负对企业发展没有显著影响。这个结论也正契合了目前税制改革着力点，即加快企业所得税的改革以降低企业税负，最大限度地减轻直接税对企业发展的不利影响。

企业所得税是吉林省汽车零部件企业负担的一大直接税负。首先，在税率方面，我国企业所得税法定税率25%，企业总税负偏重。随着企业收入规模的扩大，税负影响愈加显著。目前企业所得税优惠大力推进，可以专门制定一个高新技术企业标准，针对吉林省汽车零部件企业中符合这个标准的企业，适用一个更为优惠的所得税税率，比如9%或者更低，以降低企业随着收入逐渐增长带来的税负压力。关于这个标准的制定，可以放宽其认定条件，如降低企业高新技术产品占收入的比重要求和科技人员占职工人数的比重要求，研究一个更低更有效的占比，降低企业准入条件，让更多的企业都能符合条件享受到这个优惠政策，从而享受政策优惠降低企业税负，用更多的资金去投资、升级、生产和发展。

其次，在费用扣除方面，企业的发展需要资金，从外部融资是有效路径之一。可以在现有基础上进一步加大企业利息费用扣除力度，鼓励企业对外融资，使企业可以拥有更多的资金用于发展。税收优惠和补贴政策是另一有效路径。目前的研发费用加计扣除政策已经考虑到了研发过程的政策支持，但是创新研发是一个长期且需要大量投入的过程，需要不断试错，试错成本较高，可以考虑进一步加大研发费用加计扣除比例，以及在形成成果后不仅给予加计扣除奖励，还给予减计收入等措施鼓励，具体实施细则有待进一步探讨。作为一项重要的税收优惠政策，研发费用加计扣除对促进企业的作用不可忽视，鉴于汽车零部件行业研发是一个阶段性的过程，企业增加研发，引进技术、人才以及购买专利都需要资金，会使企业成本陡增，此时税收优惠发挥的作用减弱，财政补贴政策凸显。将税收优惠政策和财政补贴政策结合起来，优劣互补，保证企业在创新研发过程的每个时期都保证有政策给予支持，或许会有更好的效果。

再次，在固定资产加速折旧方面，汽车零部件制造企业涉及的固定资产主要有注塑机、液压机等生产设备，我国固定资产中生产设备计算折旧最低年限为 10 年，目前对于价值不超过 500 万元的固定资产，允许企业一次性计入当期成本并在计算应纳税所得额时扣除，对于汽车零部件企业来说，这是一大利好政策。汽车零部件制造企业的生产对大型机器设备需求性高，加速折旧政策大大降低了企业的税负。可以在保持现有优惠的基础上，进一步加大税前扣除比例，同时对于企业新购进的机器设备，按照一定比例加大其进项税抵减额。

个人所得税在吉林省汽车零部件企业承受的直接税占比中也较大。在很长一段时间里，吉林省的人才流失都较严重，这值得我们深入思考并采取措施予以缓解。除了传统的个人所得税法规定的准予扣除项目，可以单独为汽车行业的专业技术人员设置特殊的税前扣除项目，进一步减轻其负担，起到激励作用。对于高端专业技术人员的个人所得税税率，可以给予适当降低，甚至免除。对于取得重大研发成果的高端科研人才，可以免征部分个人所得税，以鼓励越来越多的专业人员投入研发队伍，同时对其研究取得的成果也给予相应的优惠政策。当然，仅仅依靠个人所得税给予的减免照顾以及税收优惠政策的支持是不够的，可以增加财政补贴，运用最直接最有效的方式留住人才，对专业技术人员给予财政补贴，增强人才黏性，继续推进为其安排住房、帮其配偶找到工作等措施，或者夫妻双方中的一方来吉林省的本地零部件企业工作，另一方也可以进该企业工作，为其子女安排学校，解决后顾之忧，这样就可以留住更多的人才，减少人才的流失，鼓励其长期留在吉林省发展。

最后，在其他税种上，我们也仍有努力的空间。当前中央推行车购税减免优惠政策，促进了汽车销量的增长，吉林省可以通过制定特色政策来进一步发挥其优惠效果，比如对新能源汽车进行购买补贴、设置购买抽奖等方式来促进汽车消费，促进汽车行业的发展。当然，这些措施仍有待进一步探讨。

第五节　节能环保设备行业

一、影响节能环保设备行业企业的税收优惠政策

1. 企业所得税

2018 年以来实施的组合式税费支持政策，既着重帮扶重点困难行业纾困解难，又同时侧重加大创新激励的税收优惠政策的实施力度，以助力我国经济高质量发展的目标。

首先，加大研发费用税前加计扣除的实施力度，即对科技型中小企业开展研发活动中实际发生的研发费用，未形成无形资产计入当期损益的，在按规定据实扣除的基础上，自 2022 年 1 月 1 日起，再按照实际发生额的 100% 在税前加计扣除；形成无形资产的，自 2022 年 1 月 1 日起，按照无形资产成本的 200% 在税前摊销。同时，现行适用研发费用税前加计扣除比例 75% 的企业，在 2022 年 10 月 1 日至 2022 年 12 月 31 日，税前加计扣除比例提高至 100%。对于节能环保行业来说，创新能力是十分重要的，因此该类企业在日常经营过程中投入研发的耗费也相对较大，所以研发费用加计扣除大大降低了企业的研发成本，一方面有利于降低企业的负担，另一方面也有利于鼓励企业投入研发创新，优化产出结构，促进我国的绿色发展。

其次，加大对小型微利企业的税收优惠力度，即对小型微利企业年应纳税所得额不超过 100 万元的部分，在 2021 年 1 月 1 日至 2022 年 12 月 31 日，阶段性暂按 12.5% 计入应纳税所得额，自 2023 年 1 月 1 日起恢复按 25% 计入应纳税所得额，并按

照20%的税率计算缴纳企业所得税；而对于小型微利企业年应纳税所得额超过100万元但不超过300万元的部分，将原有的减按50%调整为减按25%计入应纳税所得额，并按20%的税率缴纳企业所得税。

再次，加大中小微企业设备器具税前扣除力度，即对中小微企业2022年度内新购置的单位价值500万元以上的设备器具，折旧年限为3年的可选择一次性税前扣除，折旧年限为4年、5年、10年的可减半扣除。虽然本节中选取的案例并非中小微企业，但是针对中小微企业设备器具税前扣除的优惠政策，确实有利于节能环保行业中从事净水等其他污染防治的企业降低成本，帮助其纾困解难。

从次，为了鼓励污染防治企业的专业化、规模化发展，更好支持生态文明建设，对符合条件的从事污染防治的第三方企业减按15%的税率征收企业所得税。此外，为支持高新技术企业和科技型中小企业发展，延长了高新技术企业和科技型中小企业亏损结转年限，即自2018年1月1日起，当年具备高新技术企业或科技型中小企业资格的企业，其具备资格年度之前5个年度发生的尚未弥补完的亏损，准予结转以后年度弥补，最长结转年限由5年延长至10年。亏损弥补年限的延长，从横向上实现了企业的税负均衡，同时也避免了企业因为本身生产特点而遭受不应有的税收负担。例如本节选取的节能环保行业的企业，前期研发的投入相对较大，整个生产周期也相对较长，因此如果亏损弥补年限较短，企业就很难弥补以前年度形成的亏损，从而阻碍企业发展；而延长亏损弥补年限，能够大大降低这些前期投入较大的企业的税收负担，实现横向税负均衡。

又次，对于企业购置并实际使用《环境保护专用设备企业所得税优惠目录》规定的环境保护专用设备的，该专用设备的投资额的10%可以从企业当年的应纳税额中抵免；当年不足抵免的，可以在以后5个纳税年度结转抵免。对于环境保护专用器具设备的税额式减免政策，一方面有利于鼓励企业购入更加环保的设备，另一方面也有助于降低从事节能环保相关项目的企业税费成本，从而实现激励其发展的目的。

最后，企业从事符合条件的环境保护项目的所得，自项目取得第一笔生产经营收入所属纳税年度起，第一年至第三年免征企业所得税，第四年至第六年减半征收企业所得税。这种针对特定收入而实行的减免，增加了企业从事该类项目的经济效益，也有助于鼓励更多企业参与相关项目之中。

2. 增值税

增值税与节能环保行业相关的减税降费政策大致可以总结为“退”“降”“免”这三个字的组合。

首先是实打实地“退”。大力改进了增值税留抵退税制度，将先进制造业按月退还增量留抵税额的政策范围扩大到所有小型微利企业和六个重点行业，并作为一项长期性政策，极大减少了对于企业流动资金的占用，使得企业能够更好地支配企业的资金。同时，自2022年3月1日起，增值税一般纳税人销售自产的资源综合利用产品和提供资源综合利用劳务，可享受增值税即征即退政策，同样降低了企业的税收负担。

其次是针对性地“降”。2022年1月1日至3月31日，将小规模纳税人增值税征收率由3%降至1%，4月1日至12月31日实施小规模纳税人免征增值税政策。此外，2023年1月1日至2023年12月31日，小规模纳税人企业由征收率3%减按1%征收，有利于小规模纳税人在后疫情时代及时调整自身发展，渡过难关。

最后是“免”。对纳税人从事污水处理劳务项目取得收入的，可以选择享受增值税即征即退政策，或选择享受免征增值税政策。此外，纳税人从事污水处理厂出水、工业排水（矿井水）、生活污水、垃圾处理厂渗透（滤）液等项目生产再生水，同样可以选择享受增值税即征即退政策，或选择享受免征增值税政策。

此外，对北京市、天津市、山西省、内蒙古自治区、河南省、山东省、四川省、陕西省、宁夏回族自治区的取用污水处理再生水的单位和个人取用污水处理再生水，以及采油排水经分离净化后在封闭管道回注的，免征水资源税。

二、案例分析与讨论

1. 案例选取

北京BSY科技股份有限公司（以下简称：BSY）创办于2001年，属于高新技术企业，于2010年在深交所创业板上市，已经成为创业板上市公司龙头股之一。

目前BSY公司总资产逾700亿元，已发展为中国环保行业、水务行业标杆企业、全球领先的膜装备生产制造商和供应商之一，业务包括污水净化等，位列“全球水务50强”中的第 36 名。2021 年公司实现营业总收入 952 878.14 万元，较 2019 年下降 0.72%。同时，公司实现归属于上市公司股东的净利润 58 380.82 万元，较 2019 年下降 48.93%；实现归属于上市公司股东的扣除非经常性损益的净利润 53 826.78 万元，较 2019 年下降 36.50%。此外，截至 2021 年 12 月 31 日，公司的资产总额为 7 083 119.41 万元，与 2019 年 12 月 31 日相比上涨 2.75%。公司 2021 年主要财务数据如表 6–22 所示。

表 6–22　2021 年 BSY 公司主要财务数据（单位：元）

	2021 年	2020 年	变化率（%）
营业收入	9 548 781 385.33	9 617 575 765.71	–0.72
净利润	583 808 154.03	1 143 219 967.58	–48.93
每股净资产	6.97	6.55	–36.50
每股收益	0.19	0.36	–47.22
资产总额	70 831 194 093.10	68 938 425 459.58	2.75

资料来源：BSY 公司 2021 年报。

2. 减税政策对企业税费负担影响

BSY 公司 2017—2021 年的税收负担情况如表 6–23 所示，税费率变动情况如图 6–13 所示。总体而言，在近些年减税降费政策的影响之下，公司的税收负担率大致呈现下降的趋势。可以发现，公司 2018 年的税收负担较 2017 年显著下降，这主要归功于 2018 年我国开始实施大规模、普惠性的税费支持政策。在这一阶段，在企业所得税方面，我国大范围放宽了可享受企业所得税优惠的小型微利企业的认定标准，更是加大了企业所得税的税收优惠力度，同时也提高了企业购入仪器设备税前扣除上限。在增值税方面，将增值税的基本税率下调至 13%，并且全面试行期末留抵退税政策。虽然在 2020 年税费负担率有暂时的小幅度上升，但是从整体趋势而言，公司的税收负担仍然是在逐渐下降的。

表 6-23　2017—2021 年 BSY 公司税收负担情况表（单位：亿元）

年份	营业总收入	税收总额	税收负担占营业总收入比重（%）
2017	137.67	5.92	4.30
2018	115.18	3.43	2.98
2019	122.55	3.47	2.83
2020	96.18	3.17	3.30
2021	95.49	2.41	2.52
平均	113.41	3.68	3.24

资料来源：BSY 公司 2017—2021 年报。

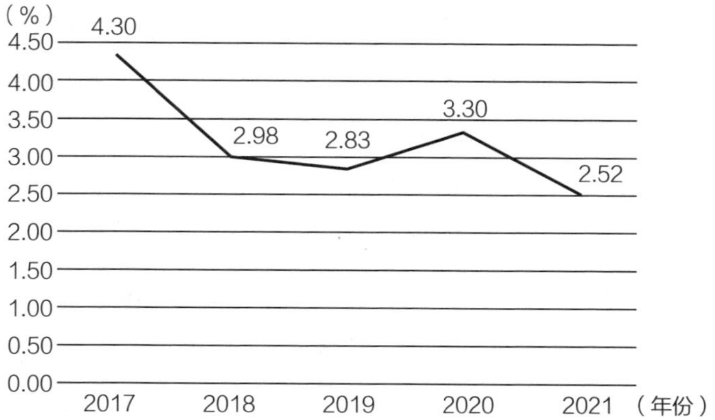

图 6-13　2017—2021 年 BSY 公司税费率变动图

3. 减税降费对企业财务状况影响

其一，偿债能力。

企业在生产经营过程中，往往会通过借款的方式来满足企业日常经营或者扩大生产对于资金的需求。本节选取流动比率和资产负债率两个指标，分别从短期和长期两个方面来衡量BSY公司的偿债能力，详细情况见图6–14。

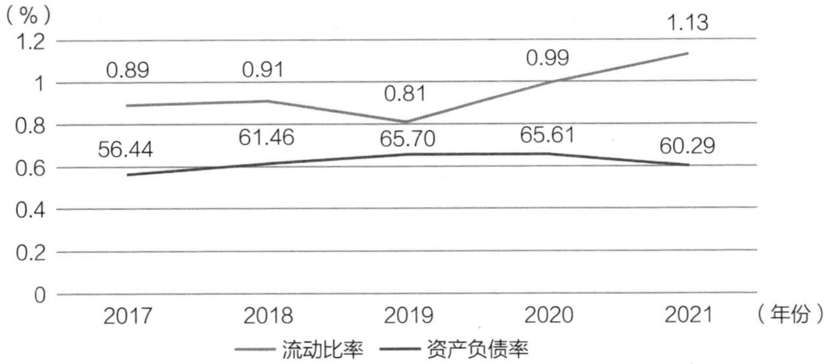

图6–14　BSY公司2017—2021年偿债能力指标变化图

流动比率等于流动资产对流动负债的比值，一般用以衡量企业流动资产在短期债务到期前，变现金用于偿还债务的能力。由上文图6–13可知，企业的流动比率大致成上升的趋势，由2017年的0.89上升至2021年的1.13，表明公司的资产的变现能力逐渐增强，企业短期的偿债能力也在随之逐年增强。但在2019年，公司的流动比率存在着暂时的下降。2019年增值税的税率下调3%，使企业当年的应交增值税减少，那么相应地也会减少对企业流动资金的占用，所以从理论上来说，当年公司的流动比率应该会有上升。但是从企业年报得知，公司在当年的应付账款与应付票据等增加，使得企业流动负债上升，因此使得企业的流动比率出现暂时下降的现象。

资产负债率等于企业负债总额与资产总额的比值，可以反映出在企业全部资产中属于负债的比率。由上文图 6–14 可知，公司的资产负债率指标大致呈现先缓慢上升再轻微下降的变化趋势，即从 2017 年的 56.44% 上升至 2019 年的 65.70%，再降至 2021 年 60.29%。一般来说，企业的资产负债率越高，那么企业的长期偿债能力相对较差；反之，资产负债率指标越低，那么企业的偿债能力相对较强。因此，公司的偿债能力是在缓慢上升的。

可见，在减税降费政策的影响之下，尤其是在增值税和企业所得税优惠政策的大力扶持之下，公司的应交税费等减少，使得负债减少、资产增加，加强了公司的偿债能力。

其二，赢利能力。

企业生产经营的最主要目的就是获得利润，因此除了企业的偿债能力，赢利能力同样是能够代表企业财务状况的指标。本节主要选取权益净利率、总资产利率和营业净利率这三个指标在 2017—2021 年的变动情况，来分析 BSY 公司的赢利能力，详细情况可见图 6–15。

由图 6–15 可知，公司在 2017—2021 年，权益净利率、总资产利率以及营业净利率这三个指标的变动趋势是大致一样的，即在 2017 年至 2018 年大幅下降，在 2018 年至 2020 年保持相对平稳，可能存在小幅度的上升或下降的变动，在 2020 年至

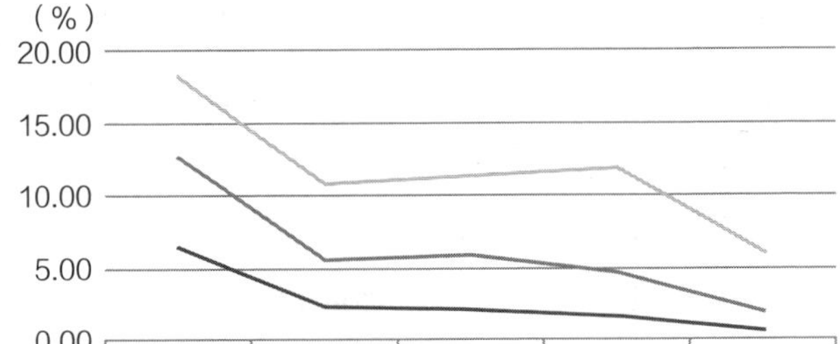

	2017	2018	2019	2020	2021 （年份）
权益净利率（%）	12.62	5.70	5.98	4.82	2.08
总资产利率（%）	6.48	2.43	2.22	1.68	0.84
营业净利率（%）	18.22	10.81	11.27	11.88	6.12

权益净利率　总资产利率　营业净利率

图 6-15　BSY 公司 2017—2021 年赢利能力指标变化图

2021 年，三个指标都呈现出下降的趋势。

权益净利率是企业净利润与股东权益的比率，同时也是衡量上市公司赢利能力的指标之一，指标越高，那么企业所有者权益的获利能力越强，越低则说明投资带来的收益也越低。由图 6-15 可知，2021 年，公司的权益净利率为 2.08%，表明其赢利能力较弱。

总资产利率是企业净利润与平均资产总额的比率，可以反映企业运用其全部资产所获得利润的水平，该指标越高，那么企业的赢利能力越好。此外营业净利率，是企业净利润与营业收入的比率，该指标同样也是数值越高，企业的获利能力则越强。但由图 6-15 可知，在 2021 年公司的总资产利率为 0.84% 而营业净利率为 6.12%，两个数值都属于较低的水平。

由上可知，减税降费政策对于企业的赢利能力并没有显著的提升效果，不排除是因为疫情影响以及政策落实不到位等各种因素，导致 BSY 的净利润逐年下降，进而影响了企业的赢利能力。

其三，营运能力。

企业的营运能力是企业通过运用各项资产以获取利润的能力，本节主要采用总资产周转率和应收账款周转率这两个指标来衡量分析 BSY 公司的营运能力，详细情况见图 6–16。

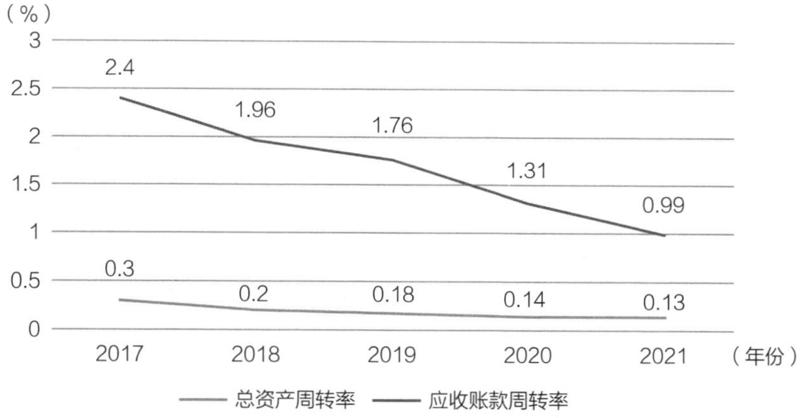

图 6–16　BSY 公司 2017—2021 年营运能力指标变化图

由图 6–16 可知，BSY 企业在 2017 年至 2021 年的应收账款周转率逐年下降，并且下降的幅度较大，而企业的总资产周转率呈现缓慢下降的趋势，相对来说变化的幅度并不大。

总资产周转率较低，表明企业周转速度较慢，相对的，企业的营运能力可能也较一般。同时，公司的应收账款周转率也比较低，表明企业的资金使用效率不高，即企业从获得应收账款的权利到收回款项所耗费的时间也较长。2019 年至 2021 年，公司的应收账款周转率大幅下降，很可能是因为疫情期间，客户按时交款的难度相对较大。同时，根据公司年报，自 2017 年起，公司的应收账款逐年上升，从 2017 年的 45.80 亿元上升至 2021 年的 96.85 亿元，所以坏账的风险和损失也会相应增大。

此外，公司的总资产周转率也一直保持较低的状态，表明其资产的投资规模与企业销售水平之间并不匹配，根据公司 2017 年至 2021 年的年报，企业的资产数额从 2017 年的 456.37 亿元上升至 2021 年的 708.31 亿元，尤其是固定资产，自 2017 年的 5.19 亿元以后就一直保持在 6.5 亿元左右，一方面是因为企业的主营业务设计研发等方面对固定资产的需求相对较大，另一方面国家也出台了许多与固定资产相关的税收优惠政策，例如固定资产的加速折旧，购置固定资产小于 500 万元可一次性扣除等等，所以企业对于固定资产的购入量加大，使得总资产周转率较低。

因此，根据公司的总资产周转率和应收账款周转率的指标变动，并未发现减税降费政策对于 BSY 企业营运能力起到提升作用。

其四，发展能力。

企业发展需要相应的资金支持，因此与企业的利润与收入等方面息息相关，所以本节选取了 BSY 公司在 2017—2021 年间净利润同比增长率和营业收入同比增长率两个数据的变动情况，来分析公司的发展能力变化，详细情况见图 6–17。

从图 6–17 可以看出，公司在 2017 年净利润同比增长率和营业收入同比增长率显著上升，即当年的营业收入和净利润较前一年有大幅提升，这可能与当时的“营改增”政策有关联。因为在实行营业税时，税款不得抵扣，但是在实施“营改增”之后，企业购进的项目中所包含的增值税额作为进项税额是可

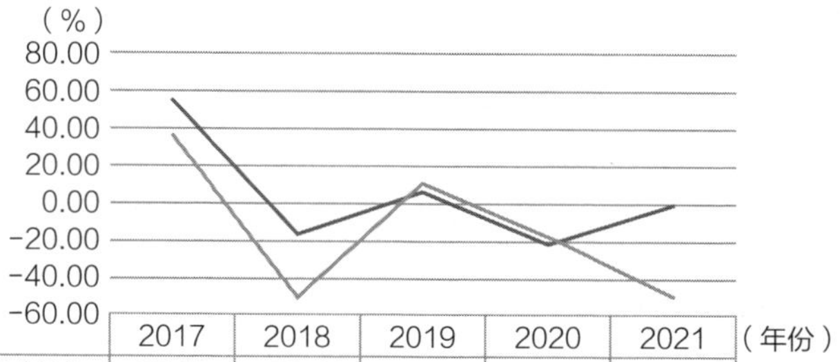

	2017	2018	2019	2020	2021
净利润同比增长率（%）	35.95	−50.41	10.94	−17.20	−48.93
营业收入同比增长率（%）	54.82	−16.34	6.40	−21.52	−0.72

图 6-17　2017—2021 年 BSY 公司发展能力指标变动图

以进行相应扣除的，因此使得企业“税金及附加”科目的数额减少，从而使利润增加。

但是在 2019 年净利润同比增长率和营业收入同比增长率存在短暂的上升之后，不管是企业的净利润还是营业收入的同比增长率都在下降，并且一直保持着负值的状态。在这段时间里，我国一直在推进新一轮的大规模的减税降费组合式政策，然而公司的净利润同比增长率和营业收入同比增长率并没有相应上升，所以就公司而言，减税降费政策可能并没有对企业的发展能力有太大的影响。

4. 减税降费对企业经营成果影响

（1）对企业利润影响。

BSY 作为一家高新技术企业，一方面可以适用企业所得税 15% 的优惠税率，另一方面可以妥善运用研发费用税前加计扣除来减少应纳税额，进而影响企业利润。

BSY 公司 2021 年的有关数据显示，利润总额为 8.35 亿元，如果没有适用高新技术企业的税收优惠税率，那么 2021 应当缴纳的企业所得税约为 2.86 亿元，但由于存在 15% 的优惠税率政策，当年企业实际缴纳的所得税为 1.72 亿元，前者与后者的差额为 1.14 亿元，显著降低了企业的企业所得税负担，提高了企业的利润总额。

除此之外，BSY 作为一家节能环保行业的高新技术企业，在日常生产经营活动中，对于研发的投入也相对较大，因此研发费用的税前加计扣除对于企业的利润也会有较大影响。如表 6-24 所示，公司在 2019—2021 年，由于存在研发费用加计扣除，分别减少所得税 0.24 亿元、0.22 亿元以及 0.26 亿元，对企业的整体利润水平产生了较大的积极作用。2022 年新推出的税收优惠政策，即 2022 年 10 月 1 日以后，将原有适用于税前加计扣除比例为 75% 全部提升至 100% 税前加计扣除，将会为企业减少更多的所得税负担，进而提升企业利润。

表 6-24　2018—2021 年 BSY 公司研发费用情况表（单位：亿元）

	2021 年	2020 年	2019 年
研发费用	2.28	1.99	2.14
75% 加计扣除	1.71	1.49	1.61
对所得税影响额	0.26	0.22	0.24

资料来源：BSY 公司 2019—2021 年报。

（2）对企业现金流影响。

一般来说，减税降费政策会增加企业的现金流。从增值税的角度来说，自 2017 年以来增值税的基本税率逐渐降至 13%，减少了企业购进货物时所承担的进项税额。另外，近年来，我国也一直在加强增值税留抵退税政策的实施力度，减少对于企业资金的占用，从而增加企业的现金流。从企业所得税的角度来说，由于 BSY 公司属于高新技术企业，因此企业可以适用 15% 的企业所得税优惠税率，同时将研发费用税前加计扣除的比例提升至 75%，减少了企业的所得税费用，也相当于国家给予企业资金支持，以鼓励企业投入研发、扩大生产。

5. 减税降费对企业财务管理的影响

对会计核算的影响：所谓税会不分家，税收政策的变动往往也伴随着会计核算方式的变动，例如增值税期末留抵退税政策的实施，就需要财会人员向税务局申请退税。此外，一些临时性的税收优惠政策是有相应的政策适用区间的，例如，在 2022 年 10 月 1 日至 12 月 31 日，将原有适用研发费用税前加计扣除比例为 75% 的全部提升至 100% 进行扣除，对于财会人员来说，就需要判断是否属于政策的适用区间，并进行相应调整。另外在新冠疫情期间，我国出台了一系列的税收优惠政策以帮助企业渡过难关，这也使得我国的税收优惠政策相对庞杂，所以对企业财会人员的素质要求也有所提升。BSY 公司在节能环保领域中属于发展成果较好的企业之一，所以企业的业务相对复杂，涉及的金额也相对较大。故企业必须建立起完善的会计核算体系，以便充分受益减税降费政策带来的红利。

对现金规划的影响如下：减税降费政策降低了企业的税费负担，相当于变相增加了企业手中的资金，尤其是留抵退税政策的加大实施，极大地减少了对于企业资金的占用，企业手中的资金增加了，相应地就会对企业自身的现金规划产生影响。例如，企业目前可支配资金增加，经营情况向好，可能相应地对于风险的偏好也会增加，更愿意将资金投入研发创新升级设备或者扩大生产，进而有助于达到政策的实施预期。

三、政策建议

减税降费政策的实施确实使 BSY 公司在部分方面受益，例如税收费用的减少以及偿债能力的提升，而且对于企业资金的占用也有所减少，但是在赢利能力、发展能力以及营运能力方面，减税降费政策似乎并没有对 BSY 公司产生显著的助力效果。因此，为了使减税降费政策更加完善，可以从企业和政策制定两个层面发力。

从企业层面来说，首先要善于运用税收筹划手段，即在合法合规的情况之下，利用减免税等税收优惠政策，同时对多个纳税方案进行优化选择，实现企业价值的最大化。其次，提升公司内部财务人员的专业素养，与时俱进地更新自身的财税知识，这样才能有效地规避企业运营风险，助力企业发展壮大。最后，企业经营的最主要目的和意图还是在于获取利润，为此要加大产品的研发力度，提升产品附加值与服务质量，方能长期经营行稳致远。

从政策制定层面来说，首先，所谓减税降费，不仅需要“减税”也需要“降费”，因此厘清涉企收费的任务刻不容缓，坚决取缔不合理的收费，同时可将与税收用途相同或类似的收费纳入税收管理，以避免重复征收导致企业的负担加重。其次，当前企业税费负担的情况是由多重因素造成的，因此对于企业税费政策的改革不能仅限于“小手术”，要着眼于更加宏观的角度，从税制入手，调整直接税与间接税之间的比例关系，从根源缓解企业的税负压力。再次，可以适当地将税收优惠政策由产业性向功能性转变，使税收优惠政策更加有针对性，例如本节中选取的 BSY 公司，属于节能环保行业，虽然近些年，我国为了实现绿色发展，一直在鼓励支持节能环保行业的发展，但是在税法中，针对节能环保行业的税收优惠政策并不突出，并且优惠政策分布较为零碎，整体性并不强，使得相关行业的企业对这些优惠政策并不是非常敏感，为此有关部门需要厘清相应的税收优惠政策，既要将该减的税减到位，也要将该征的税征到位，避免对部分纳税人存在不应有的税收优惠待遇。最后，税务机关需要相应提高纳税服务质量，简化纳税人申请减免等税收优惠的申报手续，帮助纳税人更好地运用税收优惠政策。

第六节　新医药制造业

近些年，全球对医药制造业的重要性具有了统一的认识，我国在国际市场上的竞争力较强，为了更好地提高我国的竞争力和综合医疗实力，应大力发展医药制造业。我国也通过减税降费政策对其进行宏观调控，减税的主要方式是可以通过降低税收收入占国民生产总值的比例，增加企业与个人的可支配收入，从而刺激需求。

一、新医药制造业享受税收优惠政策梳理

1. 增值税税收优惠政策

增值税是我国的第一大税种。2018 年增值税进行了相应的改革，医药制造业的增值税税率下降 1%，一方面下调了制造业的增值税税率，并针对某些特定的新医药制造业企业退还留抵税额，另一方面上调了小规模企业年销售额的标准，让更多企业享受较低的征收率的优惠政策。2019 年增值税率下降了 3 个百分点，并向税制简化方向发展。2020 年，由于新冠疫情的影响，政府对于支持相关物资供应的制造业企业，采取全额退还增值税增量留抵税额的税收优惠政策。2021 年为促进先进制造业的发展，包括医药制造业，其生产并销售“医药”的销售额占全部销售额的比重超过 50% 的纳税人可以申请退还增量留底税额。总体上普惠性的政策为将制造业税率减至 13%，进行了结构性减税。具体政策如表 6–25 所示。

表 6–25　2017—2019 年制造业增值税税收优惠政策

年份	主要政策
2017	1. 2017 年 7 月 1 日起，将增值税税率由四档减至三档，取消 13% 的税率。 2. 将农产品、天然气等增值税税率从 13% 降至 11%。
2018	1. 2018 年 5 月 1 日，纳税人发生增值税应税销售行为或进口货物，税率分别调整为 16% 与 10%。 2. 统一增值税小规模纳税人标准，将工业企业和商业企业小规模纳税人的年销售额标准由 50 万元和 80 万元统一上调至 500 万元。 3. 退还部分企业的留抵额，对装备制造等先进制造业、研发等现代服务业和电网企业一定时期内未抵扣完的进项税额予以一次性退还。

续表

年份	主要政策
2019	1. 2019 年 3 月 21 日，增值税一般纳税人（以下称纳税人）发生增值税应税销售行为或者进口货物，原适用 16% 税率的，税率调整为 13%；原适用 10% 税率的，税率调整为 9%。确保主要行业税负明显降低；保持 6% 一档的税率不变，但通过采取对生产、生活性服务业增加税收抵扣等配套措施，确保所有行业税负只减不增。 2. 出口退税率方面，原适用 16% 税率且出口退税率为 16% 的出口货物劳务，出口退税率调整为 13%；原适用 10% 税率且出口退税率为 10% 的出口货物、跨境应税行为，出口退税率调整为 9%。

2. 所得税税收优惠政策

从 2018 年至 2022 年，我国对医药制造业实施了一系列固定资产加速折旧的税收优惠政策。对于价值不超过 500 万元的单项固定资产，企业可以享受一次性税前扣除的优惠；对于价值超过 500 万元的固定资产，则允许采用加速折旧方法。此外，对于委托境外进行的新药品研发投入，企业可以将其中 80% 的费用计入境外研发费用，并在不超过国内同产品研发费用的三分之二的条件下，享受税前扣除的优惠。尽管近年来医药制造业企业的营业收入面临显著下降，国家对药品价格的严格管控，使得企业在成本控制方面表现出色，确保了利润的总体上升趋势。然而，与营业收入和营业利润相比，增值税和企业所得税的增长速度正在放缓，反映出减税降费政策的积极影响。尽管如此，医药制造业的税收负担依然较重。

2018 年，中国政府进一步出台了所得税减免优惠政策，这些政策不仅延续了以往的优惠措施，还加强了对企业的救济力度。特别是对那些从事大型创新研发项目的高科技公司，政府给予了前所未有的减税支持。新政策的实施，扩大了税收优惠的覆盖范围，实现了对企业研发成本的公平对待，有效缓解了中国制药行业在引进新技术、新产品和吸引投资资本方面的压力，显著加快了医药研发的创新步伐。

3. 国外新医药行业税收政策借鉴

在发达国家，为了鼓励不同医药制造业企业创新研发，经济合作与发展组织（OECD）中的国家对于企业所得税税收优惠的措施各有不同。比如法国采取额外税收返还方式，挪威、英国、韩国采用税收抵免方式，加拿大则是税收抵免及额外税收返还，美国和西班牙采用的是其他减免方式。

美国在联邦政府方面采取降低税率的方式，目的是加强国际税收竞争，吸引国际资本回流美国。美国生物医药产业政策的制定通常由州政府承担，这些政策明确了医药产业的短期和长期发展目标。美国州政府从多方面着手，确保医药研究机构、企业和组织能够充分利用政府资源，以支持其发展所需的关键要素。

日本作为全球第二大药品市场，在 2001 年药品市场规模已达到约 500 亿美元，其在生物科技领域的地位也仅次于美国和欧洲。日本政府明确提出以发展“基因新药”为重点目标，以此推动本国生物技术产业的突破和成长，并且对实现二氧化碳排放大幅减少的企业扣除 10% 的法人税；对导入云端数据处理的企业，在其投资份额中扣除 5% 的法人税；对引进海外金融专业的高端人才企业在继承税、法人税、所得税上享有优待；对并购（M&A）的中小企业，在新设备投资和雇佣方面享有优待。

二、案例分析与讨论

1. 案例选取

葵花药业是我国医药制造业上市公司，一直以生产规模大、配套能力强而著称，并把创新落实体现在企业的品牌建设中。以葵花药业旗下的小葵花品牌为例，它在品牌营销方面主要有两个创新：第一是通过传播创新，在传统的卫视联播策略基础上，创新线上小葵花妈妈课堂的用户平台建设，以及线下幼儿园亲子的互动活动推广，助力葵花品牌持续、快速发展。第二是 IP 化运营，通过动画片、儿歌等形式，打造小葵花形象及小葵花妈妈课堂的品牌 IP，推动小葵花成为儿童药的知名品牌。其在行业地位、产品研发、市场占有率、试验能力、生产能力方面，具有制造业上市公司的代表性。

本节选取了葵花药业 2018—2022 年五年的各项财务指标数据，见表 6–26 和表 6–27，通过对比分析 2019 年减税降费政策实施前后各项数据的变化，进行财务绩效分析，揭示减税降费政策对医药制造业的影响。

2. 财务指标分析

赢利能力分析：企业进行一切生产经营的最终目的是使利润最大化。赢利能力直接反映了企业的利润情况，也是衡量企业绩效的一项财务指标，来反映企业经营状况和经营效率。表 6–26 的数据显示，葵花药业 2020 年的总资产利润率、销售净利率、净资产收益率、净资产报酬率相比 2019 年均有些许下降，说明减税政策对公司的生产规模以及销售状况并没有

表 6-26　葵花药业 2018—2022 年各项财务指标数据

统计截止日期	应收账款周转率（次）	总资产周转率（次）	总资产增长率（%）	净利润增长率（%）	营业收入增长率（%）	所有者权益增长率（%）
2018-00-31	4.141 663	0.235 348	−0.075 182	−0.709 666	0.268 819	0.009 724
2018-06-30	5.801 673	0.520 141	0.049 561	0.293 643	−0.168 428	0.022 966
2018-09-30	8.346 375	0.708 905	0.066 021	2.771 271	0.109 597	0.018 839
2018-12-31	16.995 885	0.883 898	0.117 555	−0.463 766	0.194 211	0.076 043
2019-00-31	4.102 922	0.218 485	0.141 223	0.656 026	−0.073 559	0.145 443
2019-06-30	7.789 347	0.472 646	−0.023 47	−0.131 858	−0.372 253	0.056 897
2019-09-30	9.367 177	0.650 446	0.046 918	−0.507 495	0.576 618	0.051 09
2019-12-31	11.259 296	0.823 352	0.141 065	1.561 959	0.087 856	0.128 209
2020-03-31	2.373 927	0.169 086	−0.007 685	0.408 18	0.033 296	0.201 155
2020-06-30	5.336 138	0.335 15	0.040 113	0.028 022	−0.048 503	0.205 85
2020-09-30	7.119 426	0.452 585	0.028 811	0.994 909	−0.237 132	0.127 116
2020-12-31	27.001 947	0.677 03	0.019 498	−0.435 701	−0.171 69	0.033 936
2021-00-31	8.035 993	0.237 889	−0.013 832	−0.930 88	−0.247 26	−0.000 149
2021-06-30	14.944 623	0.387 969	−0.036 161	−0.911 032	−0.259 68	−0.087 834
20271-09-30	18.380 211	0.5536	−0.027 129	−2.441 565	0.158 735	0.003 312
2027-12-31	22.906 169	0.791 613	0.001 744	—	0.357 393	0.022 934
2022-00-31	8.620 115	0.208 604	−0.010 607	—	—	−0.063 823
2022-06-30	15.688 881	0.399 443	0.030 168	−0.646 356	−0.348 053	−0.0056
2022-09-30	16.724 854	0.532 076	0.150 56	0.620 166	0.219 438	−0.007 323

表 6-27 财务指标数据计算公式

企业赢利能力	总资产增长率	资产总额本年金额 / 资产总额上年金额-1
	净利润增长率	净利润本年金额 / 净利润上年金额-1
	营业收入增长率	营业收入本年金额 / 营业收入上年金额-1
企业营运能力	所有者权益增长率	所有者权益本年金额 / 所有者权益上年金额-1
	总资产周转率	营业收入 / 平均资产总额
	应收账款周转率	营业收入 / 应收账款平均占用额

产生显著性减税，可能是因为疫情的影响，导致整个行业都有一定的经济下滑，或者减税降费政策并没有惠及葵花药业。

营运能力分析：营运能力反映的是公司各项资产利用的效率和获取利润的能力。企业营运能力通常通过与资金周转速度的有关指标，即企业的产出额与资金占用额之比反映。指标数值高的企业，说明可以在短时间内获取更多的财富，为债务的偿还提供更多保障。2020 年，葵花药业的总资产周转率、应收账款周转率次数加快。特别是应收账款周转率，由 2018 年的 16.99 次提高到 2020 年的 22.09 次，在 2021 年为 27.00 次，各项资产的流动性在新一轮减税降费政策下加快，使得公司的运营管理水平得以提高，同时保障了公司财务的安全性。

三、减税政策对新医药制造业企业的影响

1. 减税政策对新医药制造业企业的利润影响

企业的创新需要投入大量资金，特别是医药制造业企业前期的投入更是无法想象，现金的周转不足是阻碍企业进行创新投资的主要门槛之一。企业能通过降低顾客购买成本，并且增

加产品的销售量，也就是说，税费下降可以降低企业生产成本，进而影响生产者价格。

增值税作为典型的价外税和流转税，其税率的下降并不会对企业的销售收入和利润造成直接的影响，但减税对增值税附加税（城市维护建设税和教育费附加）有一定影响，并且不得抵扣增值税进项税额的纳税人企业将直接受益。另外，减税将直接降低纳税的现金流出量，从而缓解企业的资金压力。企业要想在市场上具有较高的竞争力，必须要提高工人的生产效率，在提高产品质量的同时也要进行差异化、个性化的产品升级。但是由于医药制造业企业的资金回流有较强的滞后性，减税降费政策的实施一定程度上为企业节省了大量的支出，同时也有助于保留稳定的现金流，保障研发投资的持续性。增值税税率降低的政策，保证了医药制造企业的资金供给，还可以强化企业市场之间的竞争力。

2. 减税政策对新医药业制造业企业税负的影响

税负反映的是税收制度的核心问题，它不仅体现了政府对社会财力的集中程度，还影响着每个人的实际收入水平。理论上，减税降费会直接或间接地影响到各个行业部门的税负和生产费用，从而对价格产生广泛影响。从增值税对新医药制造业企业的税负影响方面看，增值税税负对企业来说偏高且影响最大。虽然对于增值税税负过高，企业往往采用转嫁的方式，但是这一点对于医药制造业并不适用，因为医药产品是关系到整个社会公众的生命安全的特殊商品，医药产品的生产与价格都受到了国家药品监督管理部门的严格把控，因此医药制造企业来自身承担了相当一部分的增值税税负。从医药制造业目前的税费负担现状也可以看出，其增值税税负额要远超于企业所得税的税负额。

由于企业之间的税收负担存在显著差异，我国一些高税收企业具有强烈的比较心理和差异意识，使得其在税收负担上表现出显著差异。从区域结构来看，东部地区相对发达省（市）的税收负担较低。总体而言，经济发达省（市）企业的税收不平等程度较高。在不同类型的企业类型方面，私营公司和外资公司之间的财政不平等程度显示出明显不同的趋势。

四、政策实施面临的问题

（1）实施政策的各部门之间协同性较低。

一方面，税务部门与工商局、市场监管局以及社保局等政府其他部门之间的数据共享出现了滞后性，加上信息传递并不及时，使得各部门之间的工作内容出现了交叉。另一方面，税费的核算口径出现了差异，税务部门和社保部门各自对于税费的统计口径的不同，导致核算出现了混乱。另外，税收政策宣传难以实现全面覆盖，原因在于部分单位对减税降费政策宣传解读并不到位。即使既重视漫天撒网式的开展宣传，又精准培训辅导，由于企业内部财务人员的流动性和个人素质参差不齐，一些企业对减税相关政策还是缺乏全面了解。同时，税收政策的内容变化迅速、期限短，这要求企业财务人员对税收制度非常熟悉，才能有效践行税收制度，减轻企业的税收负担。

（2）税收优惠政策的更新有时滞性。

政府强调减税降费政策要落地生根，让企业轻装上阵，但是税收政策的颁布不可避免地出现时滞性。税收政策时滞，是指政府从认识问题、制定税收政策、政策的实施、最终解决问题之间的时间差滞。它的存在，不同程度地影响了税收政策的实施效果，严重的甚至还会导致更新政策的无效。医药制造业企业的体量一般都比较大，应对政策上的改变也慎之又慎，所以导致投资和消费计划在短时间内很难出现变化。同时，部分税收优惠政策在落地时存在瓶颈，比如增值税留底退税申报程序烦琐，到账时间较长，影响企业的正常报税；非税收入减免优惠政策文件上下协调沟通不畅，文件传送时间较长，致使部分收费项目未能及时落实相关政策文件。

（3）税收优惠政策缺乏针对性。

现在的税收优惠对象是面向所有符合扣除、减免等优惠标准的企业，由于现在的新医药制造业属于战略性的新兴产业，大部分企业还处于初级阶段和成长阶段，若优惠政策中缺少专门针对该产业特点的政策，那么并不会降低企业发展道路上的风险，缺乏对一些特殊企业创新发展效率的激励效应。

五、政策建议

首先，强化各部门间的协同共治机制。实施和执行减税降费相关政策需要不同部门之间的合作，以及社会各组织的协作。为了降低企业的生产成本，有必要支持财政政策，协调货币政策和其他社会政策。可以建立一个更全面的信息交流平台，允许不同部门和级别之间的信息交流，并消除信息壁垒。但在保障涉税信息质量的同时，也要保证数据的安全性、准确性、时效性，对于出现信息泄露的部门以及人员，一旦发现，必须严惩，避免出现板子高高举起而又低低放下的现象。

完善工作机制，细化各部门的工作范围和职责。制订督查计划，拓宽监督渠道，搭建监督平台，畅通企业与政府之间的交流渠道，广泛吸取企业的意见和建议。各级税务机关要严格遵守工作机制，在日常工作中要明确责任主体，梳理任务清单。各级部门可以建立全面的涉税信息目录，协同共治机制的重点部门可以进行细致的职责分工和管理权限，在规定期限内及时上传并共享涉税信息，使国家出台的政策可以惠及并落实到企业和社会的各个方面。

其次，实时落实政策，不断优化营商环境。实施减税降费政策是一项系统性工程，需要税务机关与各级地方政府、财政等相关部门的密切协作和共同努力。税务机关应主动加强与地方党委和政府的沟通汇报，确保减税降费政策得到有效实施。同时，建立一个由政府主导、社会参与、民众监督的三位一体监督体系，通过内外监督相结合的方式，确保政策执行的透明性和公正性，让违法行为无处遁形。此外，税务机关还需定期向监督部门报告减税降费政策的执行情况，积极接受指导，不断改进工作方法，以赢得社会各界的广泛理解和支持。

为了确保减税降费政策精准落地，特别是对制造业等关键领域，必须坚持“两个毫不动摇”的原则，完善投诉举报机制和奖惩制度。通过简政放权、放管结合、优化服务的改革措施，深化税务系统的更新与完善，降低制度性交易成本，搭建企业信息服务平台，减少企业费用性成本。此外，还需不断提高政策响应速度，优化服务流程，加快金融智能化步伐，简化和更新程序，提升执法标准化水平，全力营造一个精简高效的办税缴费环境。通过及时发布相关信息，扩大社会共识，减轻舆论压力，为税制改革创造一个更加优化的外部环境。

最后，完善针对某些特定企业的税收优惠政策。当前，医药制造业因其行业特殊性，未能充分享受到现有税收优惠政策的红利。应在顶层设计上对税收优惠政策进行完善，确保政策能够贴合医药制造业的实际需求。这需要综合考量企业规模、地区工资水平、经济发展状况等关键因素，制定出既灵活又合理的过渡性收费标准，以实现税收优惠政策的精准落地。

针对高新技术企业，尤其是医药制造业，建议政府出台更为精准的税收激励措施。例如，对于符合条件的职工培训费用，政府应考虑在计算企业所得税时允许全额扣除，特别是对研发人员的培训支出，也应给予同样的税收优惠。这样的政策调整，将有效降低企业的税收成本，同时鼓励企业员工提升专业素养，增强企业的研发创新能力。

对于小微企业，建议进一步扩大税收优惠政策的覆盖范围。可以将小微企业的人工成本纳入加计扣除范围，并提高研发成本、固定资产投资的加计扣除比例。同时，应放宽税收政策的适用条件，使更多企业能够享受到政策红利。此外，对于新药特药的研发建议完善减免税政策，对医药制造企业自主研发的特殊药品免征增值税，或在生产和流通环节给予增值税减免。

这将有助于减轻医药制造业在新药和特殊药物研发上的税收负担，激发制药行业的创新动力和自主开发能力，进而保障人民健康，促进社会稳定与和谐。

第七节 小结

本章通过实证研究和案例分析，深入研究了减税政策对医疗器械、食品饮料、绿色能源、汽车零部件、节能环保设备和新医药制造业的影响，揭示了减税政策对第二产业部分行业企业发展的积极作用，并指出了实施过程中存在的问题和挑战，提出了相应的政策建议。

医疗器械行业：减税政策通过降低企业税负，提高了企业的赢利能力和偿债能力，对企业的发展能力有显著正面影响。建议加大增值税减免力度，增加研发费用税前扣除额度，优化关税政策，延长企业所得税优惠期限。

食品饮料行业：减税降费政策对食品饮料企业的偿债能力和赢利能力有正向影响，但对经营能力和发展能力影响不显著。建议推动留抵退税政策，提高广告宣传费的扣除限额，加大对食品安全违规企业的惩罚力度。

绿色能源行业：减税政策对绿色能源企业的赢利能力和发展能力有正面影响，但对偿债能力的影响不显著。建议实施靶向优惠政策激发企业创新活力，因地制宜制定差异化减税政策，兼顾税收政策长短期效应，并按需提供财税服务。

汽车零部件行业：减税降费政策对汽车零部件企业的发展有积极作用，尤其是对高收入规模的企业影响更为显著。建议降低企业税负，提高研发费用加计扣除比例，加强政企校合作，提升人才培养和招商引资力度。

新医药制造业：减税政策对新医药制造业企业的利润和税负有积极影响，但也存在实施协同性低、政策更新时滞、缺乏针对性等问题。建议强化部门间协同，实时落实政策，完善特定企业的税收优惠。

综上所述，减税政策对第二产业部分行业的发展起到了促进作用，尤其是在激发企业创新活力、提升赢利能力和偿债能力方面效果显著。然而，实施过程中的协同性问题、政策时滞性以及缺乏针对性等问题仍需解决。政府应进一步优化税收政策，提高政策的透明度和执行力，同时企业也应积极响应政策导向，加强内部管理，提升竞争力。政府和企业共同努力，推动第二产业实现高质量、可持续发展。

7

第七章

减税对第三产业部分行业影响分析

第三产业是现代经济的重要组成部分，包括商贸、金融、服务业等多个领域，对于促进经济增长、提升就业率和改善人民生活水平具有不可忽视的作用。而减税作为一种常用的财政政策手段，可以对第三产业的发展产生积极影响。

金融服务业和房地产行业在第三产业中都扮演着重要的角色。金融服务业是经济运行的血液，为实体经济提供资金支持和风险管理。它涵盖了银行、证券、保险、基金、信托等多个领域，对于企业的融资、投资、风险管理以及个人的财富管理都至关重要。同时，金融服务业也是国家宏观经济调控的重要手段，可以推动经济结构调整和优化。房地产行业是社会经济发展的基础产业，对于拉动消费、促进投资、带动相关产业链发展具有重要作用。房地产行业不仅提供了居住和商业用地，也为建筑、装修、家具等行业提供市场需求。此外，房地产市场的波动对整个经济体系都具有一定的影响力，因此也被视为经济运行的晴雨表之一。

基于上述原因，本章选取了上述三个典型行业上市公司开展相关研究，力求投过现象看本质，得出规律性结论，为税收政策制定出谋划策。

第一节　金融服务行业

一、金融企业发展现状分析

在 2016 年 5 月全面实施“营改增”后，金融业加入“营改增”范围，金融企业在 2016 年至 2018 年减税程度较大，金融企业得到了快速发展的空间，其生产总值较营改增前增长幅度变大。虽然在 2019 年，金融企业整体的税收支出又涨至 8875.7 亿元，但其总体的税收负担率仅为 11.64%，与“营改增”后的税收负担率相比，除了比 2018 年上升 0.75%，都明显低于其他年份的税收负担率，远低于“营改增”政策前近 15% 的税负率。

许多学者运用各式各样的研究方法研究“营改增”对金融企业的影响。有学者通过发放调查问卷、参加现场座谈等方式研究，发现“营改增”后金融机构的税收负担整体呈现下降趋势，“营改增”对金融企业的减税效应明显（苏涛、杨青，2017）。章瑶（2020）通过实证研究发现，“营改增”降低了金融企业的流转税负，并促进金融企业的经营绩效。王利华（2021）将金融企业展开为银行业、证券业以及保险业进行研究，发现“营改增”在降低金融企业整体层面税收负担的基础上，也一定程度上减轻了三个细分行业的税收负担。有些学者通过实证研究发现，金融企业被纳入“营改增”范围之后，金融企业的下游行业的税收负担出现了结构性分化（魏彧等，2020），尽管有少数下游行业的税收负担不降反增，但是总体上降低了下游行业的税收负担，极大地推动了实体经济的发展（卢光熙，2020）。

可以看出，学者们在研究减税政策对金融企业发展方面的影响时，大多使用理论分析的研究方法。即使部分学者使用了一些模型进行实证研究，所使用的数据也大多是宏观层面的，对于金融企业再细化的研究相对较少。

本节在分析减税政策的实施对金融企业发展的效应时，采用了微观层面的数据，即上市 A 股的金融企业的四大财务能力指标以及综合税率指标，数据来源于国泰安数据库。在研究减税政策对金融企业整体发展影响的基础上，又将四大财务能力指标进行细分，以更充分地研究减税政策对金融企业各项能力的效应。

由于实证部分的样本数据为微观数据，无法就该数据进行现状分析。此外，实证部分所用金融企业数量较少，对其进行分行业实证分析的结果可信度低。因此，本节主要从宏观层面出发，先对金融企业总体发展情况进行现状分析，然后将金融企业分为银行企业、保险企业以及证券企业，对这些企业的现实发展情况进行分析，以弥补实证部分未细分行业的缺陷。

1. 金融企业总体发展现状

图 7–1 为金融企业在 2010 年至 2022 年从事金融活动的生产总值。从图中可以看出，“营改增”之后，金融企业的发展保持稳定增长。2016 年，金融企业的生产总值增长率为 6.5%，而

在 2017 年，金融业的生产总值增长率上涨至 8.1%。在 2017 年至 2019 年，金融业的生产总值增长率一直保持在 8% 至 9% 之间。在 2020 年和 2021 年，金融业的生产总值增长率均超过了 9%，2020 年金融业生产总值的增长率为 9.7%，2021 年金融业生产总值的增长率为 9.1%。在 2022 年，金融业生产总值的增长率相较于之前有所下降，增长率为 6.1%。这说明，金融企业在"营改增"之后的发展态势较为良好，但是金融企业后期经济活动并没有刚实施减税政策时增长幅度大。

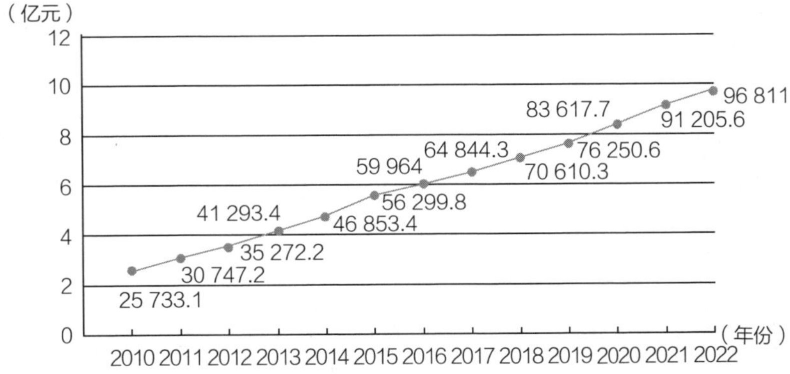

图 7-1 金融业生产总值

为了解金融企业税收负担变化情况，通过《中国税务年鉴》查找到我国各地区金融企业的税收支出，并通过《中国统计年鉴》查找到各地区相应的金融企业生产总值，以金融企业税收支出与金融企业生产总值的比值代表税收负担率，详细信息见表 7-1。可见，自 2016 年金融企业纳入"营改增"范围内后，大部分地区的税收负担率都在一定程度上减少。我国金融企业

表 7-1　各地区 2015 年至 2022 年税收负担率（单位：%）

地区	2015 年	2016 年	2017 年	2018 年	2019 年	2020 年	2021 年	2022 年
合计	32.78	29.79	26.29	25.08	26.03	25.84	26.10	25.79
北京	117.74	112.97	85.20	71.46	79.72	80.92	73.79	70.41
天津	21.79	22.76	21.98	24.20	25.22	24.83	23.45	21.66
河北	22.98	19.13	17.87	18.27	16.09	15.81	15.91	15.11
山西	19.78	18.54	17.24	16.81	17.93	17.37	17.20	16.17
内蒙古	26.38	22.34	20.18	20.91	17.47	17.91	17.06	15.64
辽宁	15.33	16.22	15.56	14.45	13.93	13.23	12.07	11.32
吉林	21.94	22.16	21.29	21.28	18.16	17.96	17.04	15.66
黑龙江	19.54	18.82	18.69	18.57	16.99	15.66	15.26	14.20
上海	67.35	44.43	38.38	37.66	39.11	37.46	41.24	41.34
江苏	19.65	16.77	12.92	12.38	12.65	13.48	14.53	14.38
浙江	21.15	20.57	16.93	14.81	14.75	14.79	15.89	17.01
安徽	21.98	19.28	17.89	16.45	16.10	15.89	14.95	15.71
福建	21.42	19.30	15.74	13.34	13.62	14.91	15.66	10.47
江西	21.92	19.08	18.73	16.04	16.18	15.75	14.59	15.26
山东	17.49	16.24	14.71	13.06	12.65	12.44	13.40	13.01
河南	21.82	20.48	19.54	17.75	15.41	15.04	15.20	14.60

续表

地区	2015年	2016年	2017年	2018年	2019年	2020年	2021年	2022年
湖北	18.36	14.85	14.17	13.40	13.54	10.56	11.53	12.08
湖南	20.57	19.38	16.80	16.20	16.60	18.00	16.73	16.11
广东	12.45	11.87	11.67	11.42	11.22	10.49	10.54	9.91
广西	15.23	13.78	12.64	12.45	11.38	12.19	12.03	11.99
海南	21.05	18.53	18.03	16.86	16.11	15.34	16.55	17.08
重庆	20.90	17.41	15.87	16.95	15.13	14.61	15.85	14.95
四川	23.05	18.81	15.97	15.28	14.23	14.33	14.41	13.99
贵州	22.98	20.70	19.73	19.54	22.46	20.62	22.72	21.20
云南	17.46	15.72	14.05	14.71	13.34	14.01	13.71	13.52
西藏	16.67	15.18	14.72	24.84	24.95	17.44	20.22	19.27
陕西	16.98	15.63	14.45	14.18	16.02	15.35	15.25	13.80
甘肃	19.89	17.74	19.47	16.98	15.50	15.12	16.76	15.30
青海	15.79	16.10	16.39	19.79	19.91	23.81	24.19	22.75
宁夏	20.62	18.77	19.22	17.33	13.26	12.54	12.09	11.62
新疆	20.28	21.13	17.74	16.21	14.98	14.46	15.03	16.53

整体的税收负担率在2016—2017年下降了6.49%，在2017年之后维持在25%至26%。这说明减税政策的实施切实降低了金融企业的税收负担，但是税收负担率在后期维持在一定水平。此外，从表中可知，北京、上海地区金融企业的税收负担率高于我国金融企业整体的税收负担率，而其他省份金融企业的税收负担率低于整体税收负担率。这说明我国金融企业的税收负担率存在地区差异性。

为了了解金融企业的税收收入情况，我又通过《中国税务年鉴》整理了近年来金融企业的相关税收收入情况，相关内容见图7–2。可以看出，在全面“营改增”之前，金融企业的税收收入还处于增长阶段；但是“营改增”之后，金融企业税收收入在2016年至2017年两年出现下降。在2015年，金融企业的税收收入为1.85万亿元，而在2016年以及2017年，金融企业税收收入分别为1.79万亿元、1.70万亿元。此外，金融企业税收收入在2015年的同比增长率为29.43%，而在2016年和2017年的同比增长率均小于0，分别为–3.22%以及–4.55%。在2017年之后，金融企业税收收入保持稳定增长。2018年金融企业税收收入为1.77万亿元，此时的同比增长率为3.85%；2019年金融企业税收收入为1.98万亿元，同比增长率为12.1%；2020年金融企业税收收入为2.16万亿元，同比增长率相较于2019年下降了3.26个百分点；2021年以及2022年的金融企业税收收入分别为2.36万亿元、2.41万亿元，同比增长率分别为9.12%、2.04%。结合金融业生产总值的变化情况可以发现，在减税政策实施后，金融企业短期内快速发展，虽然税收收入在中长期保持正向增长，但是基本上低于金融企业生产总值的变化速度。

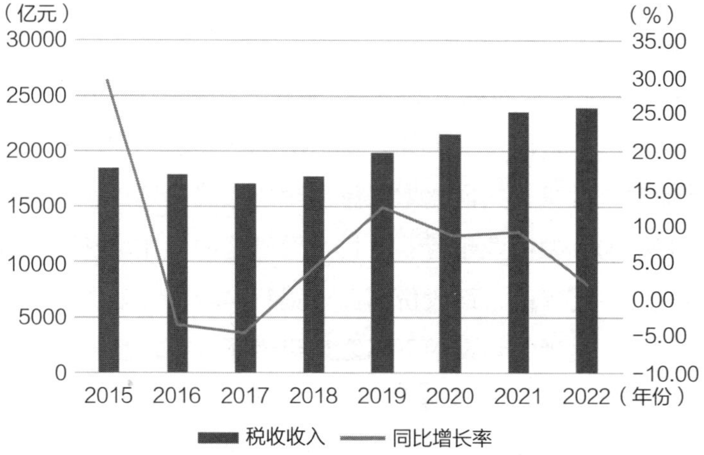

图 7–2　金融企业税收收入情况

2. 银行企业发展现状

根据国家金融监督管理总局公布的银行业历年总资产情况，整理关于银行企业总资产变动情况，其中关于银行企业总资产同比增长率变动情况见图 7–3。近年来银行企业总资产稳步增加，截至 2022 年四季度，银行企业总资产为 379.39 万亿元，较上年同期增加了 10%。其中，商业银行总资产为 318.81 万亿元，较上年同期增加了 10.8%，占银行业总资产的 84.3%，比上年同期比重提高了 0.6 个百分点。大型商业银行的总资产较上年同期增加了 12.9%，与银行业总资产的比重提高了 1.1 个百分点，达到 41.2%；股份制商业银行的总资产较上年同期增加 6.9%，与银行业总资产的比重为 17.5%，较上年同期分别下降 0.6%、0.5%。城市商业银行以及农村金融机构的总资产较上年同期分别增加 10.7%、9.4%，占银行业总资产的比重相对稳定。其他类金融机构的总资产同比增长率较上年同期增加 1.3 个百分点，但是与银行业总资产的占比下降了 0.5 个百分点。

此外，通过图 7–3 可知，自 2016 年全面“营改增”以来，除其他类金融机构的同比增长率出现较大降幅之外，商业银行以及其中的大型商业银行、农村金融机构的同比增长率均在短期内有了一定提高，而股份制商业银行、城市商业银行的同比增长率则在出现了短期的下降之后出现了提高。就银行业整体而言，“营改增”所在季度的同比增长率为 15.7%，在下一季度同比增长率保持不变，而在四季度同比增长率提高了 0.1 个百分点，总资产较上年同期增加了 32.91 万亿元，比上年同期的增加量增加了 5.9 万亿元。由此可见，减税政策的实施在短期内提高

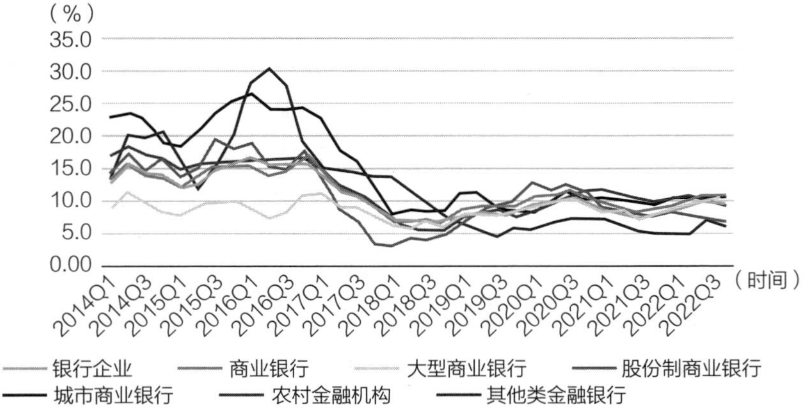

图 7–3　银行企业总资产同比增长率

了银行业总资产的增加量。

在此基础上，整理国家金融监督管理总局公布的历年商业银行主要指标分机构类情况表的数据，发现民营银行2017年之前的数据缺失，因此只对大型商业银行、股份制商业银行、城市商业银行、农村商业银行以及外资银行进行研究，其中关于商业银行分机构资产利润率变动情况见图7–4。可以看到，2022年农村商业银行的资产利润率出现了较大幅度的变动，具体为从2021年四季度的0.6%增长为2022年一季度的0.83%，而二季度出现了小幅度的下降，下降了0.13个百分点。在2022年三季度，农村商业银行的资产利润率大幅下降，降至0.26%。到了四季度，资产利润率回升至0.53%。除了农村商业银行出现大幅度变动，其余4类商业银行在2022年只出现了小幅度的变动。在2016年二季度之后，外资银行的资产利润率出现较大幅度的提高。在2016年二季度，外资银行的资产利润率仅为0.25%，三季度上涨了0.09个百分点，四季度则在三季度的基础上提高了0.12个百分点。在此之后，外资银行的发展趋势向好，资产利润率大体稳定在0.60%水平。反观大型商业银行、股份制商业银行、城市商业银行以及农村商业银行，自2016年二季度之后，该4类商业银行的资产利润率在后续半年内均出现了大于0.1的下降，其中股份制商业银行下降了0.14个百分点，大型商业银行下降了0.13个百分点，城市和农村商业银行则下降了0.12个百分点。但是，在2017年，这4类商业银行的资产利润率均出现了小幅的提高。考虑到全面“营改增”，银行业需要调整自身企业经营结构，以便更好地享受政策红利，而调整自身经营结构也需要时间，所以才会出现短期内资产利润率水平下降。但是减税政策只是市场的调节工具，依然改变不了资产利润率下降的大趋势，只能在一定程度上减缓银行业资产利润率的下降速度。

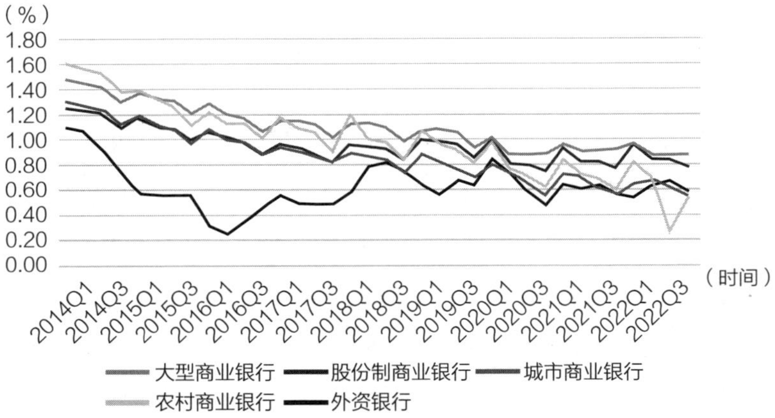

图 7-4　商业银行分机构资产利润率变动情况

图 7-5 为商业银行分机构资本充足率变动情况，通过观察图表可以发现外资银行的资本充足率要高于其他 4 类商业银行，但是从变动情况来看，自 2016 年二季度外资银行的资本充足率达到最大值 19.45% 之后，资本充足率的变化幅度变小。截至 2022 年四季度，其资本充足率相较于 2016 年二季度只减少了 0.16 个百分点。反观大型商业银行，2016 年二季度时其资本充足率为 13.89%，而到了 2022 年四季度，其资本充足率提高至 17.76%，增加了 3.87%。而其他 3 类银行资本充足率的变动幅度相对较小。自 2016 年二季度到 2022 年四季度，除股份制商

业银行资本充足率增加了 1.79% 之外，城市商业银行以及农村商业银行资本充足率变化幅度均小于 1%。这表明大型商业银行发展较好，有更充足的资金来防范化解金融风险，外资银行发展较为稳定，其余 3 类商业银行资本充足率相对较低，防范化解金融风险的能力没有前两者强，还有待进一步提高。

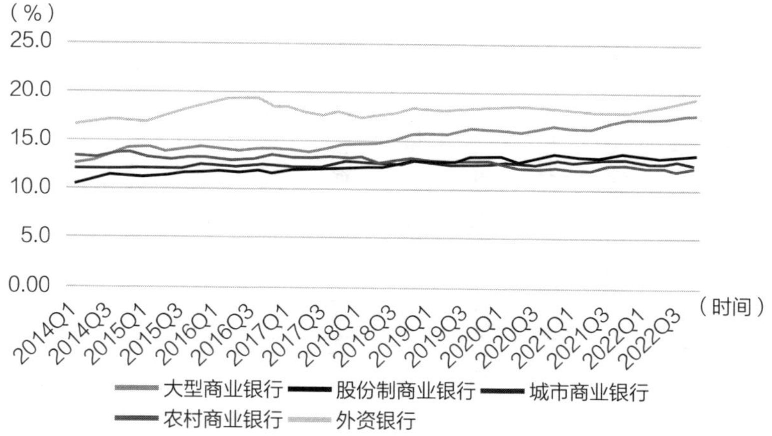

图 7-5　商业银行分机构资本充足率变动情况

观察从历年《中国税务年鉴》整理得到的银行企业税收收入变化情况（图 7-6）可知，银行企业税收收入的变化情况与金融企业整体税收收入的变化情况相似。银行企业税收收入在 2016 年的同比增长率为 3.20%，相较于 2015 年下降了 1.29%，2017 年则在 2016 年的基础上又降低了 8.6 个百分点。银行企业税收收入在 2018 年的同比增长率为 0.11%，在 2019 年的同比增长率为 13.51%，在 2020 年的同比增长率降低至 4.19%，2021 年的同比增长率则在 2020 年的基础上降低了 1.87 个百分点。2022

年银行企业税收收入的同比增长率为5.31%。结合银行企业总资产的变化情况可知，在实施"营改增"之后，银行企业税收收入同比增长率除了在2019年高于银行业总资产的同比增长率，其余年份均低于总资产的同比增长率。

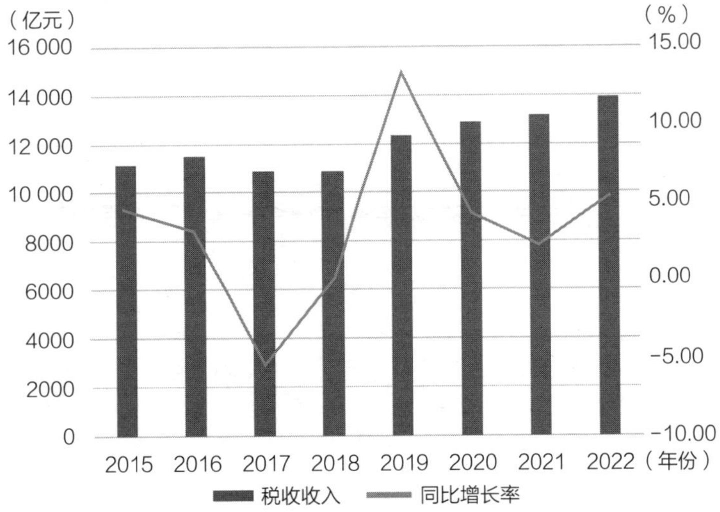

图7-6　银行企业税收收入变化情况

3. 保险企业发展现状

国家金融监督管理总局除了公布银行业相关数据，还公布了保险企业的相关数据。截至2022年四季度，保险企业风险综合评级为A类的有49家，较上年同期减少了42家，而风险综合评级为B级的保险企业有105家，较2021年同期增加了30家。截至2022年四季度，风险综合评级为C级、D级的保险企业数量分别为16家和11家，分别比2021年四季度增加了8家和7家。

这说明保险企业控制风险的能力变弱，偿付能力风险增大。

图 7-7 为保险企业综合偿付能力充足率。可以发现，保险企业与人身险企业的变化情况基本一致，这说明人身险企业占保险企业的比重相对较大。在 2020 年一季度，保险企业整体的综合偿付能力充足率为 244.6%，其中，再保险企业的综合偿付能力充足率最高，数值为 290.3%。财产险企业和人身险企业的综合偿付能力充足率分别为 288.1%、237.3%。而截至 2022 年四季度，保险企业的综合偿付能力充足率降至 196%，相较于 2020 年一季度下降了 48.6%。与其变化情况相似的人身险企业也降至 185.8%，相较于 2020 年一季度下降了 51.5%。财产险企业综合偿付能力充足率相较于 2020 年一季度下降了 50.4%。只有再保险企业相较于 2020 年一季度上升了 9.8%，达到了 300.1%。

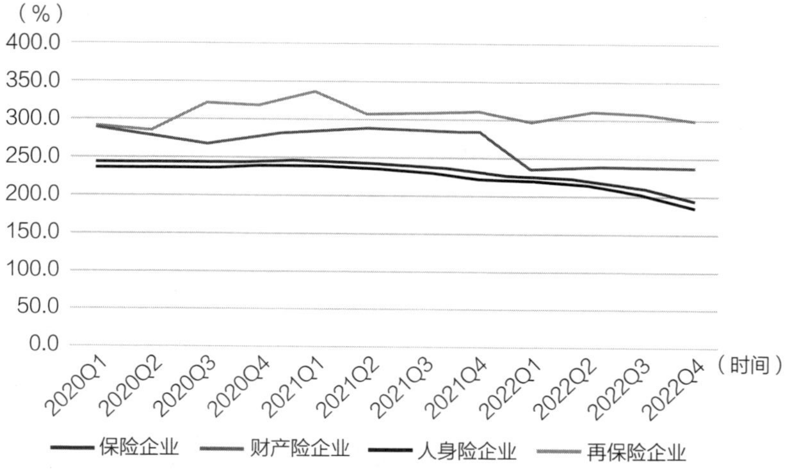

图 7-7　保险企业综合偿付能力充足率

核心偿付能力可以衡量保险企业在重大风险时所能承受

的最大损失，关于保险企业核心偿付能力充足率变化情况见图 7-8。从图中可以看出，再保险企业的核心偿付能力充足率与综合偿付能力充足率的变化情况大致相同，只不过其核心偿付能力充足率在 2020 年一季度时为 273.9%，而到了 2022 年四季度下降到了 268.5%，下降了 5.4 个百分点。财产险企业的核心偿付能力充足率在 2022 年四季度时为 206.8%，相较于 2020 年一季度下降了 48.7%。保险企业整体核心偿付能力充足率在 2022 年四季度为 128.4%，相较于 2020 年一季度下降了 105.2 个百分点。与之相似的人身险企业在 2022 年四季度的核心偿付能力充足率为 111.1%，与 2020 年一季度相比下降了 118.2%。这说明保险企业整体在面临重大风险时所能承受的最大损失减少，其中人身险企业减少幅度最大。

图 7-9 为根据《中国税务年鉴》整理得到的保险企业税收

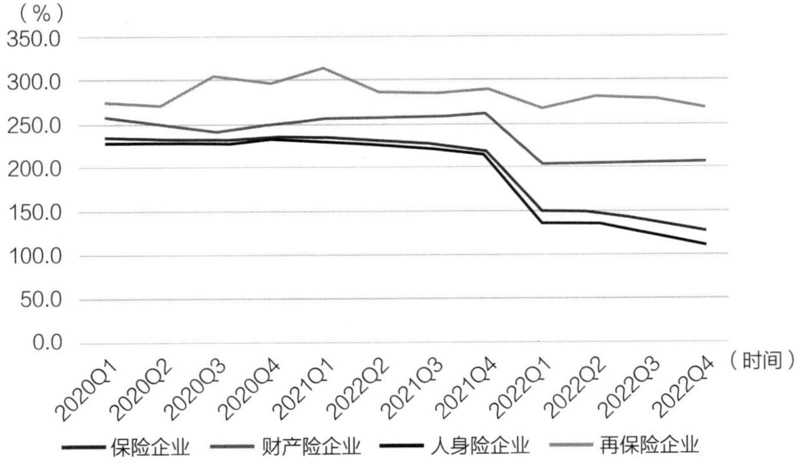

图 7-8　保险企业核心偿付能力充足率

收入变化情况。观察该图可见，保险企业税收收入的同比增长率在 2016 年大幅度降低，从 2015 年的 46.60% 降低至 9.90%。在 2017 年出现小幅度增长之后，保险企业税收收入同比增长率在 2018 年至 2019 年依然保持下降。保险企业税收收入同比增长率在 2018 年为 17.91%，相较于 2017 年降低了 0.5 个百分点，在 2019 年则在 2018 年的基础上降低了 29.11%。在此之后，保险企业税收收入的同比增长率保持稳定增长，2020 年为–6.18%，2021 年为 2.34%。而到了 2022 年，其税收收入同比增长率降至–4.40%。结合保险企业偿付能力充足率的变化情况可得，减税政策的实施有助于减轻保险企业的税收负担，提升其风险管理的能力。

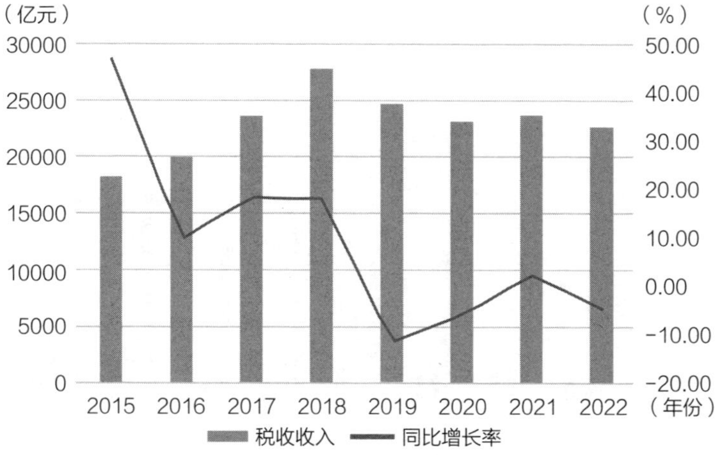

图 7–9　保险企业税收收入变化情况

4. 证券企业发展现状

由于国家金融监督管理总局并未公布关于证券业企业的相

关数据，因此从中国证券业协会整理相关数据，有关证券企业总资产、净资产、净资本的相关情况见图 7–10。观察该图可知，证券企业总资产在 2016 年至 2022 年稳步增长。尽管从 2015 年至 2016 年其资产总量下降了 0.63 万亿元，但是自 2016 年至 2022 年，其总资产量增长了 5.27 万亿元，年均增量约为 0.88 万亿元。证券企业的净资产量自 2014 年以来就保持稳步增长，在 2014 年其净资产量为 0.92 万亿元，截至 2016 年增加了 0.72 万亿元，到了 2022 年净资产量达到了 2.79 万亿元。证券企业的净资本变化情况与净资产变化情况相同。在 2016 年，其净资本量为 1.47 万亿元，到了 2022 年其净资本量增长至 2.09 万亿元。从这些数据可知，证券企业正在稳步发展。但是整理证券企业营业收入和净利润发现，证券企业的经营结构还有待改进。

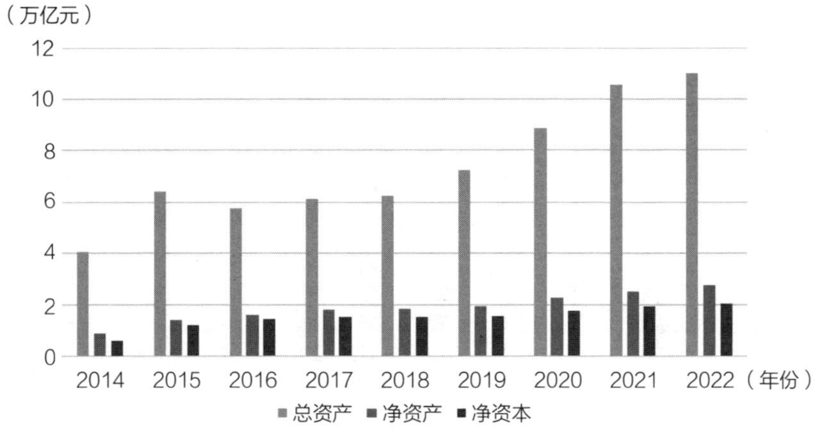

图 7–10　证券企业总资产、净资产以及净资本情况

图 7–11 为证券企业营业收入和净利润同比增长率变化情

况。通过该图可以发现，证券企业营业收入以及净利润同比增长率在 2016 年降幅最大，其中营业收入同比增长率为–42.97%，较上年下降了 163.94%；而净利润同比增长率为–49.57%，较上年下降了 203.07%。尽管 2019 年证券企业营业收入以及净利润的同比增长率恢复到正值，但是在 2019 年之后同比增长率仍在逐年降低。截至 2022 年，证券企业营业收入的同比增长率降至–21.38%，净利润的同比增长率降至–25.54%。如果证券企业能够合理调整自身经营结构，就能够激发更大的发展潜力，取得更好的成绩。

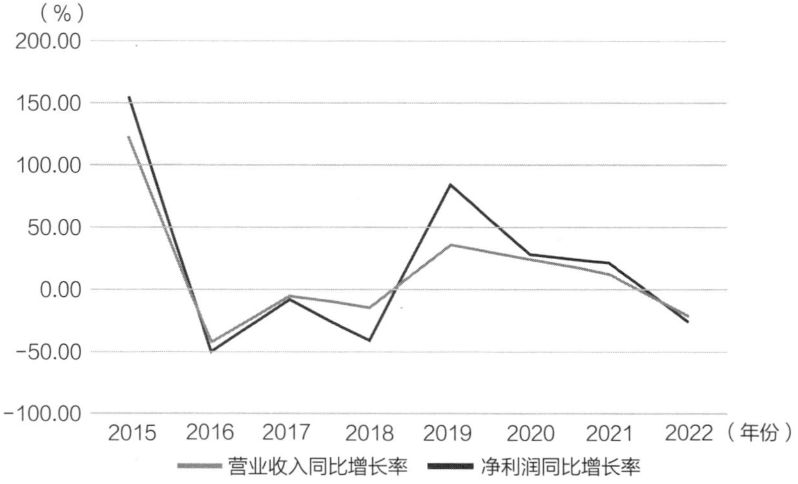

图 7–11　证券企业营业收入和净利润同比率变化情况

根据《中国税务年鉴》，整理证券企业税收收入变化情况，见图 7–12，可以发现，证券企业税收收入在 2016 年出现大幅度下降，此时税收收入为 0.33 万亿元，相较于 2015 年减少了 0.13

万亿元，税收收入同比增长率为-28.41%。此外，在2016年至2018年，证券企业税收收入的同比增长率均小于0，税收收入逐年减少。而在2018年到2021年，证券企业每年的税收收入同比增长率均保持在20%以上，2019年为23.12%，2020年为32.94%，2021年为31.26%。证券企业在2022年的税收收入与2021年基本一致，同比增长率为0.39%。结合图7-11可知，证券企业税收收入的增加可能会阻碍其营业收入以及净利润的增长。

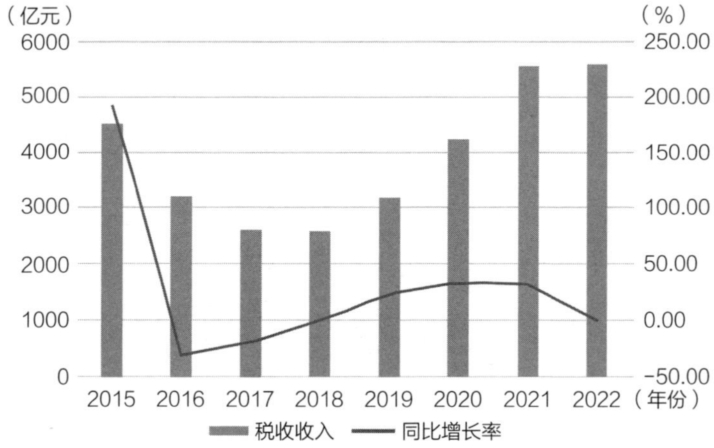

图7-12　证券企业税收收入变化情况

二、研究假设

企业的偿债能力是企业偿还到期债务的承受能力，能直接反映出企业的发展前景。能否及时偿还企业到期债务，是反映企业财务状况好坏的重要标志。而企业偿债能力会受到外部政策环境的影响。政府的宏观调控政策、行业政策以及财税政策等都会对企业的偿债能力产生重要影响。减税政策的实施可以通过降低金融企业的税收负担，为金融企业提供更多的资金用于企业扩张以及研发创新，从而提高金融企业的赢利能力，增加企业的营业收入和营业利润，进而提高金融企业偿还债务的能力，并改善金融企业的偿债状况。基于以上，提出假设 1：减税政策的实施能够提高金融企业的偿债能力。

企业的发展能力是指企业通过自身的生产经营活动，不断扩大积累而形成的发展潜能。减税政策能够通过降低金融企业税收负担，来减少金融企业的经营成本，使其通过这些资金进行技术升级、金融产品创新以及拓展金融业务，有力促进金融企业的发展。除此之外，金融企业税收负担的降低还有可能降低金融产品的相对价格，从而吸引更多的客户，进行更多的金融业务。基于以上，提出假设 2：减税政策的实施能够提高金融企业的发展能力。

企业的营运能力是指企业的经营运行能力，也就是企业运用各项资产获取利润的能力。学者通过实证研究发现，减税政策的实施能够提高医药行业（赵飞艳，2022）、钢铁行业（王文丽，2022）、交通运输业（肖春明等，2021）以及信息技术服务业（王亚丽，2017）的营运能力。部分学者通过对一定区域内的企业进行实证研究发现，不论是大型企业还是中小微企业（余舟，2021），减税政策的实施均可以提高区域内企业的营运能力（王艺伟，2021）。但是实体企业创造的财富是可积累、可储存的，财富积累是实体企业的常态，而金融企业创造的财富具有流动性，不是平稳的。这就意味着减税政策对于营运能力的影响可能与实体企业不同。基于以上，提出假设3：减税政策的实施不能提高金融企业的营运能力。

企业的赢利能力指的是企业获取利润的能力，即企业的赢利能力越大，企业可分配的利润就会越多（Chen & Chen，2011）。减税政策能够有效降低个人和企业的税收负担，增加其相应的可支配收入，从而刺激消费和需求增长。金融企业作为服务提供者一方，将会受益于消费以及需求的增加。随着消费和需求的增长，金融企业的营业收入将会增加，赢利能力也将会得到进一步的提升。Endri 和 Fathony（2020）通过定量方法，使用面板数据回归模型研究，发现赢利能力的提高将会对金融企业的企业价值产生积极影响。基于以上，提出假设4：减税政策的实施能够提高金融企业的赢利能力。

三、数据来源与指标选取

1. 数据来源

数据主要是从国泰安数据库中调取，调取的范围是全国所有金融上市A股企业。首先，通过同花顺问财网调取出属于金融企业的上市企业代码。其次，利用调取出的金融上市企业股票代码，通过国泰安数据库中的企业财务数据指标专栏，调取出这些金融上市企业的四大财务能力指标，即发展能力、偿债能力、营运能力以及赢利能力。最后，通过国泰安数据库企业财务指标专栏的比率结构，调取出综合税率指标。由于ST企业与其他正常企业相比其各项指标偏离同行业均值情况较为严重，为了保证研究的严谨性，剔除 ST 企业。在整理这些财务指标数据过程中，发现其中部分金融上市企业的财务数据缺失，导致这些上市企业的财务指标缺失。因此，在实证部分剔除这些财务指标缺失较多的金融上市企业，最终选取了 66 家金融上市企业。

本节主要研究减税政策对于金融企业的影响，而金融业于 2016 年 5 月 1 日纳入“营改增”范围。为了保证研究结果的准确性，在数据选取方面主要选取的是季度数据。季度数据的时间跨度为 2014 年第四季度到 2023 年的一季度，即每家上市金融企业有 34 个为季度数据，共计 2244 个样本数据。

2. 指标选取

为保障实证结果的可靠性，在调取企业四大财务能力指标时，将相关财务指标数据全部导出。其中，四大财务指标的选取仍然同上文所述，另从比率结构中调取出综合税率。虽然调取了较多财务指标，但是这些指标中有相当一部分指标存在严重的数据缺失问题，需要对这些指标进行筛选。最终，偿债能力选取了资产负债率、权益乘数、产权比率以及经营活动产生的现金流量净额与负债合计之比；营运能力选取了现金及现金等价物周转率、固定资产周转率、总资产周转率以及股东权益周转率；赢利能力选取了资产报酬率、总资产净利润率、固定资产净利润率、净资产收益率、营业利润率、营业净利率以及总营业成本率。发展能力的指标存在数据缺失的较少，但是现有的指标较多，主要原因为部分指标会有增长率与同比增长率两种指标。因此，发展能力的指标主要选用同比增长率指标，为资本保值增值同比增长率、资本积累同比增长率、固定资产同比增长率、总资产同比增长率、营业收入同比增长率以及可持续增长率。详细说明见表 7–2。

表 7–2　变量指标说明

能力指标	变量名称	计算公式
偿债能力	资产负债率	负债合计 / 资产合计
	权益乘数	资产合计 / 所有者权益合计
	产权比率	负债合计 / 所有者权益合计
	经营活动产生的现金流量净额与负债合计之比	2× 经营活动产生的现金流量净额 /（负债合计本期期末值 + 负债合计上年年末值）
发展能力	资本保值增值同比增长率	所有者权益合计本期期末值 / 所有者权益合计上年同期期末值
	资本积累同比增长率	（所有者权益合计本期期末值–所有者权益合计上年同期期末值）/ 所有者权益合计上年同期期末值
	固定资产同比增长率	（固定资产净额本期期末值–固定资产净额上年同期期末值）/ 固定资产净额上年同期期末值
	总资产同比增长率	（资产总计本期期末值–资产总计上年同期期末值）/ 资产总计上年同期期末值
	营业收入同比增长率	（营业收入本年本期金额–营业收入上年同期金额）/ 营业收入上年同期金额
	可持续增长率	净资产收益率 × 收益留存率 /（1–净资产收益率 × 收益留存率）
营运能力	现金及现金等价物周转率	2× 营业收入 /（现金及现金等价物期末余额 + 现金及现金等价物期初余额）

续表

能力指标	变量名称	计算公式
营运能力	固定资产周转率	2× 营业收入 /（固定资产期末余额 + 固定资产期初余额）
	总资产周转率	2× 营业收入 /（资产合计期末余额 + 资产合计期初余额）
	股东权益周转率	2× 营业收入 /（股东权益期末余额 + 股东权益期初余额）
赢利能力	资产报酬率	2×（利润总额 + 财务费用）/（资产合计期末余额 + 资产合计期初余额）
	总资产净利润率	2× 净利润 /（资产合计期末余额 + 资产合计期初余额）
	固定资产净利润率	2× 净利润 /（固定资产期末余额 + 固定资产期初余额）
	净资产收益率	2× 净利润 /（股东权益期末余额 + 股东权益期初余额）
	营业利润率	营业利润 / 营业收入
	营业净利率	净利润 / 营业收入
	总营业成本率	营业总成本 / 营业总收入
综合税负	综合税率	（营业税金及附加 + 所得税费用）/ 利润总额

3. 模型选择

关于政策效应评估的模型大致有双重差分（DID）模型及其衍生模型（包括 PSM-DID、多期 DID、SDID 等）、断点回归（RDD）模型、VAR 模型及其衍生模型（TVP-VAR 模型）等。由于金融企业所能享受到的减税政策优惠属于全国统一实施的政策，若使用传统的双重差分模型很难界定实验组和对照组，为解决这个问题，在模型选择上参照 Persson & Rossin-Slater（2019），优先选择断点-双重差分回归方法。该方法可以通过断点回归模型来界定实验组和对照组，从而实现在全国统一实施政策的情况下进行双重差分模型的效果。在此基础上，为了检验 RDD-DID 的实验结果，还采用了钱雪松和方胜（2017）的实证研究方法，通过加入剂量效应，根据相关指标将样本进行分组，然后界定实验组和对照组，实现双重差分模型的检验。

在研究过程中，RDD-DID 模型只是进行局部的政策效应检验，检验结果很难适用于中长时期的政策效果。此外，在验证平行趋势假设过程中，可能会出现平行趋势假设不满足的情况。为了检验政策中长时期的效果以及不满足平行趋势假设的变量，最后选用 PVAR 模型。关于选取 PVAR 模型的原因，主要是 PVAR 模型相较于 VAR 模型可以把所研究的变量视为内生变量，并且将每个内生的变量看作系统中全部内生变量滞后值的函数。该模型可以提供丰富的结构，进而捕获所研究数据的更多特征。除此之外，PVAR 模型的优点在于允许数据存在个体效应和异方差性，并且适用于相对时期较短的面板数据（刘翠霞，2021）。

同时，在实证分析过程中也曾考虑 TVP-VAR 模型，但是该模型更倾向于检验宏观数据指标，并且只能处理时间序列数据，且要求是时间维度较长期的数据，从而无法对整理的微观数据进行分析。因此，PVAR 模型利用面板数据既可以有效解决个体异质性的问题，又可以充分考虑个体和时间效应，还可以通过微观数据进行实证研究。

综上所述，文章实证分析部分所采用的模型主要为断点–双重差分回归方法、剂量效应双重差分模型以及 PVAR 模型。相应的模型介绍如下。

（1）断点–双重差分回归方法。

$$Ability_{iyq}=\alpha+\beta_1 I(q\geqslant a)+\beta_2 T_i(q\geqslant a)+f(q-a)+$$
$$I(q-a)\times f(q-a)+\delta_i+\lambda_y+\theta_q+\varepsilon$$

其中，$Ability_{iyq}$ 表示 i 企业在 y 年的 q 季度的能力指标，q 为企业财务指标的对应季度，是断点回归部分的驱动变量。α 表示政策所处的季度即 2016 年二季度；I（$q\geqslant\alpha$）是标记变量，如果相应指标在二季度和三季度，则为 1，如果在一季度和前一年的四季度，则为 0；T_i 是实验组和对照组的识别变量，如果是 2016 年为 1，否则为 0；f（$q-\alpha$）是驱动变量局部多项式的函数；δ_i 为个体固定效应；λ_y 为年份固定效应；θ_q 为季度固定效应；ε 为误差项。

（2）剂量效应双重差分模型。

$$y_{it}=\alpha+\beta_1 Treat_i\times Post_t+\beta_2 Treat_i+\beta_3 Post_t+\sigma_i+\gamma_t+\varepsilon_{it}$$

其中，i 表示金融企业；t 表示时间跨度，即 46 个季度；y_{it} 表示为企业相应的四大财务能力。$Treat_i$ 是个体指示变量，当企业属于处理组时为 1，属于控制组时为 0。$Post_t$ 是时间指示变量，当样本的观测时间在 2016 年二季度之前时，其值为 0；当样本的观测时间在 2016 年二季度以及之后季度时，其值为 1。δ_i 为个体固定效应，γ_t 为时间固定效应，ε_{it} 为误差项。

4. PVAR 模型

$$y_{it}=\alpha_{0t}+\alpha_1 y_{it-1}+\cdots+\alpha_p y_{it-p}+f_i+\theta_t+\varepsilon_{it}$$

其中，i 表示金融企业个体，t 表示季度，y_t 为包含财务分析四大能力指标和综合税率的内生变量列向量，p 是滞后阶数，ε_{it} 为扰动列，f_i 为个体效应，θ_t 为时间效应，采用广义矩法（GMM）进行估计（Holtz–Eakin 等，1988）。

四、实证分析

1. 数据处理

由于现有的指标较多，为了避免变量过多导致维数灾难，需要对现有指标进行筛选或者合成处理。常见的筛选方法有相关性分析、Lasso 回归分析等，常见的合成方法有主成分分析、熵值法、因子分析等。文章在进行降维处理时优先考虑的是数据指标合成，但是在合成过程中发现，除发展能力的 KMO 值大于 0.6 之外，其余能力指标的 KMO 值均小于 0.6，因此并不适合进行主成分分析以及因子分析合成处理。在进行筛选处理时，由于 Lasso 回归分析的结果显示，四大财务能力指标，除发展能力指标和赢利能力指标涵盖的变量指标较多导致多重共线性之外，其余的偿债能力指标、营运能力指标均不存在多重共线性。使用 Lasso 回归分析方法来进行指标筛选的结果也不太理想。熵值法由于只是根据数据赋予权重，没有考虑实际的权重问题，因此合成后的指标会出现偏误。最终，主要考虑利用相关性分析来实现降维的效果。

在偿债能力中，资产负债率与其余三个变量指标的相关性较强，因此选择资产负债率作为偿债能力指标的代表变量。资产负债率又在10%的显著性水平下与发展能力的可持续增长率、营运能力的总资产周转率、赢利能力的资产报酬率、总资产净利润率、净资产收益率以及总营业成本率相关，由于解释变量之间不能过于相关，因此剔除可持续增长率、总资产周转率、资产报酬率、总资产净利润率、净资产收益率以及总营业成本率。剩余发展能力指标中固定资产同比增长率以及营业收入同比增长率与其余的发展能力指标均不相关，因此剔除这两个指标。资本保值增值同比增长率、资本积累同比增长率以及总资产同比增长率均在10%的显著性水平下与发展能力中的两个指标相关，但总资产同比增长率与其他发展能力指标之间的关系相对更强，因此选择总资产同比增长率代表发展能力指标。在营运能力指标中，固定资产周转率仅与已经剔除的总资产周转率相关，因此剔除该指标，剩下现金及现金等价物周转率与股东权益周转率。现金及现金等价物周转率在现有研究中使用频率相对较低，选择股东权益周转率代表营运能力指标。剩余的赢利能力指标有固定资产净利润率、营业利润率以及营业净利率，而固定资产净利润率与其余两个变量指标的相关性相对较弱，不具有代表性，剔除该指标。营业利润率与营业净利率高度相关，但是营业净利率与固定资产净利润的相关性更强，因此选择营业净利率代表赢利能力指标。

经过相关性分析之后，偿债能力指标的代表变量为资产负债率，发展能力指标的代表变量为总资产同比增长率，营运能力指标的代表变量为股东权益周转率，赢利能力指标的代表变量为营业净利率。将这四个指标分别命名为 *Dpa*、*Dev*、*Opc* 以及 *Pra*。为了避免极端值的影响，将变量指标进行缩尾处理，即将在 1% 以下的数值赋值为 1% 的数值，将 99% 以上的数值赋值为 99% 的数值。

2．减税政策对金融企业短期影响分析

在研究减税政策对金融企业短期影响效果的过程中，优先使用断点–双重差分回归分析方法，对数据处理过后的四大财务能力指标进行研究。在分析断点图像的基础上，与断点–双重差分回归分析得出的双重差分结果相结合，以此得出相应的政策短期影响结果。在使用断点–双重差分回归分析方法得出相关结论之后，基于剂量效应，通过传统的个体–时间双重差分模型，验证断点–双重差分回归分析部分得出的研究结果。

（1）双重差分模型相关检验。

该模型的重要前提就是需要验证变量的平行趋势假设，即需要满足在政策实施之前变量变动不显著。平行趋势假设常用的验证方式有两种，一种是时间趋势图，另一种为事件研究法。后者得出的结果较前者相比更为准确。因此，有关双重差分模型前提条件的验证主要依靠事件研究法，得出的相应结果见图 7–13。图 7–13（a）为偿债能力的结果图，偿债能力的结果图显示政策之前变量变动并不显著。此外，观察 0 点右端可以发现，在政策实施 2 个季度之后，偿债能力会出现较大的变动，说明减税政策从实施到出现效果存在一定程度的时滞性。图 7–13（b）为发展能力的结果图，显示发展能力也满足平行趋势假设。观察0点右端可以发现，在政策实施之后，发展能力变动的时间比偿债能力变动的时间早，在政策实施后第2个季度就会出现较为显著的变动，但是变动所持续的时间相对较短。图7-13（c）为营运能力的结果图，显示营运能力指标也满足平行趋势假设，但是观察整体图像可知，减税政策的实施对金融企业营运能力的影响相对较弱，几乎没有影响。有关金融企业营运能力的结论需要进一步的研究予以确认。图7-13（d）为赢利能力的结果图，显示在减税政策实施之前，赢利能力相对稳定，满足平行趋势假设。在减税政策实施2个季度之后，赢利能力会出现明显的变动情况。综合上述分析，可以认为金融企业的四大财务能力指标均满足双重差分模型的前提条件，可以进行下一步断点-双重差分回归分析研究。

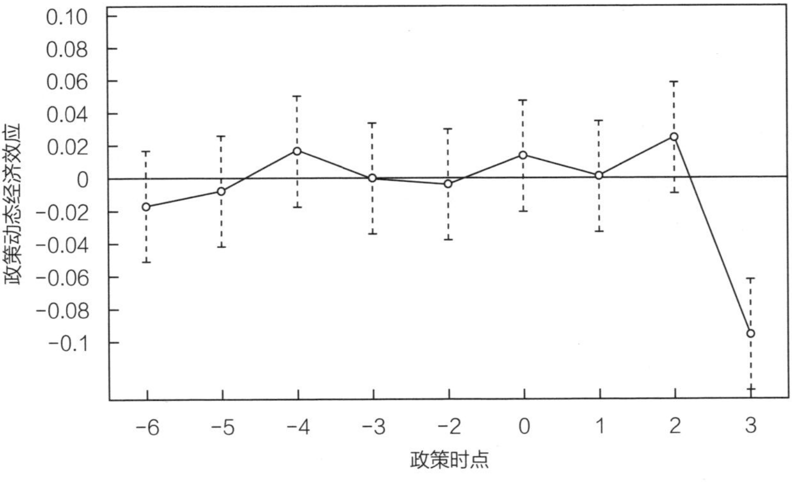

（a）偿债能力

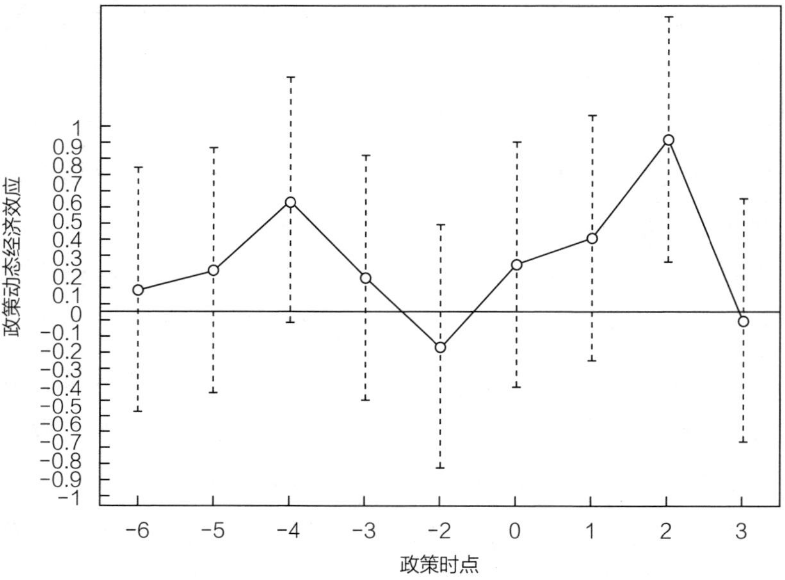
政策动态经济效应
1
0.9
0.8
0.7
0.6
0.5
0.4
0.3
0.2
0.1
0
-0.1
-0.2
-0.3
-0.4
-0.5
-0.6
-0.7
-0.8
-0.9
-1
-6
-5
-4
-3
-2
0
1
2
3
政策时点

（b）发展能力

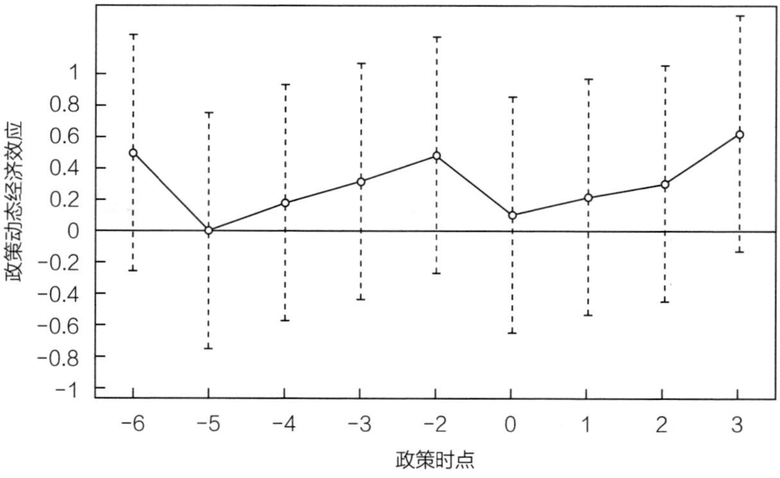
政策动态经济效应
1
0.8
0.6
0.4
0.2
0
-0.2
-0.4
-0.6
-0.8
-1
-6
-5
-4
-3
-2
0
1
2
3
政策时点

（c）营运能力

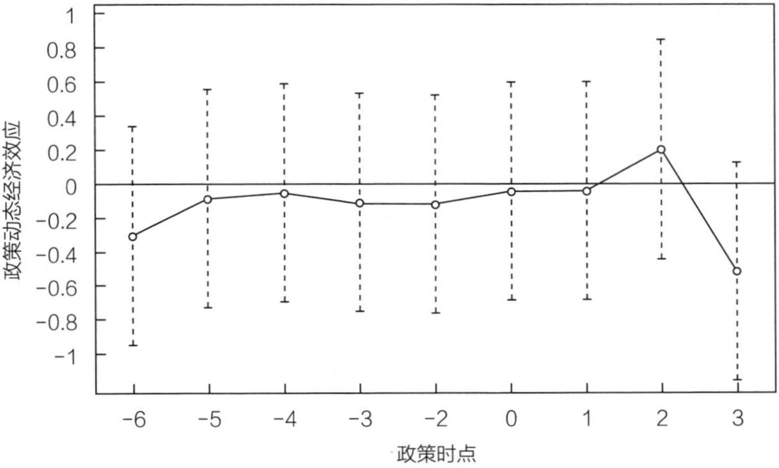

（d）赢利能力

图 7-13　平行趋势假设检验

（2）RDD-DID 模型政策影响效果分析。

断点-双重差分回归分析方法使用了年度和季度两个时间维度的数据。由于断点回归部分只能进行局部分析，因此在年度上仅选择2014年、2015年的数据与2016年的数据进行对比，季度上选择二季度与三季度的数据与一季度和前一年四季度的数据进行对比。因为后续剂量效应双重差分以及 PVAR 模型使用的均是季度数据，所以接下来的断点图像仅展示季度维度的结果，其中以 2016 年二季度作为政策断点（即横坐标 19 位置），具体见图 7-14。图 7-14（a）为偿债能力的断点结果图像，可以看到，在减税政策实施前后是存在明显断点的，即减税政策对金融企业偿债能力是有影响的。断点的左端低于断点的右端，说明减税政策对偿债能力的影响方向为正向影响。图

7–14（b）为发展能力的影响，显示在政策时间点处存在明显的断点，断点右端明显高于断点左端，尽管在短期内发展能力依然减弱，在变化幅度上有一定程度放缓。这表示减税政策的实施一定程度提高了金融企业的发展能力。图 7–14（c）表示营运能力的断点结果，显示在政策时间点存在断点，但是断点左右两端的差距相较于偿债能力和发展能力相对较小，并且与偿债能力、发展能力的结果图不同，断点右端低于断点左端。这说明减税政策的实施并没有达到提高营运能力的效果，相反对其有一定的阻碍效果。图 7–14（d）为赢利能力的断点结果图，可以发现政策时点前后存在断点，并且断点右端要高于断点左端。根据断点右侧可知，减税政策对赢利能力最开始的影响效果为负向影响，后期影响效果转变为正向影响。综上，可以认为减税政策对金融企业的偿债能力、发展能力以及赢利能力均具有正向的影响效果，而对于营运能力却具有负向的影响效果。

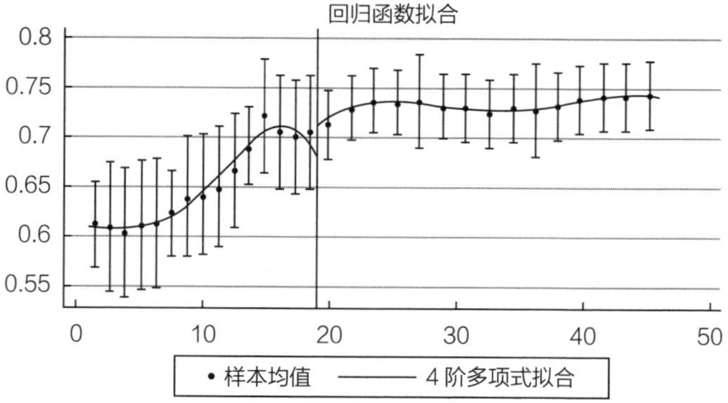

（a）偿债能力

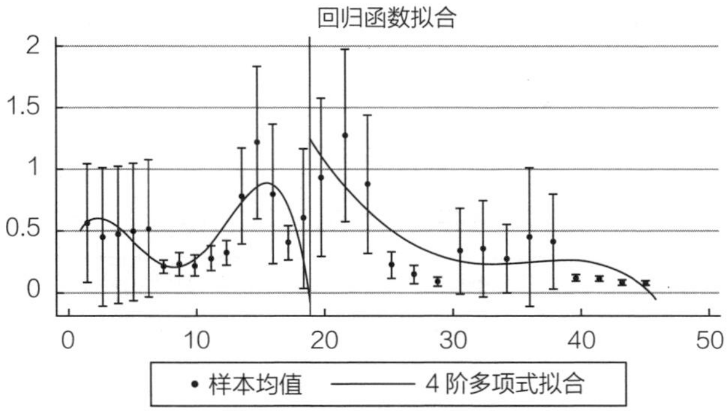

（b）发展能力

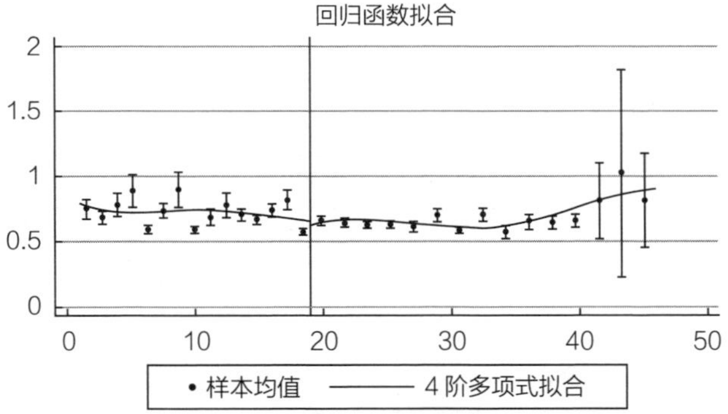

（c）营运能力

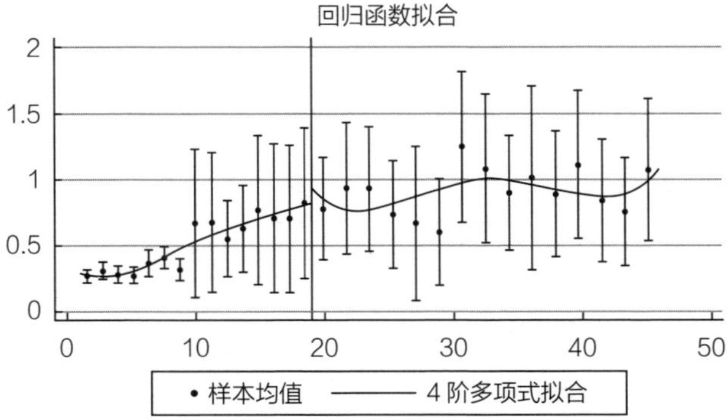

（d）赢利能力

图 7-14　断点结果图像

基于断点回归分析的结果，通过双重差分模型得到表 7–3 和表 7–4。表 7–3 表示没有控制企业固定效应、年度固定效应以及季度固定效应时的结果，而表 7–4 为控制企业、年度以及季

表 7–3　不控制固定效应基准回归结果

变量名	偿债能力	发展能力	营运能力	赢利能力
实验组 × 标记变量	0.0267***	0.2819	−0.1110**	0.1015
	（0.0079）	（0.2121）	（0.0451）	（0.0904）
企业固定效应	否	否	否	否
年度固定效应	否	否	否	否
季度固定效应	否	否	否	否
Constant	0.6792***	0.4968***	0.4266***	0.6287***
	（0.0037）	（0.1000）	（0.0213）	（0.0426）
Observations	792	792	792	792
R 方值	0.9059	0.2313	0.5170	0.8409

表 7–4　控制固定效应基准回归结果

变量名	偿债能力	发展能力	营运能力	赢利能力
实验组 × 标记变量	−0.0093	0.2796	−0.0551	−0.1005
	（0.0112）	（0.3498）	（0.0497）	（0.1215）
企业固定效应	是	是	是	是
年度固定效应	是	是	是	是
季度固定效应	是	是	是	是
Constant	0.6430***	0.2296*	0.2174***	0.6119***
	（0.0060）	（0.1241）	（0.0312）	（0.0705）
Observations	792	792	792	792
R 方值	0.9179	0.2457	0.6289	0.8444

度固定效应时的结果。在不控制企业、年度以及季度固定效应时，减税政策对金融企业偿债能力的影响效果为 0.0267，并且在 1% 的显著性水平下可以认为这种正向影响效果是显著的。而在控制企业固定效应、年度固定效应以及季度固定效应时，减税政策的实施对金融企业偿债能力的影响为负向影响，但是这种负向影响效果较小且并不显著。因此减税政策对金融企业偿债能力的影响主要遵从不控制固定效应时的结果，即政策的实施对偿债能力有显著的正向影响，这也验证了关于偿债能力断点结果图的结论。在控制固定效应和不控制固定效应时，减税政策的实施对于金融企业发展能力的影响结果均为正向影响。在不控制固定效应时，减税政策对营运能力的影响方向为负向影响，影响效果为–0.1110，并且在 5% 的显著性水平下可以认为是有显著影响的。在控制固定效应时，政策实施对营运能力的影响即便并不显著，但是依然存在负向的影响效果，同样验证了关于营运能力断点结果图的结论。减税政策对金融企业赢利能力在不控制固定效应时是正向影响，在控制固定效应时是负向影响，因此还需进一步讨论。

综上所述，通过断点–双重差分回归分析方法，可以认为减税政策的实施短期内对金融企业偿债能力、发展能力是具有正向影响的，而对于营运能力是具有负向影响的。减税政策对赢利能力的影响还需要通过后续的研究确认。

（3）剂量效应 DID 模型政策效果检验。

剂量效应双重差分分析方法主要是通过剂量效应，根据相关变量将样本划分出几个组，并从中选取出两个组分别作为实验组和对照组，从而实现在全国统一实施政策时对于实验组和对照组的划分。常见的剂量效应划分方法有二分法、三分法以及四分法。本节主要采取的是三分法，将样本根据综合税负指标划分为三组，并取其中综合税负较低的一组和综合税负相对较高的一组分别作为实验组和对照组。这主要是因为，综合税负相对较低一组企业的发展水平相对较高，能够更好地接受减税政策所带来的政策红利；而综合税负相对较高一组企业的发展水平相对较低，接受政策红利的能力相对较弱。

根据表 7–5 可知，减税政策的实施对偿债能力的影响方向为正向，影响效果为 0.0598，且在 1% 的显著性水平下可以认为是有显著影响的。该结果与断点–双重差分分析方法得出的结果相一致。减税政策对发展能力的影响方向也为正向，影响效果为 1.7316。在 1% 的显著性水平下，可以认为政策实施对金融企业发展能力是有显著正向影响的。减税政策的实施对金融企业营运能力具有负向的影响效果。该影响效果为–0.1703，并且在 1% 的显著性水平下可以认为是显著的。减税政策对于赢利能力在 1% 的显著性水平下是具有显著影响的。减税政策的实施能够提高金融企业的盈利，这与断点–双重差分分析在不控制固定效应时得出的结果相一致。因此，减税政策的实施能够显著促进金融企业赢利能力的提高。

综上，可以认为减税政策的实施在短期内能够促进金融企业偿债能力、发展能力以及赢利能力的提高。但是在短期内，减税政策却在一定程度上阻碍了金融企业营运能力的发展。表现为减税政策实施以来，金融企业为了规避较多风险，对于自身资源的使用相对保守，很多资源并不能得到充分利用，进而导致金融企业的营运能力有一定程度的下降。

表 7-5　三分法结果

变量名	偿债能力	发展能力	营运能力	赢利能力
Treat_Post	0.0598***	1.7316***	−0.1703***	0.6457***
	(0.0128)	(0.4534)	(0.0555)	(0.2390)
Treat	−0.2141***	0.3649	0.3547***	0.6969
	(0.0569)	(0.4241)	(0.1057)	(0.7298)
Post	0.0587***	−0.0854	0.0737	−0.0065
	(0.0174)	(0.6179)	(0.0756)	(0.3258)
个体固定效应	是	是	是	是
时间固定效应	是	是	是	是
Constant	0.7420***	0.0606	0.0226	0.4697
	(0.0416)	(0.4866)	(0.0882)	(0.5542)
Observations	616	616	616	616
Number of id	44	44	44	44

3. 减税政策对金融企业中长期影响分析

PVAR 模型因为使用的数据为季度数据，而对于输出的脉冲响应图的分析涉及对 20 个季度（即 5 年）的数据分析，所以得到的脉冲响应图能够分析减税政策对金融企业中长期的影响。

PVAR 模型在进行脉冲响应分析之前，需要对数据进行平稳性检验以及协整性检验。只有确认了数据的平稳性以及协整性，满足模型使用前提的结果才是可信的。因此，对资产负债率、总资产同比增长率、股东权益周转率、营业净利率以及综合税负进行单位根检验，以验证数据的平稳性。将综合税负命名为 Tax，单位根检验的相关结果见表 7-6。根据表 7-6 中 IPS、ADF-Fisher 以及 PP-Fisher 单位根检验的结果，可以在 5% 的显著性水平下确定金融企业四大财务能力指标的代表变量，以及综合税负的代表变量数据是平稳的。在验证完变量数据的平稳性之后，对这些变量进行协整性检验，协整性检验方法为 KAO 协整检验，检验结果显示相应的 *t* 值为-5.0434，数值小于-1.96，并且相应的 *p* 值为 0.0000，数值小于 0.01，因此可以在 1% 的显著性水平下认为这些变量是协整的。这些变量指标通过了单位根检验以及协整性检验，能够进行进一步的操作。

表 7-6　单位根检验结果

变量名	IPS	ADF-Fisher	PP-Fisher
Dpa	−2.198 15(0.0140)	181.729 (0.0027)	206.744 (0.0000)
Dev	−13.0553 (0.0000)	436.843 (0.0000)	472.760 (0.0000)
Opc	−4.083 44(0.0000)	235.489 (0.0000)	1507.00 (0.0000)
Pra	−13.1663 (0.0000)	490.771 (0.0000)	587.792 (0.0000)
Tax	−14.9250 (0.0000)	683.371 (0.0000)	789.738 (0.0000)

注：括号内为相应的 *p* 值。

在验证过所有变量指标的平稳性与协整性之后，需要根据信息准则确认这些变量的最优滞后阶数，相关结果见表 7-7。根据信息准则结果显示，这些变量的最优滞后阶数为 2 阶，即当最优滞后阶数为 2 阶时，得到的结果最准确，PVAR 模型的预测效果最好。

表 7-7　最优滞后阶数

Lag	AIC	BIC	HQIC
1	10.5696	11.2999	10.8328
2	10.4145*	11.2113*	10.7020*
3	13.4605	14.3265	13.7733
4	14.6096	15.5477	14.9488

根据已知最优滞后阶数为 2 阶，对数据进行 GMM 估计，从而得到初步的影响结果。金融企业综合税负对于偿债能力的影响系数为–0.001，对于发展能力的影响系数为–0.010，对于营运能力的影响系数为 0.018，对于赢利能力的影响系数为–0.088。这说明综合税负变动对于四大财务能力指标存在一定的影响。而减税政策的实施使金融企业的综合税负减少，这就意味着当综合税负减少 1 个单位时，金融企业的偿债能力会增加 0.001，金融企业的发展能力会增加 0.01，金融企业的营运能力会减少 0.018，金融企业的赢利能力会增加 0.088。为了验证 GMM 估计的结果，还需要通过脉冲响应函数图像进行验证。

根据最优滞后阶数为 2 阶，对变量进行 20 期 2000 次蒙特卡洛模拟，从而得到较为稳定的置信区间。有关综合税负对金融企业四大财务指标的脉冲响应函数图像，见图 7–15。

图 7–15（a）表示综合税负对偿债能力的影响情况。当综合税负受到 1 单位标准差的正向冲击时，金融企业偿债能力在第 1 个季度会受到不显著的负向冲击，这种负向影响在第 2 个

季度达到最大影响，影响效果为–0.0014，之后逐渐减弱，但是在 20 个季度（5 年）之后影响还没有消失，影响时间相对较长。因为实施减税政策，金融企业的综合税负相当于受到了负向冲击，PVAR 模型只能施加正向冲击，所以需要将上述分析反转。当综合税负受到 1 单位标准差的负向冲击时，金融企业偿债能力会受到正向的冲击影响。这种正向冲击影响在政策实施第 2 个季度达到最大影响效果 0.0014。此后影响效果并未迅速消失，一直持续到第 20 个季度（5 年），减税政策依然对金融企业偿债能力存在一定的影响。这表明减税政策的实施促进了金融企业偿债能力的发展，并且影响效果相对长期。

图 7–15（b）表示综合税负受到 1 单位标准差的正向冲击时，金融企业发展能力所做出的动态反应。当综合税负受到 1 单位标准差的正向冲击时，会在前 5 个季度对金融企业发展能力产生负向的影响效果。这种效果在第 2 个季度达到最大影响，为–0.03。在第 2 个季度之后，这种负向影响逐渐减弱，并于第 6 个季度（1 年半）转变为正向影响，这种正向影响相对较稳定，在第 6 个季度至第 14 个季度（1 年半至 3 年半）一直维持在 0.01 水平。在第 15 个季度之后逐渐减弱，但是在第 20 个季度仍存在正向影响。也就是说，当综合税负受到 1 单位标准差的负向冲击时，首先会对金融企业发展能力产生正向的影响。这种正向影响效果会持续 6 个季度（1 年半），并于第 2 个季度达到最大正向影响效果。在第 6 个季度之后，正向影响转变为负向影响，并维持在一定水平并于第 15 个季度（第 4 年的第 3 个季度）开始逐渐减弱，影响效果较为长期。这表明，减税政策的实施

会在短期内促进金融企业发展能力的提高，但效果并没有对偿债能力的影响长期，在中长期会阻碍金融企业发展能力的提高。

图 7–15（c）代表的是当综合税负受到 1 单位标准差的正向冲击时，金融企业营运能力所做出的动态反应结果。当综合税负受到 1 单位标准差的正向冲击时，会在前 3 个季度对营运能力产生正向的冲击影响，但是这种正向冲击影响效果相对较弱。在第 3 个季度之后，综合税负变动对营运能力产生的影响消失。这表明，减税政策的实施会在短期内阻碍金融企业营运能力的提高，但是整个过程的效果相对较弱，即减税政策的实施并没有对金融企业营运能力产生较大程度的影响，只是轻微的影响金融企业营运能力的发展。

图 7–15（d）表示当综合税负受到 1 单位标准差的正向冲击时，赢利能力对这种冲击所做出的动态反应。当综合税负受到 1 单位标准差的正向冲击时，会在第 1 个季度对金融企业赢利能力产生正向的冲击影响，这种正向冲击影响持续时间较短，并且影响效果相对较弱，为 0.02。但是这种影响会在第 2 个季度转变为负向的冲击影响，并且影响效果为–0.085，远远大于第 1 个季度的正向影响。综合税负对赢利能力产生的负向影响效果在第 2 个季度达到最大。在第 2 个季度之后，这种负向影响效果逐渐减弱，但是一直持续到第 20 个季度（5 年），这种负向影响依然存在。也就是说，当综合税负受到 1 单位标准差的负向冲击时，会在第 1 个季度对金融企业赢利能力产生负向的冲击影响，之后迅速转变为正向的冲击影响，并且这种正向冲击影响要远远大于第 1 个季度的负向冲击影响，即当减税政策实

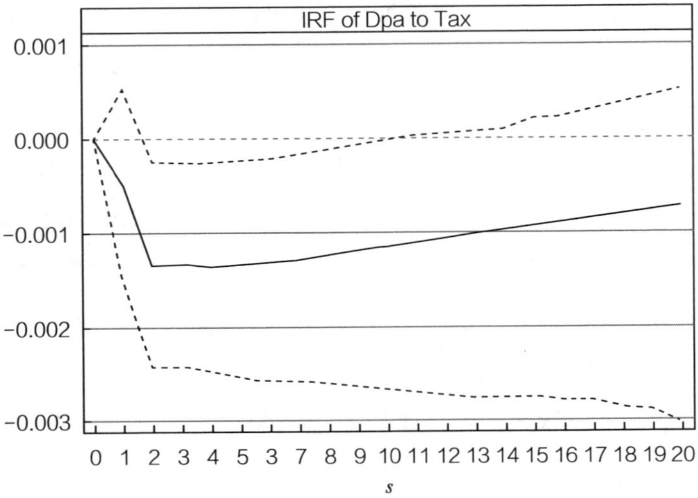

（a）综合税负对偿债能力的影响

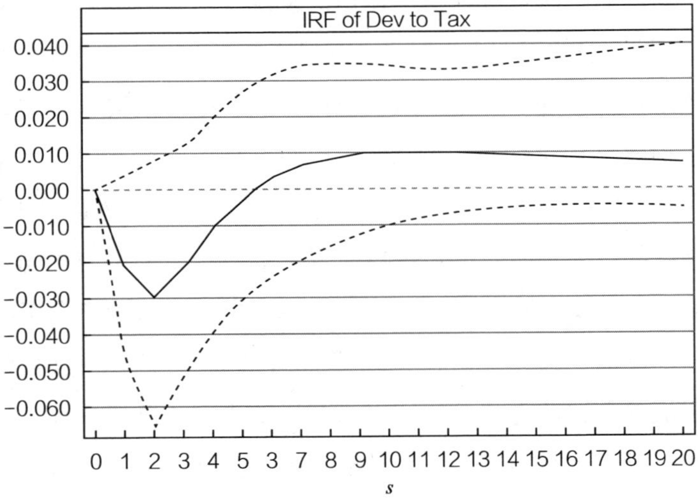

（b）综合税负对发展能力的影响

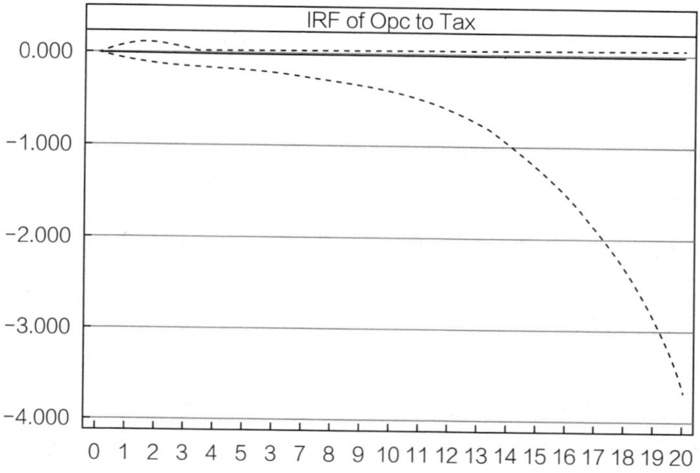

（c）综合税负对营运能力的影响

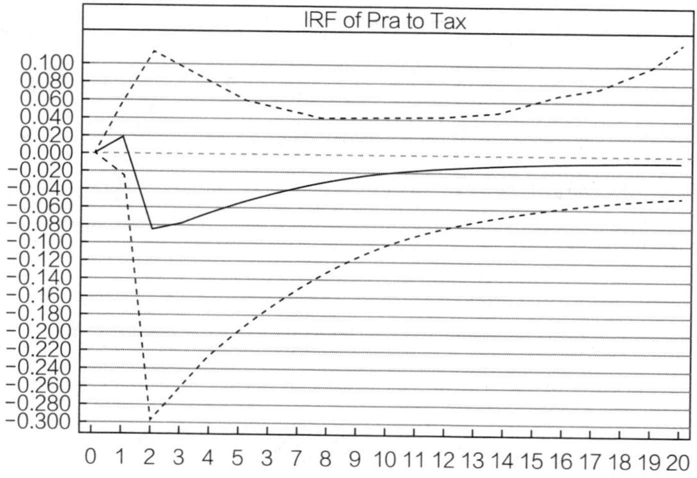

（d）综合税负对赢利能力的影响

图 7-15　综合税负对四大财务能力指标的影响

施之后，在前两个季度，对金融企业赢利能力的综合影响为较大程度的正向影响。在第 2 个季度（半年）达到最大正向影响效果之后，效果逐渐减弱，但是在第 20 个季度（5 年）依然存在较弱的正向影响。这说明，当减税政策实施后，对金融企业赢利能力的影响主要是正向影响，即减税政策可以促进金融企业赢利能力的提高，并且会持续相对较长一段时间。

五、结论

断点–双重差分回归分析方法和剂量效应双重差分模型，都证明了减税能够在短期内对金融企业偿债能力产生正向的影响效果，并且效果较为显著。为了研究减税在中长期对金融企业偿债能力的影响，本节通过 PVAR 模型研究综合税负对金融企业偿债能力的影响，从而得出其在中长期的影响效果。结果表明，减税政策的实施在短期内能够显著促进金融企业偿债能力的提高，与前两个模型的结果相一致。在短期显著促进金融企业偿债能力提高的同时，减税政策在中长期也能够促进其提高，这也验证了假设 1。但是，通过方差分解分析发现，减税政策的实施对金融企业偿债能力的提高的贡献率仅为 0.1%。这表明减税政策的实施确实能在一定时期内促进金融企业偿债能力的提高，但是提高的效率较低。

断点回归图像显示减税对于金融企业发展能力的提高具有显著性。通过断点–双重差分回归分析方法证实，减税政策的实施确实能够有促进金融企业发展能力提高的效果，但是并不显著。而通过剂量效应则证实，金融企业发展能力有显著的提高。这可能是因为剂量效应只选取了差距较大的两组进行了研究，断点–回归分析方法则选用了全部金融企业进行研究，样本量并不相同。若是选用全部样本可能结果也会不显著，因为综合税负处于中等水平的一组肯定没有综合税负较低一组的发展稳定且适应性强。为了验证该结果，通过 PVAR 模型对其进行研究，发现减税政策的实施在短期内确实促进了金融企业发展能力的提高，但是最大影响效果仅为 0.03，并且通过方差分解分析发现，减税政策对于金融企业发展能力的提高也仅为 0.1%。这说明减税政策确实能够使金融企业发展能力在短期内得到提高，验证了假设 2，但是影响效果并不显著。通过脉冲响应函数结果，还发现减税政策在中长期会在一定程度上阻碍金融企业发展能力的提高，尽管并不显著，且影响效果较弱。这说明减税政策的实施可能只能在短期内促进金融企业发展能力的提高，若要持续促进金融企业偿债能力的提高，一方面需要金融企业适时地调整自身的经营结构，另一方面需要政府制定能够更好地促进金融企业发展的减税政策。

在验证营运能力的平行趋势假设时，发现减税政策对金融企业营运能力的影响效果很弱，断点结果图也证实了该结论。通过断点–双重差分回归分析方法以及剂量效应双重差分模型研究减税政策对金融企业营运能力的影响，发现减税政策在短期对金融企业的营运能力有一定程度的阻碍影响。通过 PVAR 模型，验证了减税政策在短期内确实对金融企业的营运能力产生了负向的影响，但是影响效果很弱。该结论在方差分解分析时得到了验证，即减税政策对金融企业营运能力变动的贡献率很小，几乎可以忽略不计。这表明，减税政策对于金融企业的资源配置作用并不理想，验证了假设3。现实生活中也确实如此，例如，金融企业的年报、半年报、信贷档案、交易流水账等档案，都需要按国家政策要求保存一定年限后才能将档案销毁。但现实情况是有些涉及案件可以追溯到已经可以销毁的凭证，金融企业为了保证一些案件可以找到具体的交易凭证，会将本可以销毁的凭证或者报表继续保存起来。因此，金融企业的相关档案管理占用了相当一部分自有房产，而现代服务业已经有档案保管服务的企业，其档案保管服务费用给金融企业的负担很小。如果金融企业将相关档案保管工作移交给能够提供档案保管服务的企业，金融企业用于档案保管的房产就可以闲置出来，用于企业员工办公，以便提高企业的办公效率，或者租赁给其他企业来获得租赁收入，这种收益要高于档案保管服务的费用。但是，金融企业却很少通过这种方式来优化自己的资源，这也导致资源的使用效率较低。

通过断点结果图，发现减税政策能够促进金融企业赢利能力的提高，但是通过断点-双重差分回归分析方法却未能得出该结论。通过剂量效应双重差分模型进一步进行研究，发现减税政策在短期内确实能够促进金融企业赢利能力的提高。出现这种情况的原因可能是剂量效应选取的两组之间的差异相对较大，结果比断点-双重差分回归分析方法的结果要明显。在通过PVAR模型进行研究时，发现当减税政策开始实施时，会对金融企业赢利能力产生一定的负向影响，这可能是金融企业为了享受政策红利而进行自身调整所需的时间。在1个季度之后，减税政策则会较大程度促进金融企业赢利能力的提高，因此减税政策在短期内确实促进了金融企业赢利能力的提高，这也验证了断点结果图以及剂量效应双重差分模型得出的结论，该结果同样验证了假设 4。观察脉冲响应函数结果图的可发现，减税政策在中长期对于金融企业赢利能力的促进作用逐渐较弱。这表明优惠政策的实施对于金融企业赢利能力的影响具有时效性。通过方差分解分析发现，实施减税政策对于金融企业赢利能力的贡献率仅为 0.8%。这说明，政策对于金融企业的激励效果较弱，并不能显著提高金融企业的赢利能力。

六、政策建议

1. 减税政策与金融企业发展存在的问题

首先，减税对金融的激励作用有待提高。现行金融企业的减税政策大多涉及银行、金融资产管理以及抵押贷款。保险企业虽有涉及，但政策并不多，而证券企业所能享受的减税政策则相对更少。通过分析部分金融企业整体生产总值增长情况以及税收负担变化情况，发现减税政策对于金融企业的激励作用较小。将金融企业细分为银行企业、保险企业以及证券企业之后发现，保险企业以及证券企业的税收负担大幅度减轻，但是其相关财务数据并未表现出大幅度的上升。根据实证分析部分，减税政策的实施对于金融企业四大财务能力指标的贡献率较低，尽管对金融企业发展有影响，但效果相对较弱。此外，减税政策对金融企业财务能力的影响效果存在一定的时滞性，这说明有关单位关于减税政策的宣传很可能存在不及时、不到位等问题。

其次，相关减税政策的时效有待延长。减税政策的实施在短期内能够促进金融企业发展能力的提高，但中后期会对金融企业的发展能力产生负向的影响效果。现行减税政策的政策时效大多维持在 2 至 3 年，在政策时效快结束时还会再考虑是否延长政策时效，或者废除旧的政策出台新的政策以鼓励企业的发展。但是，这种做法可能会导致企业需要频繁调整自身的经营结构，进而使得金融企业感到困扰。尽管 2023 年政府将部分金融机构的税收优惠政策延长至 2027 年年底，但仍有部分政策亟待改进。

再次，金融企业风险管理水平需提高。从理论上来说，减税政策的实施将会有助于金融企业提高对自身风险管理的效率。但是根据现状分析发现，减税政策的实施对保险企业的风险管理并未显示出明显的作用，具体表现为：保险企业风险综合评级为 A 级的企业数量减少，B、C、D 级的企业数量增多；保险企业的偿付能力充足率在缓慢下降。此外，减税政策对金融企业偿债能力的贡献率较低。这表明，减税政策的实施在提高金融企业风险管理效率方面的作用有限，金融企业还需要进一步提高其风险管理水平。

最后，金融企业资源配置结构不合理。根据减税政策对金融企业营运能力的影响结果显示，减税政策的实施并不能有效地提高金融企业的营运能力。但以往学术研究发现，减税政策的实施能够提高企业的营运能力。这说明金融企业对于自有资产的管理效率较低，其自身资源配置结构相对不合理。此外，金融企业不能根据优惠政策，及时调整自有资源的配置情况，从而导致减税政策对金融企业营运能力的作用较弱。

2. 促进金融企业发展的相关建议

关于政府层面的建议：

一是提高对金融企业的支持力度，多出台一些促进金融企业发展的减税政策。目前鼓励金融服务实体经济发展的政策较多，但是鼓励金融企业发展的政策相对较少，政府出台优惠政策时应考虑到金融企业自身的发展。以往的研究已经证明，金融企业的合理发展对国家发展具有重要促进意义，那么国家应合理地出台一些鼓励金融企业发展的优惠政策。此外，根据现行减税政策，只有银行、保险、金融资产管理以及抵押贷款等类型的金融企业能够享受到一定的减税优惠，而其余类型的金融企业却很难享受到减税政策的优惠。政府应根据不同类型金融企业的主要经营业务以及当前市场环境，制定差异化的减税政策，以促进不同类型金融企业的发展。

二是延长相关减税政策的时效性。应根据当时的市场环境以及对未来市场环境的预测，制定具有较长政策时效的优惠政策，尽量避免政策在后期市场环境中对金融企业产生负向的影响效果。可以多出台能够维持 5 年的减税政策，以支持企业的发展，给予金融企业充足的时间去调整自身的经营结构，以便更充分地享受减税政策多带来的政策红利。如今已有部分政策延长至 2027 年，政府可以考虑将其余优惠政策的政策时效进行延长。

三是加大对减税政策的宣传力度，以便金融企业能够及时了解到自身可适用的政策。目前税收大数据正在快速发展，税务部门可以通过税收大数据平台，及时筛选出能够享受税收优惠政策但实际并没有享受的企业，并告知相关企业可以享受的优惠政策。在出台新政策之后，税务部门也应通过税收大数据平台，及时将新政策传达给能够享受到政策红利的企业。这样做既可以促进企业发展，也可以减少税务部门不必要的麻烦。

关于企业层面的建议：

一是及时调整企业自身经营结构，以充分享受政策带来的政策红利。一方面，应减少新政策出台之后企业自身决策的时间。这就需要企业提高自身管理人员的管理能力，并且及时了解经济形势以及优惠政策。另一方面，企业应在调整自身经营结构时优化自身的资源配置。目前金融企业对于自身已有资源的使用效率并不充分。金融企业可以在决策时考虑目前对自有资产的安排是否合理、是否可以调整以获得更多的利润。

二是加快对相关专业人才的培养。由于目前政策变更较快，企业想要充分享受优惠政策，就需要对这些政策有相当充分的理解。一方面，金融企业应加大对自有就业人员的培养，通过开展相关的培训工作、聘请相关领域的知名人士举行讲座等方式，拓展自身对这些政策的理解。另一方面，金融企业可以引入一些能够充分理解相关政策的专业人才。据了解，金融公司更喜欢既有理论知识又有实践能力的专业人才。但是学生实践经验较为欠缺。金融企业可以与学校进行对接，鼓励学生在寒暑假期到企业实习。实际上，这种方式是互利共赢的——学生可以得到充分的锻炼，提升自己的实践经验；金融企业的就业人员也可以通过实习学生学习到一些相关知识，拓展自己的理解能力。

三是合理降低企业自身经营风险。一方面，现有的税收大数据平台已经可以做到风险预警，金融企业如果被告知自身经营活动的风险已经超过标准，就应该合理地降低企业自身经营风险。另一方面，金融企业内部可以适当对自身经营风险程度进行分析，将自己的经营风险和其他金融企业的经营风险进行对比，了解自己是否风险过高、是否需要调整经营活动。这样既可以提高自己的信誉度、吸引资金流入，又可以提高自身的风险应对能力。

第二节　房地产行业

房地产行业是国民经济中较为重要、影响力较强的行业，从图 7-16 可以看出，房地产行业产值占国民总收入比重逐年上

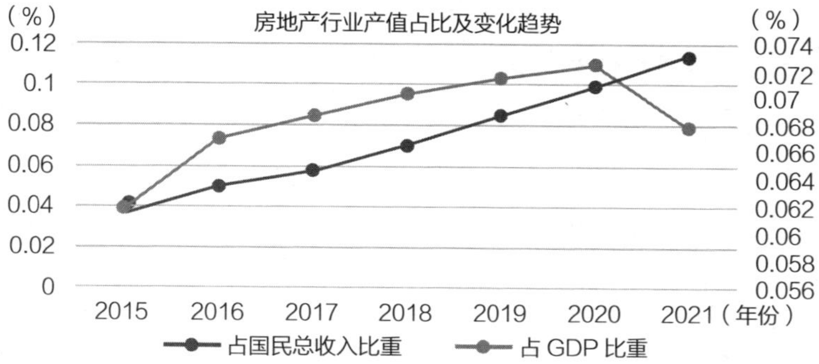

图 7-16　房地产行业产值占比及变化趋势

涨，占国内生产总值比重也在增长；尤其是2020年，占比达到了7.24%，持续保持占比在6%以上。

房地产行业特点主要有三个：开发周期长，甚至经常需要跨越会计年度；与其他产业的关联性较高，从最初的开发土地、修建房地产到后期的销售、物业问题等，都与国民经济的其他行业有着千丝万缕的关系，比如装修业、建筑业、服务业、广告业等；成本高、赢利水平高，同时风险也大。

由于业务庞大，房地产行业在整个运营过程中涉及的税种也较为复杂，财税问题突出。开发建设时期涉及印花税、房产税这种财产和行为税，清算时期涉及增值税、土地增值税、企业所得税、房产税等税种。因此，房地产行业的税负水平对整个行业的发展不容忽视。

一、研究假设

关于房地产行业的税负水平，许多学者都进行了相关方面的研究。程瑶（2010）选取2001—2007年的数据进行宏观行业对比，选取2003—2007年的相关数据进行行业税负对比，得出结论：房地产行业的税负水平增长速度较快，在2007年左右才出现了税负水平偏高的情况；同时，行业的税负水平还与企业所在的地域有关。向阳和符蓉（2016）搜集2007—2014年的行业税负相关数据进行对比与分析得出，我国房地产行业的税负水平增长依旧较快；同其他行业相比，房地产业的税负较高，应该延长产品链和价值链，降低成本。随着减税降费政策的贯彻实施，包燕萍（2019）通过选取2014—2017年的数据进行实证研究，得出结论：自 2014 年以来，对于房地产行业，减税减费政策有一定成效，行业平均税负水平有所下降，并发现行业税负水平会受到企业的相关因素的影响。王曙光和王敢平（2017）通过实证研究分析我国房地产业的税负，得出房地产业销售收入负税率较高的结论，并给出相关建议。基于以上，提出假设 1：税负水平的变化会在短期内对房地产企业财务能力产生影响，其中流转税负的影响存在滞后性。

近几年，随着营改增的放开和时间推移，学术界逐渐转向研究减税降费效应。宏观上，减税促进经济增长（Ferede & Dahlby，2012；杨广莉和孙慧卿，2020），并降低多数行业的税负（胡海生等，2021；冯俊城，2022）。微观层面，研究者主要运用双重差分类或回归类方法，得出结论，减税对企业赢利能力（Zenovia & Mariana，2014；刘建民等，2017）、创新研发（Russell & Paul，2010；许世建和张声雷，2019；邓力平等，2020；陈明艺等，2021）、固定资产投资（吕久琴和曹晟琪，2020）、企业准入（Gordon & Sarada，2018；何振和王小龙，2019）等方面具有正相关，并且存在一定的行业异质性和地区异质性。基于以上，提出假设 2：税负水平下降在短期内会促进企业的经营能力和赢利能力。

本节将房地产行业税负水平与行业财务能力指标相联系，结合减税降费政策，分析税负水平对财务能力的具体影响。

二、房地产行业税负水平趋势分析

为保证分析的严谨性，本节通过查阅 2015—2021 年中国统计年鉴与中国税务年鉴相关数据，得出 2015—2021 年房地产行业所得税、流转税税负率数值表（表 7-8）和 2015—2021 年房地产行业税负率变化趋势图（图 7-17），其中所得税税负率 = 内资企业所得税 / 不含税收入，不含税收入 = 主营业务收入-税收收入；流转税税负率 =（增值税额或营业税额 + 消费税额）/营业收入。

表 7-8　2015—2021 年房地产行业所得税、流转税税负率

	2015 年	2016 年	2017 年	2018 年	2019 年	2020 年	2021 年
所得税税负率（%）	0.0438	0.0413	0.0487	0.0540	0.0636	0.0561	0.0491
流转税税负率（%）	0.0666	0.0584	0.0474	0.0475	0.0447	0.0329	0.0310

由图 7-17 可以看出，房地产行业的流转税税负率持续下

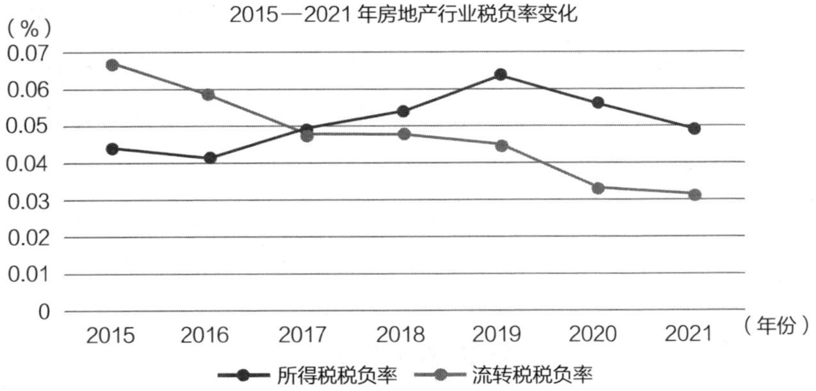

图 7-17　2015—2021 年房地产行业税负率变化

降，尤其是2019—2020年下降最为明显。行业所得税税负率2016—2019年持续上涨，但在2019年达到最高点后，开始下降。2018年9月20日，国家税务总局印发《关于进一步落实好简政减税降负措施更好服务经济社会发展有关工作的通知》，反映了国家减税降费的决心之大。可见，减税降费对于降低房地产行业税负有一定的积极效果。

三、数据与变量

为研究税负对房地产行业的影响，本章节通过国泰安数据库，在剔除ST和*ST企业的前提下，选取了89家房地产行业上市公司作为研究模型的样本。时间跨度为2016年三季度至2022年三季度，共25个季度。

本章节选取四大财务能力指标，即偿债能力、经营能力、赢利能力和发展能力，来反映税负水平对房地产行业的影响程度。偿债能力指标设有流动比率（c_1）、速动比率（c_2）、现金比率（c_3）、资产负债率（c_4）、权益乘数（c_5）、产权比率（c_6）；经营能力指标设有应收账款周转率（j_1）、存货周转率（j_2）、营运资金（资本）周转率（j_3）、流动资产周转率（j_4）、固定资产周转率（j_5）、总资产周转率（j_6）；赢利能力指标设有资产报酬率（y_1）、营业利润率（y_2）、销售费用率（y_3）、管理费用率（y_4）、财务费用率（y_5）、成本费用利润率（y_6）；发展能力指标设有资本积累率（f_1）、营业利润增长率（f_2）、每股经营活动产生的净流量增长率（f_3）、投资活动产生的现金流量增长率（f_4）、所有者权益增长率（f_5）、每股净资产增长率（f_6）。同时选取三种税负指标，即综合税率（t_a 和 t_b）、流转税率（t_l）、所得税率（t_s），来放映房地产行业上市公司的税负水平。共计 28 个指标。

第一轮筛选：剔除含缺失数据、极端数值和数据重复指标。

由于退出市场以及在 2016 年三季度后成为上市公司等原因，有的企业缺乏个别年度所有指标的季度数据。在这一轮剔除不符合时间跨度的企业后，确定为 89 组样本。针对 89 组样本，剔除含缺失数据、极端数值和数据重复的指标。经过对指标的第一轮筛选，在上述 28 个指标中剔除掉 j_1（应收账款周转率）、j_3（营运资金周转率）、y_3（销售费用率）、f_1（资本积累率）、f_2（营业利润增长率）、f_3（每股经营活动产生的净流量增长率）、f_4（投资活动产生的现金流量增长率）。其中，j_1、j_3、y_3、f_3、f_4 由于含缺失数据而剔除，f_2 由于含有极端数值而剔除，f_1（资本积累率）由于与 f_5（所有者权益增长率）存在重复数据而剔除。

第二轮筛选：单位根平稳性检验。

使用 Eviews 软件对指标进行平稳性检验的筛选，由表 7-9 可知，各变量 ADF-Fisher 检验的结果显示，在 1% 的显著性水平下，以下各变量数据均平稳。

表 7-9 单位根平稳性检验

变量	ADF-Fisher	变量	ADF-Fisher	变量	ADF-Fisher
c_1	270.570 （0.0000）	j_6	361.522 （0.0000）	y_6	495.171 （0.0000）

续表

变量	ADF-Fisher	变量	ADF-Fisher	变量	ADF-Fisher
c_2	378.944 (0.0000)	y_1	388.898 (0.0000)	f_1	587.872 (0.0000)
c_3	459.612 (0.0000)	y_2	538.206 (0.0000)	f_2	1422.67 (0.0000)
j_2	347.368 (0.0000)	y_4	574.468 (0.0000)	f_5	587.872 (0.0000)
j_4	330.648 (0.0000)	y_5	473.533 (0.0000)	f_6	592.507 (0.0000)
j_5	743.414 (0.0000)				

第三轮筛选：通过 Lasso 回归对剩余指标进行筛选。

通过 Stata 使用 Lasso 回归帮助筛选出重要的变量。如果变量的回归系数在 Lasso 回归结果表中不为 0，则为重要变量，需要保留。为保证结果的可靠性，将随机数样本设为 4000，远大于用样本量。表中左列为筛选出的变量，右列为其对应的 Lasso 所估计的变量系数。根据表 7-10 可知，以下变量的系数为非零，保留。

表 7-10　Lasso 回归结果

Selected	Post-est OLS
c_2	0.740 010 8
c_3	0.404 592 9
c_4	-0.304 462 3
j_4	11.803 473 1

续表

Selected	Post-est OLS
j_5	−0.013 089 2
j_6	28.691 381 6
y_2	−0.012 321 8
y_4	−0.014 736 4
y_6	0.058 803 2
f_6	0.750 190 4

第四轮筛选：相关性检验。

为避免实证分析过程中出现多重共线性问题，在使用 Lasso 回归筛选出重要变量的基础上，使用 Eviews 软件，对其进行相关性检验。

偿债能力指标（c）：速动比率（c_2）、资产负债率（c_4）均与赢利能力指标中的营业利润率（y_2）、管理费用率（y_4）、成本费用利润率（y_6）在 10% 的显著性水平下相关，故剔除 c_2、c_4，保留现金比率（c_3）。

经营能力指标（j）：总资产周转率（j_6）与管理费用率（y_4）在 10% 的显著性水平下相关，故剔除 j_6，保留流动资产周转率（j_4）和固定资产周转率（j_5）。

赢利能力指标（y）：营业利润率（y_2）、成本费用利润率（y_6）与现金比率（c_3）在 10% 的显著性水平下相关，故剔除 y_2、y_6，保留管理费用率（y_4）。

发展能力指标（f）：经过 Lasso 筛选后，保留营业利润增长率（f_2）和每股净资产增长率（f_6）。由于f_2指标的数值过大，对后期脉冲图的结果分析产生了较大干扰，故保留每股净资产增长率（f_6）。

税负指标：综合税率包含综合税率 A 和综合税率 B，综合税率 A 为（营业税金及附加 + 所得税费用）/ 营业总收入，综合税率 B 为（营业税金及附加 + 所得税费用）/ 利润总额。由于综合税率 A 与营业利润率（y_2）、管理费用率（y_4）、成本费用利润率（y_6）在 10% 的显著性水平下均有关，故剔除 t_a，保留综合税率 B（t_b）、流转税率（t_l）、所得税率（t_s）三项税负指标，后文会分别讨论三种税负指标对房地产行业的各自影响。

最终，四大财务能力指标中，偿债能力指标选取现金比率（c_3）来衡量，经营能力指标选取流动资产周转率（j_4）来衡量，赢利能力指标选取管理费用率（y_4）来衡量，发展能力指标选取每股净资产增长率（f_6）来衡量，税负指标保留综合税率 *B*、流转税率、所得税率。剩余各变量指标即为最终选取指标，见表 7-11。

表 7-11　最终选取变量指标信息

财务能力	变量名称	变量名	计算公式
偿债能力	现金比率	c_3	现金及现金等价物期末余额 / 流动负债
经营能力	流动资产周转率	j_4	营业收入 / 流动资产期末余额
赢利能力	管理费用率	y_4	管理费用 / 营业收入
发展能力	每股净资产增长率	f_6	（每股净资产本期期末值-每股净资产本期期初值）/ 每股净资产本期期初值。其中，每股净资产 =（所有者权益合计）/（实收资本）

续表

财务能力	变量名称	变量名	计算公式
税负指标	综合税率 *B*	t_b	（营业税金及附加 + 所得税费用）/ 利润总额
	流转税率	t_l	营业税金及附加 / 营业总收入
	所得税率	t_s	所得税费用 / 营业总收入

四、实证分析

在此次实证分析中，选取的房地产行业上市公司的面板数据包含较多时间维度的数据，且信息量较大，数据产生偏差的可能性较大，且容易影响分析结果。PVAR 模型可以把所研究的变量视为内生变量，并且将每个内生的变量看作系统中全部内生变量滞后值的函数，提供丰富的结构，进而捕获所研究数据的更多特征。而且，PVAR 模型是允许数据中个体效应和异方差性存在的，因为大量截面数据的存在，该模型允许滞后系数随时间的变化而变化，放松了数据对时间平稳性的要求。因此，本章仍选择 PVAR 模型进行实证研究。

1. 所得税率对房地产行业的影响分析

使用 Stata 软件，根据信息准则，选取最优滞后阶数。分析的变量为 c_3、j_4、y_4、f_6、t_s。最优滞后阶数结果见表 7-12。根据信息准则可以确定，参与模型分析的变量之间的最优滞后阶数为 5 阶，即当滞后阶数为 5 阶时，模型分析结论最为准确。

表 7-12　最优滞后阶数结果

Lag	AIC	BIC	HQIC
1	1.100 13	2.391 45	1.573 72
2	0.909 298	2.319 89	1.427 79
3	0.282 698	1.822 15	0.849 892
4	−0.406 618	1.272 59	0.213 59
5	−0.586 093*	1.245 28*	0.092 069*
6	−0.566 866	1.430 96	0.174 945

在最优滞后阶数为 5 阶的基础上，对相关变量进行 15 期 1500 次的蒙特卡洛模拟，得到以下有关所得税负变动对房地产行业四大财务能力影响的脉冲响应图，见图 7-18 至图 7-21。

从图 7-18 可以看出，当受到所得税率的正向信息冲击，现金比率在第 1 期产生了负向反应，随后在第 3 期产生了正向反应，随后逐步正向收敛。可以看出，所得税负减少，短期来看对现金比率产生的影响由正变；但长期来看，对企业变现能力的影响为负向且较弱。

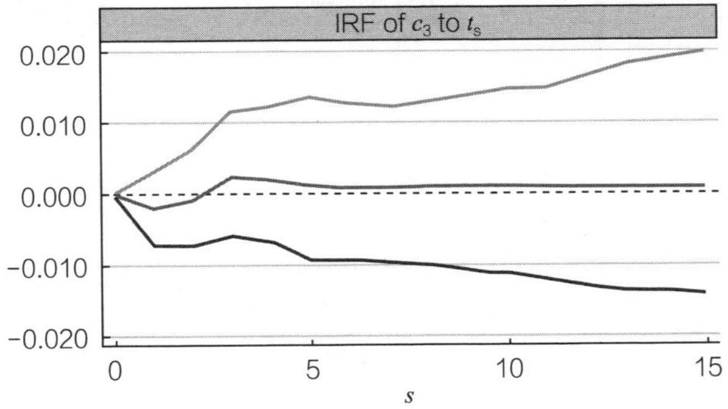

图 7-18　所得税率对现金比率的影响

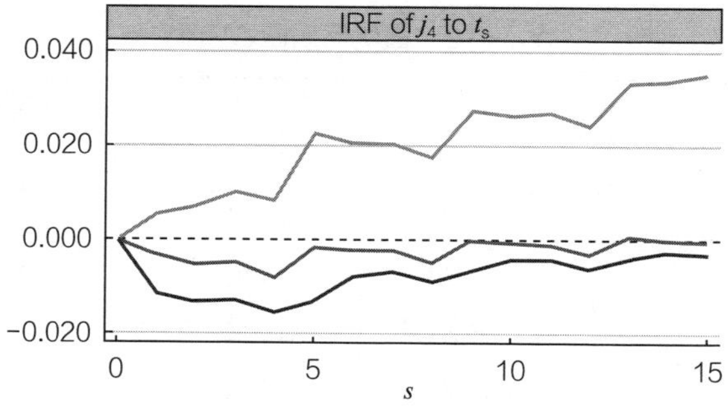

图 7-19　所得税率对流动资产周转率的影响

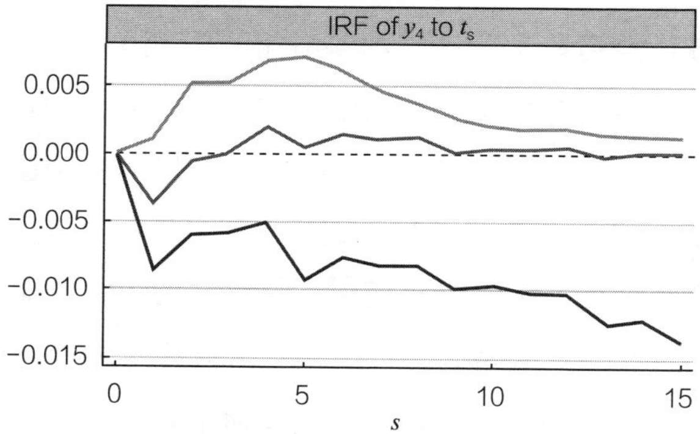

图 7-20　所得税率对管理费用率的影响

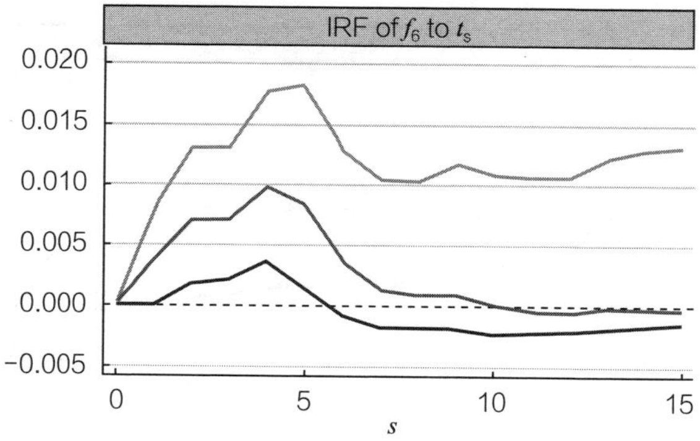

图 7-21　所得税率对每股净资产增长率的影响

从图 7-19 可以看出，所得税负对流动资产周转率的影响持续为负向。当受到所得税率的正向信息冲击，流动资产周转率持续产生了负向反应，并且反应程度在第 4 期达到了最大，随后在第 5 期至第 7 期趋于平缓，在第 8 期再次做出负向反应，随后反应程度减弱，反应程度循环几次但逐渐减弱，趋于平缓。因此，所得税负减少，有利于企业的流动资产周转率和经营能力。

从图 7-20 可以看出，当受到所得税率的正向冲击，管理费用率在第 1 期产生了负向反应，在第 4 期产生了正向反应，随后一直保持正向的冲击影响且逐渐收敛为 0。因此，当所得税负减少时，短期对管理费用率为有利影响，但长期为负向影响，且逐渐减弱甚至为 0。可以看出，当所得税负减少时，短期内会促进企业的赢利能力，但长期来看影响不大，甚至减弱为 0。

从图 7-21 可以看出，当受到所得税率的信息冲击，每股净资产增长率持续产生了正向反应，并在第 4 期反应程度达到最大，随后在第 7 期之后趋于平缓。前 5 期的反应程度较为强烈，但可以看出，所得税负对每股净资产增长率的影响集中为短期影响。因此，当所得税负减少时，在短期，每股净资产增长率会下降，但长期会促进，但促进程度弱。

所得税率变动给四大财务指标带来的影响没有产生较强的滞后性。

2. 流转税率对房地产行业的影响分析

使用 Stata 软件，根据信息准则，选取最优滞后阶数。分

析的变量为 c_3、j_4、y_4、f_6、t_1。最优滞后阶数结果见表 7-13。根据信息准则可以确定，参与模型分析的变量之间的最优滞后阶数为 5 阶，即当滞后阶数为 5 阶时，模型分析结论最为准确。

表 7-13　最优滞后阶数结果

Lag	AIC	BIC	HQIC
1	−5.5934	−4.302 08	−5.119 81
2	−5.840 66	−4.430 06	−5.322 16
3	−6.468 06	−4.928 61	−5.900 87
4	−7.178 47	−5.499 27*	−6.558 27
5	−7.249 56*	−5.418 19	−6.5714*

在最优滞后阶数为 5 阶的基础上，对相关变量进行 15 期 1500 次的蒙特卡洛模拟，得到以下有关流转税负变动对房地产行业四大财务能力影响的脉冲响应图，见图 7–22 至图 7–25。

从图 7–22 可以看出，当受到流转税率的正向信息冲击，现金比率产生持续的负向反应，在第 4 期反应程度达到最大，第 6 期后趋于收敛。可以看出，当流转税负减少时，现金比率的反应存在一定的滞后性。但长期来看，流转税负的减少会对现金比率产生正向影响。

从图 7–23 可以看出，当受到流转税率的正向信息冲击，流动资产周转率在第 1 期至第 3 期产生平缓的负向反应，在第 5 期时，流动资产周转率的负向动态反应程度最为强烈，随后，

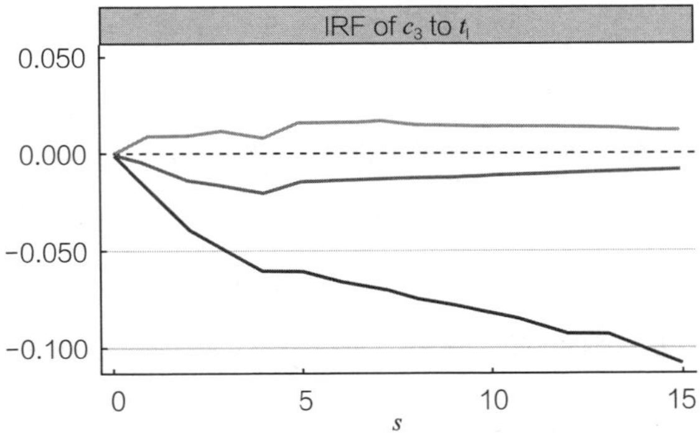

图 7-22　流转税率对现金比率的影响

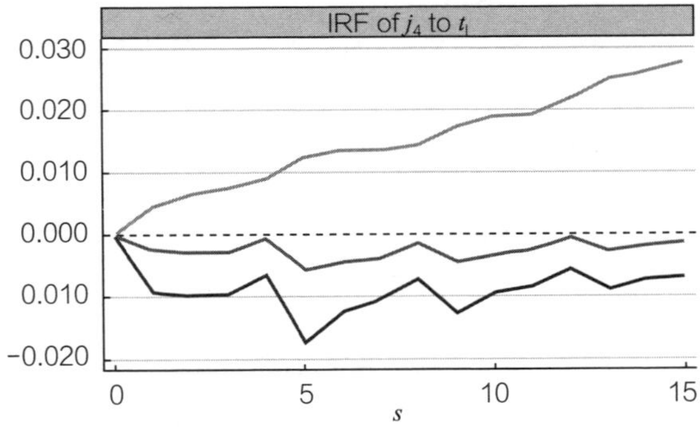

图 7-23　流转税率对流动资产周转率的影响

在第 9 期产生负向反应后趋于平缓。可以看出，反应程度会循环几次，但程度逐渐减弱。当流转税负减少时，流动资产周转率的反应也存在一定的滞后性，长期来看，会对流动资产周转率产生正向反应，促进经营能力。

从图 7-24 可以看出，当受到流转税率的正向信息冲击，管理费用率在第 1 期产生正向反应，紧接着在第 2 期产生负向反应，在第 3 期产生正向反应，在第 5 期产生正向反应后，反应程度趋于收敛。流转税率变动对管理费用率带来的影响在短期内较为强烈，在长期内保持正向反应。因此，当流转税负减少时，长期来看，对管理费用率的影响为负向。

从图 7-25 可以看出，当受到流转税率的正向信息冲击，每股净资产增长率在第 1 期产生较强的正向反应，在第 5 期的动态反应程度达到最大，在第 8 期后趋于收敛。可以看出，当流

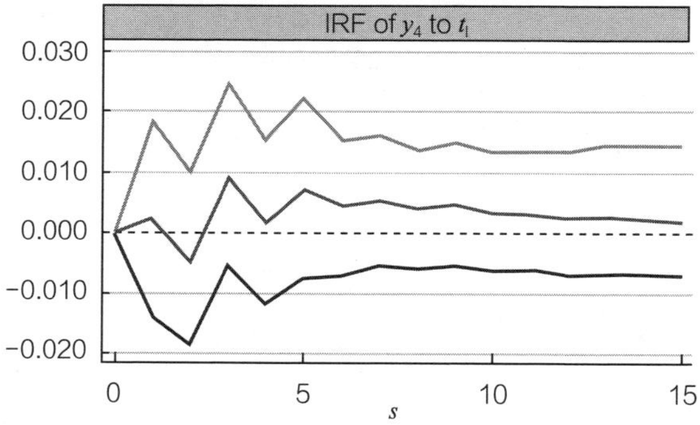

图 7-24　流转税率对管理费用率的影响

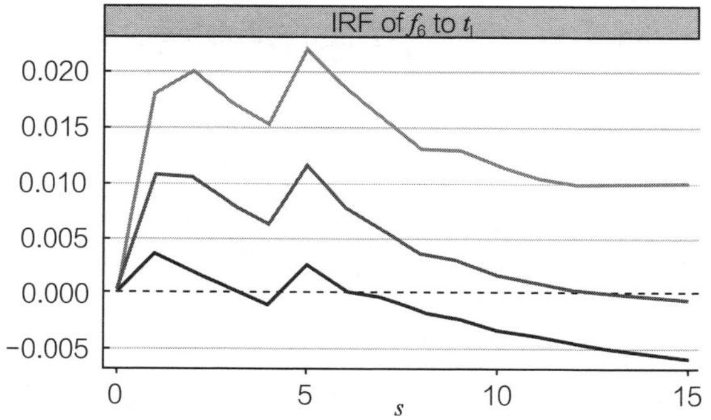

图 7-25　流转税率对每股净资产增长率的影响

转税负减少时，在短期内影响较大且会降低每股净资产增长率，长期影响逐渐减弱，从负向转为正向。

3. 综合税率对房地产行业的影响分析

使用 Stata 软件，根据信息准则，选取最优滞后阶数。分析的变量为 c_3、j_4、y_4、f_6、t_b。最优滞后阶数结果见表 7-14。根据信息准则，可以确定参与模型分析的变量之间的最优滞后阶数为 5 阶，即当滞后阶数为 5 阶时，模型分析结论最为准确。

表 7-14　最优滞后阶数结果

Lag	AIC	BIC	HQIC
1	2.861 66	4.152 98	3.335 25
2	2.668 83	4.079 42	3.187 32
3	2.050 55	3.590 01	2.617 75
4	1.256 61	2.935 81	1.876 81
5	0.911 484*	2.742 86*	1.589 65*
6	0.931 047	2.928 87	1.672 86

在最优滞后阶数为 5 阶的基础上，对相关变量进行 15 期 1500 次的蒙特卡洛模拟，得到以下有关综合税负变动对房地产行业四大财务能力影响的脉冲响应图，见图 7-26 至图 7-29。

从图 7-26 可以看出，当受到综合税率的信息冲击，现金比率在短期内产生了负向反应，在第 5 期产生了正向反应，随后趋于收敛为 0。综合税负对现金比率的影响主要集中在短期，长期影响程度几乎为 0。因此，当企业综合税负减少时，短期会有利于企业的偿债能力，但长期受影响程度几乎为 0。

从图 7-27 可以看出，当受到综合税率的信息冲击，流动资产周转率在第 1—4 期产生了负向反应，并且在第 4 期负向反应程度达到最大，第 5 期产生轻微的正向反应后，接连产生负向反应，在第 8 期反应程度较强。可以看出，反应程度会循环几次，但逐次减弱。综合税负的减少对流动资产周转率的影响较为持续，有利于企业经营能力，且存在一定的滞后性。

从图 7-28 可以看出，当受到综合税率的信息冲击，管理费用率在第 1 期产生了负向反应，且反应程度较为强烈，在第 2—

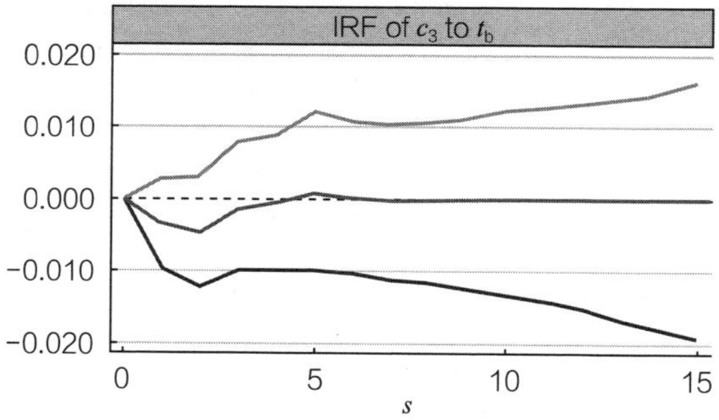

图 7-26　综合税率对现金比率的影响

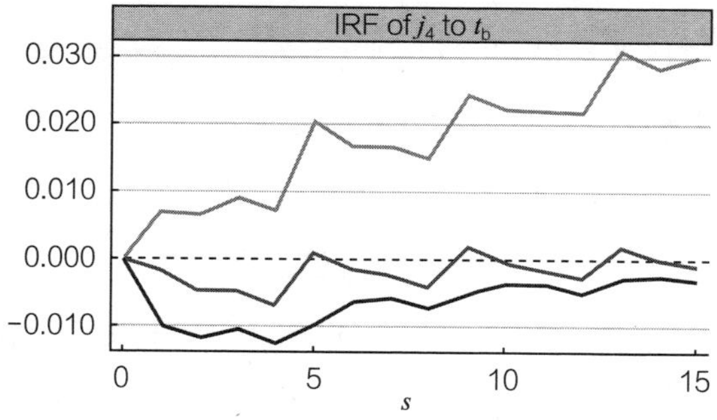

图 7-27　综合税率对流动资产周转率的影响

3 期保持平缓的负向反应，第 4 期产生了正向反应，并在之后保持正向的反应，逐渐收敛。可以看出，当综合税负减少时，在短期内对赢利能力产生了正向影响，但在长期时为负向影响，且影响程度逐渐减弱甚至为 0。

从图 7–29 可以看出，当受到综合税率的信息冲击，每股净资产增长率产生了正向反应，并在第 2 期和第 4 期反应程度较

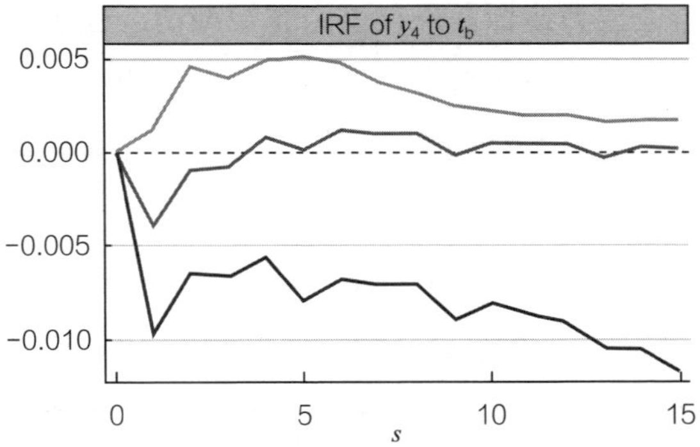

图 7–28　综合税率对管理费用率的影响

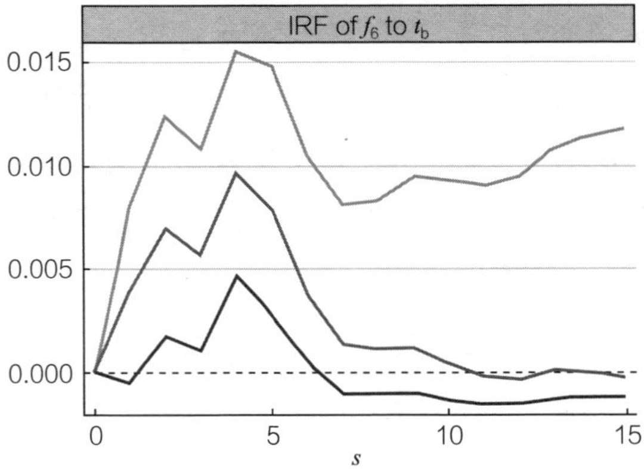

图 7–29　综合税率对每股净资产增长率的影响

为强烈，其中第 4 期的反应程度最强，随后趋于收敛为 0。可以看出，当综合税负减少时，短期来看，对每股净资产增长率的影响为负向，且反应程度较强烈，长期影响程度逐渐转为微弱的正向影响。

五、结论与政策建议

（1）偿债能力指标：税负下降在短期内会促进企业的偿债能力。长期来看，当所得税负和综合税负下降时，其产生的影响几乎为 0；而流转税负下降，会在一定程度上促进企业的偿债能力。

（2）经营能力指标：税负下降会对流动资产周转率产生正向的影响，促进企业的经营能力，但存在一定的滞后性。

（3）赢利能力指标：所得税负和综合税负下降会促进企业的赢利能力，但长期影响逐渐减弱并趋于 0。

（4）发展能力指标：税负下降对企业发展能力产生负向影响，即税负增加对企业发展能力起到促进作用。微观角度可能由于企业税负增加，不得不改进产品或者采取措施来降低其他成本，这些举措也会促进企业的发展能力；宏观角度来看，企业税负增加可能会由于国家经济大环境在快速发展，所以对企业的发展能力是促进的。

关于房地产的发展，建议如下。

（1）政企配合，助力企业正确看待税负。在短期，给税负率正向冲击时，税负增加与发展能力（每股净资产增长率）呈正相关关系。因此，政企应积极联系配合，让企业对税务政策法规保持正确的态度，不应投机取巧也不应消极抵触。房地产企业应明确自身纳税义务，积极进行合规合法的税收筹划，让自身的发展能力适应市场变化，促进自身平稳健康发展。

（2）企业应加快自身运营结构改进，降低运营成本。由于长期来看，给税负率正向冲击时，税负增加与赢利能力呈正相关关系，因此，房地产企业应加快自身结构的改进。由于生产经营中涉及的行业和税种较多，房地产企业应该借力政策，有效降低自身运营成本；在税负水平有所下降的大环境背景下，积极适应政策，提高自身赢利能力。

（3）提高服务质量，相信“打铁还需自身硬”。税负冲击对企业财务能力的影响在长期都是平稳且减弱的。由于房地产逐渐由商品恢复为人民生活的必需品，弹性小，企业的流转税负更易进行转嫁，但与此同时，人们需求的产品质量也会提高。企业还需提高自身产品与服务质量，尽力让国家相关政策带来的影响不再是快餐式的，以最大化地享受政策带来的红利。

第三节　小结

（1）金融服务业的减税效应：减税政策通过降低金融企业的税收负担，增强了金融企业的资本实力和风险管理能力，进而推动了金融产品和服务的创新，提高了金融企业对实体经济的服务效率。

（2）房地产行业的减税效应：房地产行业作为国民经济的

重要组成部分，减税政策在短期内对行业的偿债能力和赢利能力有正向影响，但长期影响有限。房地产企业应积极响应政策，优化运营结构，提高服务质量。

基于本章的分析，政府部门在制定税收政策时，应深入分析第三产业各细分行业的实际需求和特点，避免“一刀切”的政策制定方式。例如，对于创新型科技服务企业，可以考虑提供研发投入的税收抵扣，以鼓励技术创新和产业升级。同时，智能提供税收优惠政策推送服务，助力企业快速响应政策红利。在企业层面，则应强化内部治理，构建风险防控体系，确保减税资金有效转化为创新动力和市场竞争力。企业还需紧跟市场脉搏，提供优质服务，实现经济效益与社会责任的双赢。政府与企业应建立常态化的沟通平台，确保政策与需求精准对接，共同促进经济结构的优化升级，推动经济高质量发展。通过这些综合措施，我们才能最大化减税政策的正面效应，激发市场活力，实现经济的可持续繁荣。

8

第八章

减税梳子理论

在全球化与区域经济一体化不断深化的当下，我国政府推行的减税降费政策不仅是对国内经济环境的一次积极调整，更是对国际竞争态势的有力回应。减轻企业和个人税收负担的各种措施，在激发市场活力、优化资源配置以及推动产业升级方面发挥了显著作用。

第一节　理论的提出

一、减税降费政策的多元影响

减税降费政策作为我国宏观经济政策的关键工具，对于经济增长、就业、投资和消费等宏观经济指标产生了显著影响。对 DSGE 模型进行的分析显示，减税增加了企业和居民的可支配收入，提高了消费和投资水平，从而刺激了经济增长。对 VAR 模型进行的分析显示，减税政策通过降低企业运营成本，激励企业扩大生产规模，进而增加了就业机会。减税政策通过提高企业的投资回报率，鼓励企业增加固定资产投资；同时，税收优惠使得企业有更多资金用于投资，促进了资本积累和技术进步。虽然短期内减税可能会减少政府的财政收入，但从长远来看，通过促进经济增长和提高税基，减税政策有助于实现财政收入的稳定增长。

减税降费政策的实施也是税收结构优化的过程，通过调整不同税种的税率和税基，可以促进税制的公平性和效率性，对于构建公平合理的税收环境至关重要。综上所述，减税降费政策在宏观层面上对经济增长、就业、投资和消费等产生了积极的促进作用，同时也对税收结构的优化和财政的可持续性产生了深远影响。未来政府应继续完善减税降费政策，确保其与国家发展战略紧密结合，推动经济结构的优化升级，实现经济的可持续发展。

二、减税政策的异质性

减税政策作为一项关键的宏观经济调控工具，其效应在不同行业和区域表现出显著的异质性。

在区域层面，减税政策对东北、西北和广东三个区域上市公司的具体影响，揭示了其在不同经济发展水平和产业结构背景下的区域异质性效应。研究结果表明，减税政策对各区域上市公司的影响存在显著差异，这些差异不仅体现在短期内的财务指标变化上，也反映在长期发展战略和市场竞争力的提升上。

在行业层面，对第一产业而言，税收减免的效果并不显著，需要配合财政政策支持和市场机制来促进农业的发展。第二产业通过减税政策获得了资本积累和扩张的机会。第三产业则通过税收激励加快了技术创新和产业升级的步伐。这种差异化的影响提示政策制定者在设计税收政策时，需要考虑产业特性和实际需求，以实现税收政策的最大效用和经济的均衡发展。

三、指标选取与方法选择之路

四大财务指标是衡量公司财务状况和经营绩效的重要工具，但在繁多指标中选取代表性指标是一个难点问题。为了避免维数灾难，我们进行了很多尝试，例如使用熵值法将指标包含的全部信息涵盖进来，合成一个综合指标，但是很遗憾由于权重失真，导致了结果的无效。为了保证所选取的指标更具有代表性，我们通过多重共线性剔除相关变量后，选取了剩余变量中的典型变量，作为该财务指标的代表指标，但是这一做法多少带有一定随机性。直到在研究减税对房地产行业影响时，我们才形成了一套相对完整科学的指标选取方法，在之前方法的基础上引入 Lasso 回归，形成了指标筛选的四步法。在研究芯片行业（这部分未放入本书）时，我们发现对指标采取主成分分析法（PCA），可以在保存指标信息的同时，达到降维的目的。

在研究方法方面，我们采取了多种模型和实证结合案例分析的方式。实证方法从模型要求的数据类型、应用场景和前提条件以及检验都是满足的，并且得到了符合预期的结果，因此我们认为模型的使用是科学合理的。

四、依据扎根理论的减税梳子理论

按照扎根理论的研究范式，经过长期的研究和观察，我们认为减税服从“减税梳子理论”，减税政策在促进经济发展的同时，也可能带来一定程度的损失。正如使用梳子梳理头发，虽然能使头发顺滑，但也可能造成一些头发的掉落。税收优惠的密度和频率需要恰当，既不能过于稀疏以致失去激励作用，也不能过于密集以致造成过大的财政负担。这也是税收政策异质性产生的原因。

这就要求我们在制定税收政策时，必须考虑到行业特性，实现精准施策。例如，对于绿色能源等国家鼓励发展的行业，应有针对性地实施减税政策，以促进其快速发展；对于高污染、高能耗的行业，则应适当增加税负，以推动产业结构的优化和升级（哪里有需要就重点梳哪里）。

此外，减税政策的实施是一个动态的过程，需要根据经济发展阶段、行业发展趋势以及国家宏观战略的调整而不断优化。随着我国特色社会主义进入新时代，税收政策也必须与时俱进，既要立足我国国情，又要放眼全球经济发展趋势，以实现税收政策与国家发展战略的深度融合，全方位服务于中国式现代化。

第二节　研究的不足之处

从现有的研究和过去的工作来看，我们认为减税对不同行业、不同规模企业产生的影响均有差异。

第一，在长期的研究过程中，受数据可得性限制，我们多数情况采用上市公司数据来研究减税效应。为了弥补这一缺憾，我们也曾尝试对某省经清洗后汽车零部件行业有税收的企业进行研究。但现实使然，我们无法穷尽所有行业、不同规模企业进行研究，这也是本研究的一个不足之处。但根据本书研究内容，可以管中窥豹，看出关注范围的适用性和方法的可复制、可推广性。

第二，从科研范式角度讲，尽管第二章已经列出了本书适用的理论基础，并且阐述了邓力平老师关于新时代中国特色社会主义税收理论在本书的应用实践，但并未推导证明。故而减税梳子理论在科学严谨性和理论基础上稍显薄弱，这也是目前国内税收领域构建并证明适用于中国特色社会主义税收的理论体系所欠缺的一部分内容。此外，该理论尚未探讨其在不同经济环境下的适用性和局限性，以及如何与国际经济学理论相结合，形成具有中国特色的税收政策分析体系。这是其另一个不足之处。

第三，在研究过程中，受投稿和时间精力限制，对于区域异质性的研究，我们仅选择了东北地区作为老工业基地、相对发达的广东地区和欠发达的西北地区作为代表，未能穷尽全国各地区，并且未能将区域发展和当地软环境建设等因素放入模型加以考虑，整体传导机制问题研究也由于相对复杂而未能实现。

第四，税收政策不仅影响经济，还涉及法律、政治、社会等多个领域，但受本人的科研及实践背景限制，本书并未综合上述内容进行跨学科跨领域研究。在法律层面，研究税收政策时，需要考虑税法的演变、税收征管法、企业所得税法等相关法律法规对税收政策的影响。同时，税收优惠政策的合法性、合规性以及对法律环境的适应性也是需要深入探讨的问题。在政治经济学层面，税收政策往往与政府的财政需求、政治目标和社会政策紧密相关。本书未考虑政府如何通过税收手段实现其政治目标，以及税收政策如何反映和影响政治决策过程。在社会学层面，税收政策对社会公平、收入分配和社会保障有直接影响。在共同富裕愿景下，税收政策如何影响不同社会群体的经济福祉，以及如何通过税收调节来减少社会不平等和促进社会和谐，都是有待进一步研究的。在环境经济学层面，随着可持续发展和绿色经济的兴起，环境税、碳税等新型税收工具日益受到重视，但本书未能考虑其对环境保护、资源配置和可持续发展的影响。

第三节　未来展望

未来，在开展减税政策效应区域研究时，可以采用大规模评价模型，将宏观因素和微观因素相结合，根据不同的政策工具和目标，进行推演和最优均衡决策。

目前来看，这一方法对于研究减税或财税政策如何作用于各行业的发展是非常适用的，并且通过纵向比较，也能观察到行业间对政策敏感程度和反应程度的差异。随着统计学的迅速发展，依托数学统计学理论的计算机科学突飞猛进。传统经济学研究模型存在着建构单一、环境抽象简单、结论推广有限等问题。探索人工智能技术与经济学科深度融合的经济科学新理论、新方法和新范式，是未来研究的重要方向。

因此，在我看来，未来可以研究的方向有以下几点。

其一，目前几乎所有财税政策效应分析的方法均停留在对结构化数据进行计量分析，但世界是多样的，各类政策文件等非结构化数据占据着数据总量的 80% 以上。随着大数据和人工智能技术的发展，未来更有价值的研究应基于结构化和非结构化数据的共同推进，实现税收大数据泛化分析。

其二，实证方法方面还有进一步拓展空间。比如宏观层面，可以采用投入产出法与CGE模型，评估税收变化对各个产业的直接影响和间接影响，以及对整体经济的连锁反应。中观层面，可以考虑采用中介效应，探究减税是否通过提高企业研发投入这一中介变量来促进长期增长；针对个人所得税累进税率和企业所得税优惠（小微企业、高新技术企业等）存在断点的情形，也可以应用群聚分析政策对收入、投资、创新等的影响（冯晨等，2025）。采用调节效应，识别哪些因素增强或减弱了减税政策的影响；采用空间计量模型，分析减税政策在不同地区间的溢出效应，以及地区间的经济互动如何影响减税政策的整体效果。

其三，经济学研究方法也在不断创新，除了传统计量建模，混合研究越来越受学者青睐。目前政策效果分析鲜有考虑反应民声的网络舆情，各类微博及网站评论，包括百度指数等体现百姓关注的内容，在政策研究过程中很少会被使用，然而政策最终要惠及百姓，政策效果如何，既要看数据，也应考虑民声。另外从数学角度出发，这类民声数据的均值与真实数据样本期望是否存在数量关系，民众的“税感”是否与财税政策计量结论相一致？不一致的原因又有哪些？随着文本分析的崛起，下一步我们打算结合非结构化数据，启用调查问卷，尝试引入机器学习、文本分析等新兴方法，运用LDA模型和结构方程模型，结合传统实证方法，进一步深化我们的研究，以提高研究的深度和广度。

最后，长效评估机制方面，为确保减税政策的有效性和可持续性，未来还可以建立长效评估机制。其中包括设立“税感指数”，通过爬取网络舆情关键词（如“税负痛感”“退税获得感”），与政策计量结果进行交叉验证，以更全面地了解纳税人对减税政策的实际感受。此外，还建议构建财政可持续模型，设定减税红线，当地方债务率超过120%时自动触发政策调整机制，确保减税政策不会给地方财政带来过大的压力，实现政策的长期稳定运行。

参考文献

中文文献

[1] 安体富 . 优化税制结构：逐步提高直接税比重［J］. 财政研究，2015（2）：41–44.

[2] 白晶，孙禹，李全成 . 金融机构的税负负担与减税降费效果分析［J］. 中国市场，2021（23）：32–33.

[3] 白玉明 . 金融业纳税人营改增应对策略及税收风险防范［J］. 税务研究，2016（12）：30–32.

[4] 曹阳，李清，李涛 . 基于非参数支持向量机的企业税收风险识别模型［J］. 统计与决策，2019，35（11）：171–174.

[5] 常世旺，韩仁月 . 经济增长视角下的税制结构优化［J］. 税务研究，2015（1）：54–57.

[6] 陈华，孙忠琦 . 金融发展缓解了收入不平等和贫困吗？——基于省区面板数据的实证研究［J］. 上海金融，2017（11）：3–13.

[7] 陈杰 . 以供给侧改革来推进"房子不是用来炒的"住房制度建设［J］. 中国发展，2017，17（5）：13–18.

[8] 陈明艺，庞保庆，王璐璐 . 减税效应、技术创新与产业转型升级——来自长三角上市公司的经验证据［J］. 上海经济研究，2021（1）：78–89，128.

[9] 陈昱燃，张桥云，熊德平 . 中国金融发展在缩小城乡收入差距中的作用——基于直接普惠与间接普惠的视角［J］. 当代经济研究，2022（11）：117–128.

[10] 陈岳均 ."营改增"对企业税负和盈利的影响研究［J］. 纳税，2017（18）：18.

[11] 陈钊，王旸．“营改增”是否促进了分工：来自中国上市公司的证据[J]. 管理世界，2016（3）：36-45，59.
[12] 丛屹，周怡君．当前我国税制的“税负刚性”特征、效应及政策建议——基于2013—2016年制造业上市公司数据的实证分析[J]. 南方经济，2017（6）：53-63.
[13] 崔惠玉，吕炜，徐颖．减税降费与地方债务风险：基于城投债的证据[J]. 经济学家，2023，291（3）：58-67.
[14] 邓力平，何巧，王智烜．减税降费背景下企业税负对创新的影响研究[J]. 经济与管理评论，2020，36（6）：101-111.
[15] 董根泰．“营改增”降低了大中型企业税收负担吗？——基于浙江省上市公司数据的分析[J]. 经济社会体制比较，2016（3）：94-104.
[16] 董黎明，邵军，王悦．税收优惠对信息通信业企业研发投入的影响效应研究——基于流转税和所得税视角的比较[J]. 税务研究，2020（9）：126-131.
[17] 杜爽．我国金融服务增值税政策的问题与完善[J]. 税务研究，2019（5）：42-46
[18] 段姝，刘霞，殷蓉，蔡蕾．减税降费赋能企业高质量发展了吗？[J]. 经济问题，2022（1）：20-30.
[19] 樊勇，姜辛．增值税的价格效应[J]. 财政研究，2020（9）：105-118.
[20] 范子英，彭飞．“营改增”的减税效应和分工效应：基于产业互联的视角[J]. 经济研究，2017，52（2）：82-95.
[21] 冯晨，汤城建，程可为．群聚分析法的理论、应用与新进展：一个概述[J/OL]. 数量经济技术经济研究，1-22[2025-07-16]. https://doi.org/10.13653/j.cnki.jqte.20250715.001.
[22] 冯飞鹏，卞子全．税收对产业发展的影响研究[J]. 北京科技大学学报（社会科学版），2020，36（1）：73-86.
[23] 冯俊诚．减税与减负——来自所得税优惠政策的经验证据[J]. 经济学（季刊），2022，22（1）：67-86.
[24] 冯涛，吴茂光，张美莎．金融发展、产业结构与城乡收入差距——

基于金融“脱实向虚”视角的分析［J］. 经济问题探索，2020（10）：170–181.

［25］付文林，赵永辉 . 税收激励、现金流与企业投资结构偏向［J］. 经济研究，2014，49（5）：19–33.

［26］甘行琼，雷正 . 减税降费对地方财政收入的影响研究——基于 2008–2019 年中国省际面板数据的分析［J］. 财政科学，2022（8）：76–93.

［27］高宏 . 加快现代农业经济发展的思路与对策［J］. 农业开发与装备，2023（1）：76–78.

［28］高凯丽，朱忆惠 . 税收优惠政策对中小企业发展的影响探析［J］. 财务管理研究，2020（9）：103–108.

［29］高培勇 . 聚焦高质量发展语境下的减税降费［J］. 中国财政，2019（12）：1.

［30］高正斌，张开志，倪志良 . 减税能促进企业创新吗？——基于所得税分享改革的准自然实验［J］. 财政研究，2020（8）：86–100.

［31］龚辉文 . 关于降低制造业增值税税率的逻辑思考［J］. 税务研究，2020（2）：5–10.

［32］郭珂宇，张爱儒 . 农业税收政策分析［J］. 纳税，2020,（3）：13–14.

［33］郭庆旺，许生，张斌，等 . 专家激辩：中国减税何去何从［J］. 财政监督，2018（23）：43–54.

［34］郭庆旺 . 减税降费的潜在财政影响与风险防范［J］. 管理世界，2019，35（6）：1–10，194.

［35］郭瑞轩 . 退税减税降费落实处服务发展大局显担当——党的十八大以来税务部门落实退税减税降费政策助力稳定宏观经济大盘综述［J］. 中国税务，2022（10）：24–30.

［36］郭月梅 . 渐进式提高直接税比重的思考［J］. 税务研究，2014（6）：23–28.

［37］行伟波 . 税制改革、实际税负与企业绩效［J］. 经济研究参考，2013（67）：79–88.

［38］何邓娇，孙亚平，吕静宜 . 减税降费对企业技术创新的激励效应研究［J］. 财政科学，2021（12）：117–131.

[39] 何辉，王杰杰，李威 . 我国制造业企业税负对企业产值的影响——基于 A 股上市公司面板数据的实证分析 [J]. 税务研究，2019（5）：97–104.
[40] 何振，王小龙 . 增值税减税能否激励企业进入？——来自中国的实证证据 [J]. 财政研究，2019（7）：90–104.
[41] 何塞 · 路易斯 · 托雷斯 . 动态宏观经济一般均衡模型入门 [M]. 中国金融出版社，2015：108–111.
[42] 贺宏，肖丽蒙 . 减税降费、绿色创新与高质量发展——基于我国制造业企业的研究 [J]. 福建论坛（人文社会科学版），2022（2）：86–98.
[43] 胡海生，刘红梅，王聪 . 贷款服务纳入增值税抵扣机制的效应预测——基于可计算一般均衡模型的分析 [J]. 税务研究，2021（3）：127–133.
[44] 胡洪曙，王宝顺 . 我国税制结构优化研究——基于间接税与直接税选择的视角 [J]. 税务研究，2017（8）：14–20.
[45] 胡苏迪 . 金融发展与经济增长的统计检验 [J]. 统计与决策，2018，34（12）：160–163.
[46] 胡怡建，宫映华，汪豫 . 加大减税降费力度积极应对四大挑战 [J]. 税务研究，2020（8）：5–10.
[47] 胡怡建，田志伟 . 营改增宏观经济效应的实证研究 [J]. 税务研究，2016（11）：7–12.
[48] 胡怡建 . “营改增”减税的经济效应分析 [J]. 中国税务，2013（8）：22–24.
[49] 华琴 . 减税降费对企业的影响与应对策略 [J]. 山西农经，2020（13）：31–32.
[50] 黄擎，唐耀祥 . 基于高新技术行业减税降费效果的案例研究 [J]. 交通财会，2020（12）：41–45.
[51] 贾峰 . 浅谈农业现代化进程中的税收政策问题 [J]. 纳税，2021（15）：28–29.
[52] 贾康 . 中国税制改革中的直接税问题 [J]. 华中师范大学学报（人文社会科学版），2015，54（3）：1–8.

[53] 姜军，王铁军．国内外汽车市场发展趋势及吉林省的应对措施［J］．经济纵横，2004（9）：9-13.

[54] 蒋明琳，舒辉，林晓伟．"营改增"对交运企业财务绩效的影响［J］．中国流通经济，2015，29（3）：68-77.

[55] 蒋小平，叶子荣．税收结构与中小企业发展——基于中国省际面板数据的实证分析［J］．财经问题研究，2013（2）：123-129.

[56] 金佳慧，刘文龙．税收征管数字化与企业资本劳动比［J］．东北财经大学学报，2022（5）：75-85.

[57] 雷正．减税降费的财政效应及对策建议［J］．财会研究，2021（4）：4-13.

[58] 李爱真，苏治，付红妍．金融发展、技术创新与产业升级关系的实证研究——基于中国277个地级市面板数据［J］．经济纵横，2022（5）：39-51.

[59] 李传宪，李琪航．减税降费对上市公司创新影响研究［J］．经济问题探索，2022（3）：56-67.

[60] 李传宪．减税降费降低了企业债务融资成本吗［J］．财会月刊，2020（24）：26-31.

[61] 李昊楠，郭彦男．小微企业减税、纳税遵从与财政可持续发展［J］．世界经济，2021，44（10）：103-129.

[62] 李宏涛．金融发展对中国城镇化发展的空间溢出效应检验［J］．深圳大学学报（人文社会科学版），2017，34（6）：133-139，20.

[63] 李林木，郭存芝．巨额减免税是否有效促进中国高新技术产业发展［J］．财贸经济，2014（5）：14-26.

[64] 李婷，段文涛．增值税税率下调对产业链上下游企业盈利影响分析［J］．财务与会计，2019（11）：44-47.

[65] 李伟．关于重视"制造业困境"扶持中小制造业发展的建议［J］．中国科技产业，2015（9）：25-28.

[66] 李旭红，杨武．增值税税负与企业生命周期关系的实证研究［J］．税务研究，2019（2）：26-32.

[67] 李旭红．中小企业税收负担与企业成长性实证研究——基于创业板公

司数据的分析［J］. 国际税收，2016（2）：65–70.
［68］李艳，汪德华，史宇鹏 . 大规模减税降费政策的效果评估——基于企业满意度调查的研究［J］. 学习与探索，2022（6）：121–131.
［69］李永友，严岑 . 服务业“营改增”能带动制造业升级吗？［J］. 经济研究，2018，53（4）：18–31.
［70］李真，李茂林 . 减税降费对企业创新的激励机制与调节效应［J］. 上海经济研究，2021（6）：105–117.
［71］李真 . 减税降费对企业创新的激励机制与调节效应［J］. 上海经济研究，2021（6）：105–117.
［72］李真，李茂林 . 减税降费对企业创新的激励机制与调节效应［J］. 上海经济研究，2021（6）：105–117.
［73］李紫薇，董长贵 . 减税降费政策对行业升级的影响研究［J］. 宏观经济研究，2021（2）：53–59.
［74］练燕群，李姗晏 . 我国证券市场税收调控制度研究［J］. 现代管理科学，2019（1）：81–83.
［75］梁焕菊 . 增值税税率下调对制造业企业发展能力的影响研究［D］. 大连：东北财经大学，2022.
［76］林友谅，何红蕾，周艳 . 减税降费对湖南省制造企业财务状况的影响效应［J］. 商业会计，2021（12）：103–105.
［77］林洲钰，林汉川，邓兴华 . 所得税改革与中国企业技术创新［J］. 中国工业经济，2013（3）：111–123.
［78］刘春辉 .2019 年中国汽车市场发展回顾及 2020 年展望［J］. 汽车与配件，2020（4）：50–53.
［79］刘翠霞 . 面板数据向量自回归模型研究述评［J］. 统计与决策，2021，37（2）：25–29.
［80］刘光彦，赵颖 . 金融发展、科技创新对经济增长的影响——基于空间溢出效应与调节效应的实证研究［J］. 山东社会科学，2022（7）：161–168.
［81］刘建民，唐红李，吴金光 . 营改增全面实施对企业赢利能力、投资与专业化分工的影响效应——基于湖南省上市公司 PSM–DID 模型的分

析［J］. 财政研究，2017（12）：75-88.
［82］刘梦婷 . 减税降费政策赋能企业创新力发展［J］. 纳税，2021（24）：1-2.
［83］刘炜敏 . 名义税率调整、实际税负和企业发展［D］. 厦门：厦门大学，2017.
［84］刘小兵 . 税改方向应降间接税升直接税［J］. 南风窗，2014（6）：72-74.
［85］刘尚希 ."十四五"时期提高税收制度适配性的几点思考［J］. 税务研究，2021（5）：13-16.
［86］卢光熙 . 金融业"营改增"的课税效应研究［D］. 贵州财经大学，2020.
［87］吕久琴，曹晟琪 . 减税政策的固定资产投资效果分析——基于制造业上市公司的经验证据［J］. 杭州电子科技大学学报（社会科学版），2020，16（6）：1-7.
［88］马海涛，姚东旻，孙榕 . 我国减税降费的理论内涵、演进逻辑及基本特征［J］. 财经问题研究，2023，471（2）：14-24.
［89］毛德凤，彭飞，刘华 . 税收激励对企业投资增长与投资结构偏向的影响［J］. 经济学动态，2016（7）：75-87.
［90］倪红福，龚六堂，王茜萌 ."营改增"的价格效应和收入分配效应［J］. 中国工业经济，2016（12）：23-39.
［91］潘佳伟 . 税收政策对企业发展能力影响的实证研究［D］. 杭州：杭州电子科技大学，2020.
［92］潘文轩 ."营改增"中部分试点企业税负上升的成因分析［J］. 中国财政，2013（15）：27-28.
［93］庞凤喜，郑铿城 . 减税降费：阶段特征、驱动动因与优化路径［J］. 税务研究，2022（7）：24-31.
［94］彭晓洁，王安华，肖强 . 房地产行业"营改增"效应预估［J］. 税务研究，2015（11）：37-41.
［95］乔羽 . 研发费用加计扣除政策对企业金融化的影响——基于 A 股上市公司数据的实证研究［J］. 经济问题，2022（9）：67-75.

［96］邵宇佳，王光，卫平东．金融发展降低了国内市场分割程度吗——来自中国省际层面的经验证据［J］．经济学家，2022（10）：33–43.
［97］石绍宾，张晓丹．减税降费的经济效应——基于高质量发展维度的分析［J］．山西大学学报（哲学社会科学版），2022，45（5）：51–61.
［98］水会莉，韩庆兰，杨洁辉．政府压力、税收激励与企业研发投入［J］．科学学研究，2015，33（12）：1828–1838.
［99］司旭．农业企业实施税收优惠政策的问题分析及对策研究［J］．今日财富，2020（15）：125–126.
［100］宋岩．四部门印发《金融标准化“十四五”发展规划》［EB/OL］．（2022–02–09）［2022–05–21］.http：//www.gov.cn/xinwen/2022–02/09/content_5672688.htm.
［101］苏涛，杨青．地方法人银行业金融机构“营改增”减税效应分析——日照市法人银行业金融机构“营改增”试点跟踪调查［J］．征信，2017，35（8）：90–92.
［102］孙正，陈旭东．“营改增”是否提升了服务业资本配置效率？［J］．中国软科学，2018（11）：17–30.
［103］童锦治，苏国灿，魏志华．“营改增”、企业议价能力与企业实际流转税税负——基于中国上市公司的实证研究［J］．财贸经济，2015（11）：14–26.
［104］汪海凤，赵英．国家高新区内企业税负与企业发展关系的实证分析——以包头稀土高新区为例［C］//Proceedings of International Conference on Engineering and Business Management（EBM2011）．Scientific Research Publishing，2011：439–442.
［105］王利华．“营改增”对金融行业的税负影响研究［D］．济南：山东大学，2021.
［106］王莉．我国农业税收优惠政策存在的不足及其完善措施探究［J］．南方农业，2021，15（24）：209–210.
［107］王乔，徐佳佳．增值税改革对制造业税负的影响研究——基于投入产出法［J］．税务研究，2020（12）：5–13.
［108］王世强，张金山．金融发展水平对区域创新创业能力提升的影响研

究［J］. 经济纵横，2020（12）：109-117.
［109］王维 . 结构性减税对企业投资行为引导效应研究［J］. 合作经济与科技，2022（19）：58-61.
［110］王文丽 .“减税”政策对我国钢铁行业经营绩效的影响［D］. 沈阳：辽宁大学，2022.
［111］王晓品，贾兵，陈永富 . 我国减税降费政策效果评估及优化路径研究——基于 TVP 模型的实证分析［J］. 地方财政研究，2021（3）：58-66，85.
［112］王亚丽 .“营改增”对信息技术服务业经营绩效的影响研究［D］. 无锡：江南大学，2017.
［113］王业斌，许雪芳 . 减税降费政策对产业升级的影响研究［J］. 税务研究，2019（12）：16-21.
［114］王艺伟 . 减税降费政策对大连 F 区企业经营绩效影响研究［D］. 大连：大连理工大学，2021.
［115］王玉兰，李雅坤 .“营改增”对交通运输业税负及赢利水平影响研究——以沪市上市公司为例［J］. 财政研究，2014（5）：41-45.
［116］王跃堂，王亮亮，贡彩萍 . 所得税改革、盈余管理及其经济后果［J］. 经济研究，2009，44（3）：86-98.
［117］王智烜，邓力平，吴心妮 . 减税降费的就业促进效应——基于异质性企业框架视角［J］. 税务研究，2020（10）：16-20.
［118］王智烜，邓秋云，陈丽 . 减税降费与促进高质量就业——基于 PVAR 模型的研究［J］. 税务研究，2018（6）：102-108.
［119］魏彧，谢欣，卢光熙 . 全面营改增后金融业减税外溢效应研究——基于产业链视角的分析［J］. 税务研究，2020（1）：25-30.
［120］吴莉云 . 浙江省金融服务业发展现状与对策研究［J］. 农村经济与科技，2020（9）：146-148.
［121］席卫群，杨青瑜 . 减税降费、经济增长与财政压力［J］. 财政科学，2022（6）：24-38.
［122］肖春明，郑少华，高跃 .“营改增”减税效应能否提升企业财务绩效——基于交通运输业的证据［J］. 商业会计，2021（7）：53-56.

［123］谢获宝，李从文．“营改增”对企业税负水平与公司价值的影响研究［J］．证券市场导报，2016（10）：35–41.
［124］谢巧燕，王昱崴．金融发展对区域创新能力提升的影响机制研究［J］．经济经纬，2022，39（3）：138–149.
［125］邢锋．金融业税收与经济增长关联分析——基于省际面板数据的实证研究［J］．税务研究，2020（1）：34–38.
［126］邢锋．税收视角下福建省金融业发展分析［J］．发展研究，2020（6）：38–45.
［127］闫坤，于树一．开启减税降费的新时代：以降“税感”拓展政策空间［J］．税务研究，2018（3）：3–9.
［128］闫婉姝，曾剑宇，何凡．企业税负、产权性质与盈余管理——来自中国上市公司的证据［J］．投资研究，2017，36（8）：100–116.
［129］阳小红．营改增对现代服务业企业的影响研究［D］．湘潭：湖南科技大学，2018.
［130］杨雷鸣，朱波，苏宇，等．实质性减税的效应分析：基于防范化解重大经济风险视角［J］．税务研究，2020（4）：22–26.
［131］杨林，沈春蕾．减税降费赋能中小企业高质量发展了吗？——基于中小板和创业板上市公司的实证研究［J］．经济体制改革，2021（2）：194–200.
［132］杨志安，付正淦，邱国庆．“减税降费”对制造业间接税有效税率的影响研究——基于投入产出税收价格模型的分析［J］．财经论丛，2022（11）：32–40.
［133］叶青，郭欣欣．财政改革背景下减税降费政策对企业会计的影响研究［J］会计之友，2019（14）：75–79.
［134］叶云龙，姜卫韬．结构性减税背景下的企业金融化动机——基于企业税收负担视角的实证研究［J］．社会科学家，2022（6）：76–85.
［135］尹振东，吕冰洋．纵向产业结构与最优减税策略：结构性减税的理论基础［J］．中国工业经济，2022，416（11）：43–60.
［136］余舟．减税对中小微企业的影响研究［D］．南昌：江西农业大学，2021.

[137] 袁建国，胡明生，唐庆.营改增对企业技术创新的激励效应[J].税务研究，2018(3)：44-50.
[138] 袁业虎，耿海利.营改增对金融业的影响及其发展机遇分析[J].税务研究，2017(7)：30-33.
[139] 岳树民，陈博天.增值税影响企业利润和营业收入的实证分析[J].税务研究，2020(7)：5-11.
[140] 曾之明，汪晨菊，张琦.金融发展对中国中小板上市公司融资约束的影响[J].财经理论与实践，2017，38(4)：15-20.
[141] 张倩，张玉喜.区域金融发展、企业财务柔性与研发投入——以中小企业为例[J].科研管理，2020，41(7)：79-88.
[142] 张倩肖，李佳霖，董嘉昌.金融发展、企业主营业务与企业发展质量提升[J].当代经济科学，2021，43(6)：89-98.
[143] 张青.营商环境、税收负担与企业绩效——基于国有企业制造业的经验数据[J].江淮论坛，2022(1)：50-56.
[144] 张世敬，高文亮.减税降费政策对实体企业信心提升效应研究——基于企业现金决策行为的视角[J].宏观经济研究，2022(7)：53-64.
[145] 张衔，徐强.中国宏观税负的最优动态区间与结构性减税——基于税收政策目标均衡的视角[J].社会科学战线，2020(2)：58-68.
[146] 张颖."减税降费"对建筑企业的影响及建议探究[J].财经界，2020(23)：231-232.
[147] 章瑶."营改增"对金融业的减税效应评估及绩效影响研究[D].蚌埠：安徽财经大学，2020.
[148] 赵飞艳."减税降费"对医药制造业经营绩效影响的研究[D].昆明：云南财经大学，2022.
[149] 赵全厚.论促进金融业发展的税收政策完善[J].税务研究，2020(1)：14-19.
[150] 赵曦，王金哲.金融发展、制度环境和企业投资增长——基于制造业上市公司的证据[J].财经科学，2020(6)：29-40.
[151] 赵颖.减税激励与小微企业发展——基于所得税减半征收的证据[J].经济学动态，2022(5)：110-126.

[152] 郑好，武山. 金融发展对科技创新的空间溢出效应分析 [J]. 统计与决策，2021，37（13）：140–144.

[153] 中国人民银行重庆营业管理部会计财务处课题组，陈迎. 金融业税收对地区金融发展的影响研究——基于空间计量模型实证分析 [J]. 金融会计，2021（2）：64–70.

[154] 周晓雯. 试析"营改增"税改对企业税负及财务指标的影响 [J]. 纳税，2018（11）：22.

[155] 朱广俊，刘佐. 优化税制结构的理论思考 [J]. 经济研究，1998（4）：31–38.

[156] 朱志钢，高梦莹. 论直接税与间接税的合理搭配 [J]. 税务研究，2013（6）：46–49.

[157] 庄毓敏，储青青，马勇. 金融发展、企业创新与经济增长 [J]. 金融研究，2020（4）：11–30.

外文文献

[1] Alesina A, Ardagna S, Perotti R, et al. Fiscal policy, profits, and investment [J]. American economic review, 2002, 92（3）: 571–589.

[2] Bandura W N. Inflation and finance–growth nexus in Sub–Saharan Africa [J]. Journal of African Business, 2022, 23（2）: 422–434.

[3] Boikos S, Panagiotidis T, Voucharas G. Financial development, reforms and growth [J]. Economic Modelling, 2022, 108: 105734.

[4] Buera F J, Kaboski J P, Shin Y. Finance and development: A tale of two sectors [J]. American economic review, 2011, 101（5）: 1964–2002.

[5] Buettner T, Erbe K. Revenue and welfare effects of financial sector VAT exemption [J]. International Tax and Public Finance, 2014, 21（6）: 1028–1050.

[6] Cecchetti S G, Kharroubi E. Reassessing the impact of finance on growth [J]. Policy File, 2012.

[7] Cetorelli N, Gambera M. Banking market structure, financial dependence

and growth: International evidence from industry data [J]. The Journal of Finance, 2001, 56 (2): 617–648.

[8] Chen L J, Chen S Y. The influence of profitability on firm value with capital structure as the mediator and firm size and industry as moderators [J]. Investment Management and Financial Innovations, 2011 (8, Iss. 3): 121–129.

[9] Cihak M M, Sahay M R. Finance and inequality [M]. International Monetary Fund, 2020.

[10] Славен Савић. Tax calculation account method as a potential method of taxing financial services [J]. Acta Economica, 2016, 14 (25): 111–130.

[11] Ehigiamusoe K U, Lean H H, Lee C C. Moderating effect of inflation on the finance–growth nexus: insights from West African countries [J]. Empirical Economics, 2019, 57 (2): 399–422.

[12] Endri E, Fathony M. Determinants of firm's value: Evidence from financial industry [J]. Management Science Letters, 2020, 10 (1): 111–120.

[13] Fan Y, Li H, Zhu Q. Tax burden reduction and tax cuts in China's vat reform [J]. Journal of Tax Reform, 2019, 5 (1): 23–41.

[14] Fang H, Yu L, Hong Y, et al. Tax burden, regulations and development of service sector in China [J]. Emerging Markets Finance and Trade, 2019, 55 (3): 477–495.

[15] Ferede E. Will Cutting Income Tax Rates Create Jobs for Canadians? [J]. Fraser Institute, 2021.

[16] Gordon R H , Sarada. How Should Taxes Be Designed to Encourage Entrepreneurship? [J]. Social Science Electronic Publishing, 2017.

[17] Guo J T, Hung F S. Tax evasion and financial development under asymmetric information in credit markets [J]. Journal of Development Economics, 2020, 145: 102463.

[18] Haini H. Examining the relationship between finance, institutions and economic growth: evidence from the ASEAN economies [J]. Economic Change and Restructuring, 2020, 53 (4): 519–542.

[19] He C, Du H. Urbanization, inclusive finance and urban-rural income gap [J]. Applied Economics Letters, 2022, 29 (8): 755-759.

[20] Ioannou S, Wójcik D. Finance and growth nexus: An international analysis across cities [J]. Urban Studies, 2021, 58 (1): 223-242.

[21] Karlan D, Morduch J. Access to finance [M]//Handbook of development economics. Elsevier, 2010, 5: 4703-4784.

[22] Kenkel D S. Are alcohol tax hikes fully passed through to prices? Evidence from Alaska [J]. American Economic Review, 2005, 95 (2): 273-277.

[23] Kim S, Park J H. Dynamic factor adjustment and corporate tax reduction in the Japanese manufacturing industry [J]. Journal of the Asia Pacific Economy, 2021, 26 (4): 653-667.

[24] Kleventura R, Hama A. The Effect of MSME Tax Reduction and Tax Sanctions on Taxpayer Compliance for MSMEs In Shoes Campoeng In Sidoarjo [J]. Jurnal Mantik, 2022, 6 (2): 1269-1277.

[25] Law S H, Singh N. Does too much finance harm economic growth? [J]. Journal of Banking & Finance, 2014, 41: 36-44.

[26] Lehmus M. Distributional and employment effects of labour tax changes in Finland [J]. Journal of Policy Modeling, 2014, 36 (1): 107-120.

[27] Lehner O M, Nicholls A. Social finance and crowdfunding for social enterprises: A public - private case study providing legitimacy and leverage [J]. Venture Capital, 2014, 16 (3): 271-286.

[28] Lencho T. To Tax or Not To Tax: Is that Really the Question? - VAT, Bank Foreclosure Sales, and the Scope of Exemptions for Financial Services in Ethiopia [J]. Mizan Law Review, 2011, 5 (2):264-310.

[29] Li T, Yang L. The Effects of Tax Reduction and Fee Reduction Policies on the Digital Economy [J]. Sustainability, 2021, 13 (14): 7611.

[30] Liu S Y, Zhou Z W. An Empirical Study on the High-Quality Development of "Specified, Refined, Characterized, and Innovative" Small-and Medium-Sized Enterprises under the Background of "Dual Circulation" : A Case Study of Wuxi City, Jiangsu Province [J]. Scientific Programming, 2022,

2022.

[31] Liu X, Liu J, Wu H, et al. Do tax reductions stimulate firm productivity? A quasi-natural experiment from China [J]. Economic Systems, 2022: 101024.

[32] Ljungqvist A, Zhang L, Zuo L. Sharing risk with the government: How taxes affect corporate risk taking [J]. Journal of Accounting Research, 2017, 55 (3): 669–707.

[33] Long Z, Cai M, Zhang K. Research on the Replacement Business Tax with ValueAdded Tax of Chinese Banking Industry [J]. Journal of Chinese Tax and Policy, 2017, 7 (1).

[34] Manda S, Bansal S K. Evaluation of recent corporate tax reduction in India using MCDM approach [J]. Journal of Public Affairs, 2020, 20 (4): e2270.

[35] Mansfield E, Switzer L. How Effective Are Canada's Direct Tax Incentives for R and D? [J]. Canadian Public Policy/Analyse de Politiques, 1985: 241–246.

[36] Moeen G, Naqvi H A, Khan M A. Impact of sales tax reduction on pakistans economy [J]. Studies of Applied Economics, 2021, 39 (4).

[37] Mukherjee A, Singh M, Žaldokas A. Do corporate taxes hinder innovation? [J]. Journal of Financial Economics, 2017, 124 (1): 195–221.

[38] Parsons M. Rewarding innovation: Improving federal tax support for business R&D in Canada [J]. CD Howe Institute, 2011.

[39] Peneder M. The problem of private under-investment in innovation: A policy mind map [J]. Technovation, 2008, 28 (8): 518–530.

[40] Peng F, Wang L, Shi X, et al. Does value-added tax reform in services accelerate enterprise upgrading? Micro evidence from China [J]. Applied Economics, 2022, 54 (9): 1093–1109.

[41] Pillarisetti J R. Direct tax reform in privatizing economies: A comparative study of India and Latin American countries [J]. International Journal of Social Economics, 1995.

[42] Poterba J M, Rotemberg J J, Summers L H. A tax-based test for nominal rigidities [J]. The American Economic Review, 1986: 659–675.

[43] Rajan R G. Has finance made the world riskier? [J]. European financial management, 2006, 12 (4): 499–533.

[44] Saragih A H, Hendrawan A, ANGGRAINI P G, et al. Can Earnings Performance Weaken the Negative Impact of Effective Tax Rate on Company's Growth Prospects? An Empirical Study Based on Listed Firms of Financial Industry in Indonesia [J]. Journal of Applied Economic Sciences, 2020, 15 (3).

[45] Scherer C. Payroll tax reduction in Brazil: Effects on employment and wages [J]. ISS Working Paper Series/General Series, 2015, 602 (602): 1–64.

[46] Seip K L. Does tax reduction have an effect on gross domestic product? An empirical investigation [J]. Journal of Policy Modeling, 2019, 41 (6): 1128–1143.

[47] Shiller R J. Finance and the good society [M]//Finance and the Good Society. Princeton University Press, 2013.

[48] Sung Y. Tax Support for the Service Industry in Korea [J]. KIET Industrial Economic Review, 2002, 27 (3): 18–29.

[49] Sury M M. Indirect Tax Structure Prior to the Introduction of GST: Challenges and the Need for a Unified Tax Structure [J]. VISION: Journal of Indian Taxation, 2016, 3 (2): 1–30.

[50] Tan Y. The impacts of risk and competition on bank profitability in China [J]. Journal of International Financial Markets, Institutions and Money, 2016, 40: 85–110.

[51] Thabo Legwaila. An exposé of the value-added tax muddle in financial services in South Africa [J]. Journal of South African Law,2018 (3):587–600.

[52] Thakor A V. Bank capital and financial stability: An economic trade-off or a Faustian bargain? [J]. Annu. Rev. Financ. Econ., 2014, 6 (1): 185–223.

[53] William Jack. The Treatment of Financial Services under a Broad-Based Consumption Tax [J]. National Tax Journal, 2000, 53 (4):841–851.

[54] Zhang H. The Impact of Tax Reduction and Fee Reduction Based on Big Data Algorithm on the High-Quality Development of the Real Economy under the Action of Coupling Effect or Substitution Effect [J]. Computational Intelligence and Neuroscience, 2022, 2022 (1): 2828687.

[55] Zhang Q, Xu Z, Feng T, et al. A dynamic stochastic frontier model to evaluate regional financial efficiency: Evidence from Chinese county-level panel data [J]. European Journal of Operational Research, 2015, 241 (3): 907-916.

[56] Zheng C, Zhang Y, Chen K. Corporate innovation and capacity utilization in China's coastal areas: Governance under the context of environmental regulation [J]. Journal of Coastal Research, 2020, 109 (SI): 197-205.

[57] Zheng W, Zhang J. Does tax reduction spur innovation? Firm-level evidence from China [J]. Finance Research Letters, 2021, 39: 101575.

后　　记

本书凝结了我自2019年进入吉林财经大学以来针对减税效应方面研究的大部分成果。原本初稿于2023年7月已完成，体量达15万字，但本着严谨治学的精神，为了完整、全面地呈现自己的脉络体系和研究思路，我又踏踏实实用一年时间进行了梳理和完善。

在本书即将出版之际，我有很多要感谢的人。感谢厦门大学邓力平教授。邓力平老师的新时代中国特色社会主义税收理论是本书的理论基石。在求学生涯中，我接受的多数教育均围绕统计和计量方面，对方法已经较为娴熟，但一直苦于缺少理论基础。后来，在研究的过程中，我发现能完美解释我国税制现状的理论，不是西方经济学的理论，而是邓力平老师提出的新时代中国特色社会主义税收理论。机缘巧合，我有幸在师资培训与教学研讨暨2023年度吉林省马工程重点教材培训工作会议上，聆听邓老师对改革开放以来中国财税政策嬗变和理论形成的回顾报告。全程一个半小时，只有一页用于题目的PPT展示，我在台下竖起耳朵，狂记笔记，生怕落下了一丝重要信息。会后，邓老师对我殷殷嘱托："写论文要有观点，观点对了，哪怕只找一个很小的点，突破下去也能成功。"

感谢吉林财经大学税务学院张巍院长。自从我来到税务学院，张院长总是鼓励我，帮助我，从文献综述到项目书撰写，她的耐心指导使我少走了不少弯路。感谢赵惠敏教授对本书第四章提出了宝贵的修改指导。感谢统计学院木仁教授为本书提了很多建设性的意见，感谢他的无私指导。感谢张松教授、王向东教授，感谢税务学院邢树东教授、安明友教授，感谢税务学院的每一位老师，他们无私地为我答疑解惑，亦师亦友地陪伴我成长。从他们身上，我看到了师者的力量，看到了高校教师对学生最无私的爱。

感谢和我一起做研究的学生们，特别是我的第一个研究生谢佳明，只要是我想用的方法，他都能迅速、高效、准确地实现。还有我的研究生刘旭、于子斌、王旭、王雪、王晓琪、边思羽、李园园和郝瑞然，以及我院研究生周雯雯，本科生王敏迪、王予含、陈一格、刘禹孜，他们在资料搜集、初稿编辑整理等方面承担了一定的工作量。他们的好学精神给我留下了深刻的印象。在此，一并感谢上述几位学生的辛勤付出。

本书的减税梳子理论，源自当时两个审稿人提出的 21 条建议和我的日思夜想。一个晚上做梦，我梦到专家对我说：“你看税收优惠像不像一把梳子？”我说：“此话怎讲？”他说：“你品，你细品。”我醒来恍然大悟，提笔疾书，提炼出了依据扎根理论的减税梳子理论，可谓这本书的“神来之笔”。

感谢吉林财经大学，感恩它为我提供了平台，成就了现在的我。虽然和我同名同姓的人有很多，但吉林财经大学的曹阳老师是唯一的。我希望自己像我的名字一样，温暖自己，照亮他人！

2025 年 7 月 5 日

于吉林长春